高等学校"十四五"规划新形态教材

新财经·通识教育系列

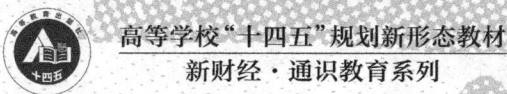

生态文明建设导论

主编 方 洁 刘习平

参编（按姓名拼音排序）

曹 妍 程 思 戴云哲 冯 银 宫 玺 胡 雷 黄 璨 黄锦鹏

冷志惠 李丹丹 李湘梅 彭 莎 彭华荣 秦汉时 孙 铖 谭 词

汪金伟 王 成 王珂英 郑舒虹 周志高

中国教育出版传媒集团

高等教育出版社·北京

内容提要

《生态文明建设导论》教材涵盖了生态文明建设的理论基础与核心理念、生态文明建设的实践路径与方法、全球视野下的生态文明建设三个层面。主要内容包括：理论渊源与理论体系；绿水青山就是金山银山；环境就是民生；生态优先、绿色发展；促进人与自然和谐共生；法治和制度保障；建设美丽中国；构建人类命运共同体共八个章节的内容。

本教材的编写旨在为读者提供一个全面、系统、深入的生态文明建设知识体系，帮助大家深刻理解生态文明建设的重要意义、理论内涵与实践路径，激发大家积极参与生态文明建设的热情与责任感。

本教材可作为学习生态文明建设的高校教材，也适合对生态文明建设感兴趣的读者参阅。

图书在版编目（CIP）数据

生态文明建设导论 / 方洁，刘习平主编 . -- 北京：高等教育出版社，2025. 7. -- ISBN 978-7-04-065268-0

Ⅰ . X321.2

中国国家版本馆 CIP 数据核字第 2025YP4256 号

SHENGTAI WENMING JIANSHE DAOLUN

| 策划编辑 高新景 薛海艳 | 责任编辑 高新景 | 封面设计 赵 阳 | 责任印制 刘弘远 |

出版发行 高等教育出版社	网　　址 http://www.hep.edu.cn
社　　址 北京市西城区德外大街4号	http://www.hep.com.cn
邮政编码 100120	网上订购 http://www.hepmall.com.cn
印　　刷 唐山市润丰印务有限公司	http://www.hepmall.com
开　　本 787mm×1092mm 1/16	http://www.hepmall.cn
印　　张 16	
字　　数 290 千字	版　　次 2025 年 7 月第 1 版
购书热线 010-58581118	印　　次 2025 年 8 月第 2 次印刷
咨询电话 400-810-0598	定　　价 38.00元

本书如有缺页、倒页、脱页等质量问题，请到所购图书销售部门联系调换

版权所有　侵权必究

物 料 号　65268-00

前　言

　　生态文明建设已成为全球关注的焦点，不仅关乎人类的生存与发展，而且关乎地球家园的未来。本教材旨在为读者提供一个全面、系统、深入的生态文明建设知识体系，帮助大家深刻理解生态文明建设的重要意义、理论内涵与实践路径，激发大家积极参与生态文明建设的热情与责任感。

　　本教材内容体系丰富，涵盖八个方面。

　　第一章"理论渊源与理论体系"：带领读者追溯生态文明建设思想的源头，从古代生态智慧到近现代生态思想的演变，再到当代生态文明建设理论体系的构建，让读者明晰生态文明建设的理论根基与发展脉络。

　　第二章"绿水青山就是金山银山"：深入阐述这一重要理念的内涵与价值，通过生动的案例分析，展示如何将生态优势转化为经济优势，实现生态与经济的良性互动。

　　第三章"环境就是民生"：聚焦环境与民生的紧密联系，揭示良好的生态环境是人民幸福生活的基础，引导读者关注身边的环境问题，增强环保意识。

　　第四章"生态优先、绿色发展"：探讨在经济社会发展中如何坚持生态优先原则，推动绿色发展方式的形成与转型，为读者呈现绿色发展的实践路径与创新模式。

　　第五章"促进人与自然和谐共生"：从哲学、伦理学等多学科视角，剖析人与自然的关系，阐述如何实现人与自然的和谐共生，构建地球生命共同体。

　　第六章"法治和制度保障"：强调法治与制度在生态文明建设中的关键作用，介绍相关法律法规与制度体系的建设与完善，为生态文明建设提供坚实的保障。

　　第七章"建设美丽中国"：聚焦美丽中国建设的目标与任务，展示我国在生态文明建设领域取得的成就与经验，激励读者为建设美丽中国贡献力量。

第八章"构建人类命运共同体"：将视野拓展到全球，探讨生态文明建设在全球治理中的重要地位，阐述构建人类命运共同体的生态维度，引导读者树立全球生态意识，积极参与全球生态治理。

本教材的特色在于将理论与实践相结合，既有深入的理论阐述，又包含丰富的案例分析。通过阅读本教材，读者可以系统地学习生态文明建设的基本理论、核心理念、实践路径与保障机制，掌握生态文明建设的关键知识点与方法论。同时，本教材注重培养读者的生态思维与实践能力，引导读者将所学知识应用到实际生活中，积极参与生态文明建设的实践。

学生应该从本教材中学到什么？首先，学习生态文明建设的理论基础与核心理念。学生应通过本教材的第一章，深入理解生态文明建设的理论渊源，包括古代生态智慧、近现代生态思想以及当代生态文明理论体系的构建。同时，要深刻领会"绿水青山就是金山银山""环境就是民生""生态优先、绿色发展"等核心理念的内涵与价值，这些理念是生态文明建设的指导思想。其次，学习生态文明建设的实践路径与方法。本教材的第二章至第七章详细阐述了生态文明建设的具体实践路径。学生应学习如何在经济发展中实现生态与经济的良性互动，如何通过法治和制度保障生态文明建设，以及如何推动人与自然和谐共生。同时，要了解美丽中国建设的目标与任务，掌握生态文明建设的实践方法与创新模式。再次，学习全球视野下的生态文明建设。在第八章中，学生将学习到生态文明建设在全球治理中的重要地位，以及构建人类命运共同体的生态维度。通过这一部分的学习，学生应树立全球生态意识，理解生态文明建设不仅是国家层面的任务，更是全人类的共同责任。最后，学习生态思维与实践能力。本教材不仅注重理论知识的传授，还强调培养学生的生态思维和实践能力。学生应学会从生态系统的整体性出发思考问题，将所学知识应用到实际生活中，积极参与环保活动，培养绿色生活方式和可持续发展的行为习惯。

学生在使用本教材的过程中要注意以下几方面。第一，理论学习与案例分析相结合。本教材在理论阐述的同时，提供了丰富的案例分析。学生在学习过程中，应结合实际案例深入理解理论知识，通过案例分析培养分析问题和解决问题的能力。

例如，在学习"绿水青山就是金山银山"这一章节时，可以通过分析具体的成功案例，理解生态优势如何转化为经济优势。第二，跨学科视角的学习。生态文明建设涉及哲学、伦理学、经济学、环境科学等多个学科领域。学生在学习本教材时，应尝试从跨学科的视角理解生态文明建设的内涵，将不同学科的知识融会贯通。第三，关注实践，学以致用。生态文明建设不仅是理论问题，更是实践问题。学生应将所学知识应用到实际生活中，例如参与环保志愿服务、开展生态调研、推动绿色生活方式等。通过实践，加深对理论知识的理解，同时为生态文明建设贡献自己的力量。第四，结合时事热点与最新研究成果。学生在学习本教材时，应关注国内外生态文明建设的最新动态、时事热点以及最新的研究成果，拓宽视野，深化对生态文明建设的理解。

如何使用这本教材？第一，系统学习，循序渐进。本教材内容体系完整，建议学生按照章节顺序系统学习。从理论渊源到实践路径，再到全球视野，逐步构建完整的生态文明建设知识体系。在学习过程中，注意各章节之间的逻辑联系，形成系统化的知识框架。第二，重点章节深入学习。根据自身兴趣和实际需求，学生可以对部分重点章节进行深入学习。例如，对于经济管理类专业学生来说，"绿水青山就是金山银山"和"生态优先、绿色发展"两章节可能更具吸引力；对于法学专业学生来说，"法治和制度保障"章节则更为重要。第三，结合课堂讨论与小组合作。本教材不仅适合作为课堂教学的教材，也适合学生自主学习。在课堂上，教师可以组织学生围绕重点章节进行讨论，通过小组合作完成案例分析、调研报告等任务，增强学生的参与感和学习效果。第四，拓展学习资源。本教材虽提供了丰富的学习内容，但学生还可以通过查阅相关书籍、学术论文、新闻报道等方式，进一步拓展学习资源。同时，可以关注政府部门发布的生态文明建设政策文件，了解国家在生态文明建设方面的最新部署。第五，实践应用与反思。学生在学习本教材的过程中，应积极参与生态文明建设的实践活动，如校园环保活动、社区生态调研等。通过实践，学生可以将所学知识转化为实际行动，并在实践中不断反思和总结，进一步完善自己的生态思维和实践能力。

本教材主要由湖北经济学院从事生态文明建设研究和教学的一批专家学者编著完成。具体分工如下：方洁、刘习平负责教材的整体策划、内容设计，全面负责教材的编写工作；刘习平、周志高负责第一章；黄锦鹏、彭华荣、曹妍负责第二章；李湘梅、戴云哲负责第三章；王珂英、王成、谭词负责第四章；彭莎、宫玺、郑舒虹负责第五章；汪金伟、冯银、冷志惠负责第六章；黄璨、孙铖、秦汉时负责第七章；程思、李丹丹、胡雷负责第八章。

　　在编写过程中，我们充分借鉴了国内外有关专家、学者的最新研究成果，在此一并表示感谢。但由于认知水平有限，书中疏漏、错谬之处在所难免，恳请读者批评并提出宝贵的意见。生态文明建设是一项长期而艰巨的任务，需要全社会的共同努力。希望本教材能够成为读者学习生态文明建设知识的良师益友，激发大家的环保热情与责任感，让我们携手共进，为建设美丽中国、构建人类命运共同体贡献自己的力量！

编者

2025 年 2 月

目　录

第一章

理论渊源与理论体系

继原始文明、农业文明、工业文明之后，"生态文明"是又一种新的文明形态。"生态文明"是人类社会在反思全球性资源与环境问题时，针对自身的基本生存和发展问题做出的理性选择和科学回答，也是中国特色社会主义理论的重要组成部分。新时代中国特色社会主义生态文明建设的理论是在马克思主义生态思想指导下，结合中国特色社会主义改革实践经验，总结和提炼形成的关于指导生态文明建设的理论体系。

教学 PPT

第一节
生态文明是人类文明发展的历史趋势

一、人类文明形态的历史演进

"文明"与"蒙昧"、"野蛮"相对应，是指人类社会发展中的进步状态，是人类社会发展到高级阶段的产物。由生产力和生产工具的巨大变革导致的社会关系的全方位变革，是社会新型文明形态形成的核心和决定性因素。基于生产方式的阶段性特征，人类社会的文明形态已经经历了原始文明、农业文明和工业文明三个阶段。

在原始文明社会，人类几乎完全依靠大自然的馈赠或直接利用自然物作为生活资料；然而，火、石器、弓箭等重要谋生工具的出现，使人类逐渐告别野蛮时代，并形成了早期朴素的文明形态。在农业文明社会，人类主要的生产活动是农耕和畜牧，青铜器、陶器和铁器的使用，特别是铁器农具"犁"的出现，标志着人类生产活动开始向着主动性和选择性迈进。在工业文明社会，18世纪中后期以来，珍妮纺纱机和瓦特蒸汽机的使用，掀开了英国工业革命的大序幕，开创了机器大生产的时代，推动了世界范围内工业革命的浪潮。

在传统工业文明阶段，受"人—自然"二元对立观念的主导，人类凭借科技力量对自然进行大规模的改造，试图将自身置于自然之上，结果却引发了生态环境的严重破坏。马克思主义认为，不以伟大的自然规律为依据的人类计划，只会带来灾难。针对美索不达米亚、希腊、小亚细亚等地毁坏森林的现象，恩格斯指出："我们不要过分陶醉于我们人类对自然界的胜利。对于每一次这样的胜利，自然界都对我们进行报复。"[1]

工业文明带来了全球性的生态危机，造成了人与自然关系的高度紧张。马克思曾指出："资本主义生产一方面神奇地发展了社会的生产力，但是另一方面，也表现出它同自己所产生的社会生产力本身是不相容的。它的历史今后只是对抗、危机、冲突和灾

---

[1] 恩格斯.自然辩证法，载《马克思恩格斯选集》第四卷.北京：人民出版社，1995：383.

难的历史。"[1]20 世纪末至 21 世纪初，全球性金融危机爆发，在国与国、人与人之间的社会关系矛盾尖锐化的同时，全球性、区域性生态危机的持续爆发和凸显，使人与自然生态关系的矛盾更加尖锐，集中表现为全球性的环境污染、生态系统破坏和资源短缺等综合性、复合性问题。如全球性的环境污染导致地球基本存在物如大气、水源、土壤以及生物的物理结构和化学结构发生变化，形成了形式各异、复杂多变的"公害病"；全球性的生态系统破坏，使山水林田湖草沙自身系统和复合系统受到损害，森林锐减、草地退化、湿地减少、土地荒漠化，水土流失，特别是生物圈受到严重破坏、生物多样性急剧减少；全球性的资源短缺，导致水资源匮乏、能源和矿产资源濒临枯竭，许多依赖传统矿产资源以及能源资源发展起来的城市急速衰退。人与社会之间的矛盾、人与自然生态之间的矛盾，预示着人类历史的一次根本性变革即将到来。不同文明形态的对比分析见表 1-1。

表 1-1　不同文明形态的对比分析

文明形态	时间	经济形态	人对自然的态度	社会主要资源	能源
原始文明	百万年前	采集狩猎经济	敬畏自然	动植物	人的体力
农业文明	一万年前	种植畜牧经济	改造自然	土地	柴草和畜力
工业文明	三百年前	工业经济	征服自然	资本	化石燃料和电力

二、生态文明是社会发展到一定阶段的必然选择

21 世纪，由工业文明向生态文明转型，标志着人类文明的一次新的变革。这场变革是浩浩荡荡的历史潮流。从生产力与生产关系的矛盾运动规律来看，正如"火与石器"是原始文明的标志、"铁与犁"是农业文明的核心、"纺纱机与蒸汽机"是工业文明的驱动力一样，只有实现绿色生产力与绿色生产关系的根本性变革，生态文明才能真正成为引领人类发展的新文明形态。生态文明是一种全新的文明形态，它以尊重和维护自然为前提，以人与自然、人与人、人与社会的和谐共生为目标，以可持续的生产与消费方式为内涵，以引导人类走向持续、和谐的发展道路为关键。生态文明强调人类的自觉与自律，强调人与自然环境的相互依存与共融共生，既追求人与自然的和谐，也追求人与人之间的和谐，而人与人之间的和谐是实现人与自然和谐的基础。可以说，生态文明

1　马克思.《资本论》第三卷，载《马克思恩格斯文集》第七卷.北京：人民出版社，2009：296-297.

是人类对传统文明形态，尤其是工业文明进行深刻反思的结果，是人类文明形态、发展理念、发展道路和模式的重大进步。"生态文明是工业文明发展到一定阶段的产物，是实现人与自然和谐发展的新要求。"[1]生态文明作为人类文明发展的一个全新阶段，其兴起和发展不仅是人类对自然环境认识的深化结果，更是社会发展到一定阶段的必然选择。下面，我们将从多个角度探讨生态文明为何是人类文明发展的历史趋势。

（一）人类对自然环境的深刻认识

随着科学技术的进步和人类活动范围的扩大，人类逐渐认识到自然环境对人类生存和发展的重要性。从工业革命时期对自然资源的过度开采和破坏，到现代社会对可持续发展的追求，人类逐渐意识到必须与自然和谐共生，才能实现长期、稳定的发展。这种对自然环境的深刻认识，推动了生态文明理念的兴起和发展。

（二）全球生态危机的挑战

当前，全球面临着严重的生态危机，包括气候变化、生物多样性丧失、土地退化、水资源短缺等问题。这些生态问题不仅对人类生存和发展构成威胁，也影响到经济社会的稳定和发展。面对这样的挑战，人类必须转变发展方式，走生态文明之路，以实现人与自然的和谐共生。

（三）可持续发展理念的普及

可持续发展已经成为全球共识，各国政府和国际组织都在积极推动可持续发展战略的实施。生态文明作为可持续发展的核心内容之一，强调在经济发展中注重环境保护和资源节约，推动形成绿色生产方式和生活方式。这种理念符合人类社会的共同利益和发展需要，得到广泛认可和支持。

（四）科技创新的推动

科技创新为生态文明建设提供了有力支撑。随着清洁能源、绿色交通、循环农业等领域的不断发展，人类有了更多的手段和方法来保护和修复生态环境。这些科技创新不仅提高了资源利用效率，降低了环境污染，还推动了经济社会的可持续发展。

（五）社会文明进步的需要

随着社会的不断进步和发展，人们对生活质量的要求也越来越高。生态文明建设不仅有助于改善环境质量，提高人们的健康水平，还能促进社会的文明进步。在生态文明理念的指导下，人们将更加注重环境保护和资源节约，形成绿色、低碳、循环的生活

1　　中共中央文献研究室编.习近平关于全面建成小康社会论述摘编.北京：中央文献出版社，2016：164.

方式，推动社会向更加文明、和谐的方向发展。

2021年10月12日，习近平主席在《生物多样性公约》第十五次缔约方大会领导人峰会上的主旨讲话中进一步强调，"生态文明是人类文明发展的历史趋势"，并向世界各国发出了秉持生态文明理念，站在为子孙后代负责的高度，"共同构建地球生命共同体，共同建设清洁美丽的世界"的倡议。面对全球生态危机的挑战和可持续发展理念的普及，人类必须转变发展方式，走生态文明之路。同时，加强科技创新和社会文明建设也是推动生态文明发展的重要途径。只有这样，才能实现人与自然的和谐共生和经济社会的可持续发展。生态文明已被纳入中国特色社会主义事业总体布局中，呈现出"物质文明、政治文明、精神文明、社会文明、生态文明"的"五位一体"横向共时态人类文明结构（图1-1），丰富和发展了人类文明新形态[1]。

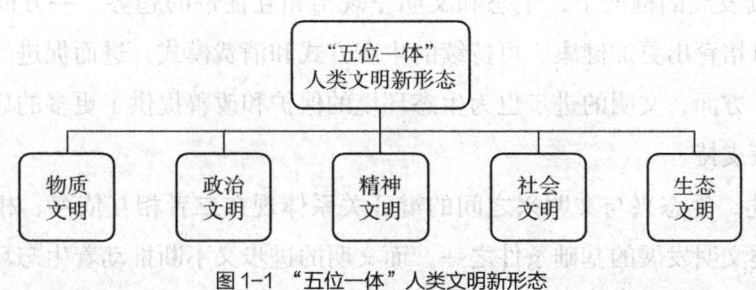

图1-1　"五位一体"人类文明新形态

第二节
生态兴则文明兴

一、生态兴与文明兴之间的辩证关系

生态兴与文明兴之间存在着紧密的辩证关系。这种关系主要体现在以下几个方面。

（一）生态环境是文明发展的基础

有生命的个体是人类文明存在的必要条件，而"生态环境是人类生存和发展的根

1　文红玉，梁燕.习近平生态文明思想的原创性理论贡献[J].经济社会体制比较，2024（2）：9-16.

基"[1]，没有良好的生态环境，文明的发展就无从谈起。一个健康、稳定、繁荣的生态系统为人类提供了必要的生存条件和发展资源，如空气、水、土壤和生物多样性等。这些自然资源不仅满足了人类的基本需求，还为经济的持续增长和社会的全面发展提供了物质基础。没有良好的生态环境作为支撑，任何文明都难以长久发展。

（二）文明的进步推动生态环境的改善

随着人类文明的不断进步和科技的发展，人们逐渐认识到生态环境保护的重要性，并采取了一系列措施来保护和恢复生态环境。例如，推广绿色技术、发展循环经济、加强环境法规建设等。这些努力不仅有助于改善当前的生态环境状况，还能为未来的可持续发展奠定坚实基础。

（三）生态与文明的相互促进

在可持续发展的框架下，生态和文明呈现出相互促进的趋势。一方面，通过保护生态环境可以培育出更加健康、可持续的生产方式和消费模式，进而促进经济的长期稳定发展；另一方面，文明的进步也为生态环境的保护和改善提供了更多的思想理念、科技手段和政策支持。

综上所述，生态兴与文明兴之间的辩证关系体现在二者相互依存、相互促进。生态环境是人类文明发展的基础条件之一，而文明的进步又不断推动着生态环境的改善和保护工作向前发展。二者相辅相成，共同构成了人类社会可持续发展的基石。

二、从历史看生态变化与文明兴衰

人类文明的演进，始终与人和自然的互动紧密相连。自然生态的兴衰，直接关乎文明的走向。自然生态的变迁决定着人类文明的兴衰更替。习近平总书记在阐述生态与文明的关系时指出："生态兴则文明兴，生态衰则文明衰。"这一论断不仅深植于中国传统文化的哲学根基，更与马克思主义的历史唯物主义和辩证唯物主义高度契合。纵观历史，放眼世界，人类文明的发展始终遵循这一不可违背的客观规律。

习近平总书记曾强调指出，"历史地看，生态兴则文明兴，生态衰则文明衰。古今中外，这方面的例证众多"[2]。人类文明的起源与生态环境息息相关，生态的优劣直接决

1　　习近平.推动我国生态文明建设迈上新台阶[J].求是，2019（3）：3-11.

2　　中共中央文献研究室编.习近平关于全面建成小康社会论述摘编[M].北京：中央文献出版社，2016：164.

定了文明的兴衰。四大文明古国——古埃及、古巴比伦、古印度和古代中国，无一例外地诞生于自然条件得天独厚的区域，这些地方森林繁茂、水源充足、土地肥沃。在中国，长江与黄河的奔腾不息滋养了华夏大地，成为中华民族的摇篮，孕育出辉煌的中华文明。正是这些优越的生态环境为先辈们提供了坚实的物质基础，使其得以在此创造出举世瞩目的繁荣与灿烂文化。由此可见，"生态兴"是"文明兴"的先决条件，良好的生态是文明得以繁荣的根基。

　　生态既能承载文明的兴盛，也可能导致文明的衰败。在漫长的人类历史中，许多文明的兴起都源于其发源地优越的生态环境，但随着人类对自然资源的过度开发和破坏，这些曾经辉煌的文明中心逐渐走向衰落。恩格斯在《自然辩证法》中曾有描述："美索不达米亚、希腊、小亚细亚以及其他各地的居民，为了得到耕地，毁灭了森林，但是他们做梦也想不到，这些地方今天竟因此成了不毛之地。"[1] 过度放牧、过度伐木、过度垦荒和盲目灌溉等行为对生态环境造成了严重破坏，进而影响了人类社会的发展。这些行为导致植被锐减、洪水泛滥、河渠淤塞、气候失调和土地沙化等问题，最终使文明的兴盛难以为继，甚至导致文明中心的转移。例如，阿尔卑斯山南坡的意大利人曾因过度砍伐森林，破坏了当地的生态环境，导致高山畜牧业的根基受损。这种行为不仅使山泉在大部分时间枯竭，还在雨季引发更凶猛的洪水，对平原地区造成严重破坏。在古埃及，尼罗河上游的森林砍伐、过度放牧和垦荒等行为加剧了水土流失，导致尼罗河中的泥沙含量逐年增加。同时，雨水减少和干旱频繁发生，使得曾经富饶的耕地逐渐退化，最终导致古埃及文明的衰落[2]。这种生态破坏不仅影响了农业生产和水资源的可持续利用，还对整个文明的生存和发展构成了威胁。这些历史案例表明，生态环境的恶化对文明的兴衰有着深远的负面影响。只有尊重自然规律，合理利用自然资源，才能实现文明的可持续发展。

1　中共中央马克思恩格斯列宁斯大林著作编译局编译. 马克思恩格斯文集: 第九卷 [M]. 北京: 人民出版社, 2009: 559-560.

2　李宏伟, 宁悦. 习近平生态文明思想的内在逻辑及原创性贡献 [J]. 新疆师范大学学报（哲学社会科学版), 2023, 44（1): 23-32.

习近平总书记曾明确指出："你善待环境，环境是友好的；你污染环境，环境总有一天会翻脸，会毫不留情地报复你。这是自然界的规律，不以人的意志为转移。"顺自然规律者兴、逆自然规律者亡。人类文明要想继续向前推进持续发展，就必须要正确认识人与自然的关系，解决好人与自然的矛盾和冲突，并将其置于文明根基的重要地位。在文明进步中，什么时候生态被牺牲掉了，生态危机出现了，文明危机也就不远了。生态危机是人类文明的最大威胁。人类的文明从砍倒第一棵树开始，到砍倒最后一棵树结束。我国历史上一些地区也有过惨痛教训。据史料记载，现在植被稀少的黄土高原、渭河流域、太行山脉也曾是森林遍布、山清水秀，地宜耕植、水草便畜。由于毁林开荒、乱砍滥伐，这些地方生态环境遭到严重破坏。塔克拉玛干沙漠的蔓延，湮没了盛极一时的丝绸之路。河西走廊沙漠的扩展，毁坏了敦煌古城。科尔沁、毛乌素沙地和乌兰布和沙漠的蚕食，侵占了富饶美丽的蒙古草原。楼兰古城因屯垦开荒、盲目灌溉，导致孔雀河改道而衰落。河北北部的围场，早年树海茫茫、水草丰美，但从同治年间开围放垦，致使千里松林几乎荡然无存，出现了几十万亩的荒山秃岭。唐代中叶以来，我国经济中心逐步向东、向南转移，很大程度上同西部地区生态环境变迁有关。

资料来源：笔者根据《习近平：深入理解新发展理念》等资料整理。

习近平总书记指出："人起源于自然，发展于自然之中，兴衰也是与自然息息相关的。"[1] 我国的生态文明建设深刻总结了历史经验教训，从生态与文明的关系出发，提出了"生态兴则文明兴，生态衰则文明衰"的生态历史观。这一观点不仅揭示了生态环境对文明兴衰的决定性影响，还为生态文明建设提供了重要的理论依据和历史逻辑。人类文明经历了原始文明、农业文明、工业文明，如今正迈向生态文明。在早期文明中，人类对自然的依赖性强，但改造能力弱；随着生产力发展，人类对自然的改造能力增强，却一度走向过度开发和破坏自然的极端。历史证明，生态的兴衰与文明的兴衰紧密相连。这种历史教训促使我国在生态文明建设中坚持尊重自然规律，将人类活动控制在生

1　中共中央文献研究室编.习近平关于社会主义生态文明建设论述摘编[M].北京：中央文献出版社，2017：11.

态系统可承受的范围内。

三、从现实看生态变化与文明兴衰

在浩瀚的宇宙中，地球是一颗璀璨的明珠，孕育了无数生命，也见证了人类文明的兴衰。然而，随着工业化的快速发展，我们不得不面对一个严峻的现实：生态环境正在遭受前所未有的破坏。回望过去，我们曾沉浸在"征服自然、改造自然"的豪迈之中，却忽视了自然的反噬。森林砍伐、水源污染、土地退化、气候变化……这些生态问题如同一面镜子，映照出我们对自然的无知与傲慢。它们不仅威胁着生物的多样性，更在悄然间侵蚀着人类文明的根基。

西方发达国家在工业化和现代化进程中普遍经历了"先污染后治理"的发展模式，这一过程对生态环境造成了极大破坏。自工业革命以来，西方国家的生产力得到了飞速发展，但同时也引发了全球性气候变暖、水土流失、极端干旱、湿地退化、洪涝灾害等一系列不可逆的生态危机。例如，比利时马斯河谷烟雾事件、伦敦烟雾事件、日本水俣病事件、洛杉矶光化学烟雾事件等，这些被称为"世界八大公害事件"的案例，都对当地生态环境和民众生活造成了深远影响。从中国的情况来看，改革开放以来，中国经济实现了快速增长，创造了"中国奇迹"，中国成为世界第二大经济体，综合国力和人民生活水平显著提升。然而，这一过程中也伴随着资源约束趋紧、环境污染严重、生态系统退化等问题。针对生态环境问题的严峻形势，习近平指出："我们在生态环境方面欠账太多了，如果不从现在起就把这项工作紧紧抓起来，将来会付出更大的代价。"[1]这种生态困境促使中国提出了"生态兴则文明兴，生态衰则文明衰"的生态历史观，强调生态文明是工业文明发展到一定阶段的必然产物，是实现人与自然和谐共生的新要求。

面对生态危机，人类开始反思与觉醒。我们逐渐认识到，生态与文明并非对立，而是相互依存、相互促进的。只有尊重自然、顺应自然、保护自然，才能实现人与自然的和谐共生，推动人类文明向更高层次发展。在实践中，我们采取了一系列措施来修复和保护生态环境。从植树造林、污染治理到推广绿色能源、发展循环经济，我们正在努力构建一个绿色、低碳、可持续的发展格局。同时，我们也加强了生态文明教育，让更多人意识到保护环境的重要性，形成全社会共同参与的良好氛围。

1　习近平总书记系列重要讲话读本 [M]. 北京：学习出版社、人民出版社，2016：234-235.

从宏观上来说，生态是文明的基础；从微观上来讲，生态就是人生存和发展的基础。"生态兴则文明兴"不仅是一种理念，更是一种行动指南。它告诉我们，在追求经济发展的同时，必须注重生态环境的保护；在享受现代文明成果的同时，必须承担起保护地球家园的责任。我们应以更加坚定的步伐迈向绿色共融之路。通过科技创新和制度创新，推动经济发展与生态环境保护相协调；通过国际合作和文化交流，促进全球生态文明建设的共同进步，为子孙后代留下一个天蓝、地绿、水清的美丽家园。

专栏1-2　弘扬塞罕坝精神　推进生态文明建设

塞罕坝，历史上有"美丽高岭"的盛誉，曾经水草丰美、森林茂密，是清朝皇家猎苑"木兰围场"的重要组成部分。但清朝末年开围放垦后，由于乱砍滥伐，过度放牧，加之山火不断，到20世纪中叶，原始森林已经荡然无存，成了林木稀疏、气候恶劣、人烟稀少、风沙肆虐的荒原沙地。中华人民共和国成立后，我们党高度重视国土绿化。1962年，为改善当地自然环境，为京津阻沙源、涵水源，建设首都北部的生态屏障，原国家林业部决定建立塞罕坝林场。在物质和技术极度匮乏的情况下，在几代塞罕坝人的不懈努力下，如今的塞罕坝林场总经营面积达到140万亩，其中有林地面积112万亩，森林覆盖率达到80%，林木总蓄积量达到1 012万立方米。塞罕坝人将个人理想与林业事业、个人追求与国家利益紧密结合起来，恪尽职守、无私奉献，创造了"荒原变林海"的人间奇迹和不可替代的绿色财富，让人民群众享有更多的绿色福利、生态福祉，实现了生态效益、社会效益和经济效益的统一。塞罕坝人扎根坝上高原，战风沙、斗严寒、抗干旱，从茫茫荒原上的"一棵松"到今天的百万亩人工林海，为京津冀及华北地区筑起防风固沙、涵养水源的绿色长城，扎扎实实走出了一条绿色发展之路，创造了生态文明建设史上的奇迹，为中国特色社会主义生态文明建设道路做出了宝贵探索。从300年前的皇家猎苑，到55年前的荒原沙地，再到眼前这片绿色林海，塞罕坝的历史沧桑，正是"生态兴则文明兴，生态衰则文明衰"这一科学论断的生动写照。

资料来源：根据《绿色奇迹　可贵范例——塞罕坝林场生态文明建设的启示》整理。

四、开创社会主义生态文明新时代

在新时代的历史进程中，"生态兴则文明兴"已成为深刻的时代命题。随着物质财富的积累和综合国力的提升，人民对美好生活的向往愈发强烈，这种向往不仅局限于物质和精神层面，更延伸至对优质生态产品和优美生态环境的追求。"中国特色社会主义进入新时代，我国社会主要矛盾已经转化为人民日益增长的美好生活需要和不平衡不充分的发展之间的矛盾。"[1]如今，人民的需求已从单纯的物质富足和精神充实，扩展到对绿色、健康、可持续生活方式的渴望。这种需求的转变，凸显了生态产品和优美环境在人民美好生活中的核心地位。然而，当前的发展仍存在诸多不平衡与不充分之处：绿色生产力在不同地区、不同行业之间发展不均衡；绿色产品在生产、分配环节存在明显差距；资源与生态环境在区域和人群之间的分布也不够公平。在这样的背景下，生态需求的重要性愈发凸显。从"求温饱"到"求环保"的转变，正是人民美好生活需要提升的生动写照。生态产品和优美环境不再只是锦上添花，而是成为人民美好生活不可或缺的要素，甚至在某种程度上成为衡量社会发展质量的关键指标。

"生态兴则文明兴"这一论断在社会形态演进的维度上，深刻揭示了生态文明建设对于社会主义制度的完善、社会主义事业的推进以及中国特色社会主义发展的关键意义。它不仅是对"为什么建设生态文明"的深刻回答，更是马克思主义历史观和文明观在新时代的创造性发展。从实践与历史维度来看，这一论断清晰地勾勒出生态文明的实践特征与历史属性，阐释了生态环境与人类文明之间的内在联系。生态环境的兴衰与人类文明的兴衰紧密相连，生态文明建设不仅是中华民族永续发展的必由之路，更是社会主义事业全面发展的内在要求。它明确了生态文明建设与中华民族伟大复兴的紧密联系，为社会主义生态文明建设指明了方向。从理论创新维度来看，这一论断标志着马克思主义新文明观的形成，其核心是将生态视为文明的根基[2]。这一文明观不仅是对历史经验教训的深刻总结，更是对未来文明发展规律的科学把握。它表明，生态文明建设不仅是当下的紧迫任务，更是人类文明发展的必然选择。因此，"为什么建设生态文明"是历史之问，"生态兴则文明兴"是历史回答，而迈向社会主义生态文明新时代则是不可

1　习近平. 决胜全面建成小康社会，夺取新时代中国特色社会主义伟大胜利——在中国共产党第十九次全国代表大会上的报告 [M]. 北京：人民出版社，2017：11.

2　陈学明. 习近平生态文明思想对马克思主义基本理论的继承和发展 [J]. 探索，2019（4）：32-41.

逆转的历史选择。这不仅是对人类文明发展规律的深刻洞察，更是对中国特色社会主义事业全面发展的战略指引。

第三节
生态文明思想的理论体系

自党的十八大以来，我国生态文明建设在理论探索与实践推进的协同作用下，其地位愈发凸显。生态文明建设的整体架构、顶层设计以及战略布局均迈向成熟阶段，这充分展现出中国共产党对社会主义生态文明建设规律的认知持续深入。秉持"承中、接马、化西"理念，习近平生态文明思想既坚守并发展了马克思主义自然观，又对中华优秀传统生态智慧予以创造性转化与创新性发展，同时批判性地借鉴了西方生态文明思想。准确把握习近平生态文明思想的理论体系，在概念构成的理论体系中，要把握住核心概念、基本概念、重要概念内涵与外延；在理论框架上，要明确鲜明主题、历史使命、奋斗目标、现实动力、行动方式、制度保障和全球治理等内容；在理论特征上，要把握继承与创新、理论与实践、现实与时代、人民与价值、系统与原则、本土与世界"六个统一"；在话语体系构建中，需秉持理论与实践相融合，贯通建构性与批判性话语，促进群众、政治与学术话语相统一，实现重大理论命题和标识性概念的对接。

一、生态文明思想的概念体系

概念作为理论体系的基石，在某种程度上，理论体系可视为具备内在逻辑一致性的概念集合体。习近平生态文明思想是一套系统性的理论体系，由核心概念、基本概念与重要概念相互关联，共同构成了理论网络上的关键节点。在理论体系中，社会主义生态文明作为核心概念，高度凝练地反映出新时代生态文明建设所蕴含的本质属性与价值取向，构成整个理论体系的关键内核。其基本概念从多元维度铺展开来，总体目标维度为生态文明建设指明方向；基本理念维度提供了思想指引；重点任务维度明确了具体工作内容；国际维度则拓展了生态文明建设的视野。这些多元维度以系统且全面的方式，深入映射出习近平生态文明思想的根本性质，精准界定了其在理论架构中的基本形态，同时细致规范了生态文明与其他文明类型间的深层内在联系。而重要概念则基于核心概念与基本概念，通过理论演绎与实践总结派生而来，它们反映在生态文明建设的各个领域和具体方面，具有较强创新性与发展潜力，在习近平生态文明思想理论体系中，这部分内容的创新空间较大，理论增量也较为显著。

（一）核心概念

社会主义生态文明，作为贯穿习近平生态文明思想的核心概念，在马克思主义中国化进程中占据着独特且关键的地位。在习近平生态文明思想的理论框架内，诸多原创性概念应运而生。其中，社会主义生态文明占据核心地位，深度阐释了该思想的本质特征与价值导向，堪称其理论体系的关键要素。党的十九大报告正式确立社会主义生态文明观，明确界定了建设目标与路径，为生态文明建设提供了清晰且精准的行动指南。从内涵与外延层面剖析，社会主义生态文明彰显了生态文明建设的本质属性、制度选择与价值设定。它是人类充分发挥主观能动性，积极改造客观世界，着力构建和谐、有序的生态运行机制，以及营造优良生态环境过程中，所积累的物质、精神与制度成果的有机整合。社会主义生态文明具备显著的原创性、严谨的规范性以及突出的政治性，在推动生态文明建设进程中，发挥着极为重要的作用，具有不可估量的理论与实践价值。

在习近平生态文明思想的理论架构中，诸多原创性概念不断涌现。其中，社会主义生态文明占据核心地位，精准且深刻地阐释了这一思想的本质特征与价值追求，是该思想体系中至关重要、不可替代的关键部分。党的十九大报告提出社会主义生态文明观，清晰界定了生态文明建设的目标指向，为相关实践活动提供了明确且有力的方向指引。从内涵与外延的专业视角深入剖析，社会主义生态文明集中体现了生态文明建设的价值设定、制度选择以及本质属性。它是人类充分发挥主观能动性，积极改造客观世界，全力构建和谐稳定、有序运行的生态机制，营造优良生态环境过程中，所积累的物质成果、精神成果以及制度成果的有机总和。社会主义生态文明具备显著的原创性特质、严谨的规范性要求以及突出的政治性特征，在推动生态文明建设进程中，发挥着极为重要的作用，具有深远的理论与实践意义。

（二）基本概念

在习近平生态文明思想架构内，基本概念发挥着根基性与先导性效能。其不仅筑牢理论体系的底层架构，更是开启理论探究的逻辑起点。这些概念映射出该思想的独特属性，框定其基本范式，明晰生态文明与其他文明间的关联准则，归属于次层级概念范畴。主要囊括生态文明、三大共同体（人类命运共同体、人与自然生命共同体以及山水林田湖草沙生命共同体）、美丽中国、人与自然和谐共生的现代化模式等关键概念。

从文明形态的建构逻辑审视，生态文明是以生命共同体理论为根基，通过保障个体生态位差异、维系群体结构多样性及优化系统自组织功能，塑造出时空延展性与发展包容性兼备的文明演进范式。新时代生态文明建设锚定生态现代化国家建设目标，其战略定位凸显三重理论突破：一是超越环境治理的单一维度，形成经济 – 政治 – 文化 – 社会 – 生态协同治理体系；二是建立生态价值转化机制，促进生态美学、制度效能与发展伦理的深度耦合；三是开创文明演进新范式，实现环境正义、技术创新与文化认同的系统性重构。该目标的本质特征体现为：在价值维度构建以生态资本化为主导的文明转型路径，在实践维度形成空间规划、产业升级与制度供给的联动机制。其创新性在于通过生态要素的系统性嵌入，推动生产生活方式的范式变革，最终达成生态安全、绿色增长与民生福祉的辩证统一。这不仅重塑了人与自然关系的认知图谱，更以制度创新的中国方案为全球可持续发展提供范式参照。

在生态哲学理论体系建构中，尊重自然、顺应自然、保护自然构成了人与自然交互关系的价值导向、实践准则与伦理责任。这种辩证统一的生态认知范式，要求人类在确立自然本体论地位的基础上，以敬畏之心重构生态伦理观；在社会经济活动中恪守生态阈值约束，实现资源利用效率与生态保护效能的动态平衡。习近平生态文明思想中提出的"三位一体"生态共同体理论，从本体论、认识论和方法论三重维度构筑了生态文明建设的哲学根基。具体而言，"山水林田湖草沙生命共同体"理论揭示了复合生态系统的整体性特征，其通过解构自然资源要素间的非线性作用机制，确立了系统治理与协同修复的生态治理范式。"人与自然生命共同体"命题从存在论层面重构主客体关系，主张通过绿色发展模式消解人类中心主义悖论，在生态承载力边界内实现人地关系协调演进。而"人类命运共同体"理念则突破了地缘政治局限，从全球治理视角构建起包容性生态治理框架，为跨国界生态环境问题的协同应对提供价值共识与实践路径[1]。这三个层级的共同体理论共同构成了具有中国特色的生态治理话语体系，在实践维度推动生态文明建设从理念倡导转向制度创新。

习近平生态文明思想的理论架构中，核心范畴体系由绿色经济范式、人地关系现代化转型及生态治理制度框架构成。绿色发展作为驱动生态文明的实践路径，其本质是

1　　参见新华社《习近平总书记心中的"三个共同体"》，载新华网 2021 年 6 月 5 日。

通过产业结构低碳化重构实现增长模式变革，形成自然资本增值与社会福利提升的协同机制。人地和谐共生的现代化命题突破了传统工业文明范式，构建起生产－生活－生态空间协调的新型文明形态，彰显中国式现代化道路的生态维度创新。在制度建构层面，生态文明制度体系通过法治化、标准化和规制性政策工具，形成具有约束力的环境治理框架。相较于伦理规约的柔性引导，该体系通过生态补偿、环境税制等制度设计，确立了环境成本内部化的长效保障机制。这种制度化的刚性治理框架不仅重塑了环境治理范式，更通过产权界定和生态产品价值实现机制推动治理效能提升。

从全球治理视角审视，全球生态文明建设作为习近平生态文明思想的国际实践维度，具有三重治理逻辑：首先，基于生态系统的整体性特征，该理论强调跨国界环境问题的协同治理必要性，特别指出主要经济体环境政策的正外部性效应将重塑全球生态安全格局。其次，在责任分配机制上主张动态公平原则，即依据国家发展阶段实施差异化的减排承诺，在《巴黎协定》框架下建立技术转移与气候融资的补偿机制。最后，针对全球环境治理话语权重构，提出通过南南合作机制建立新型治理同盟，以破解发达国家在碳关税、绿色壁垒等领域的话语垄断。该理论体系通过国内国际双循环的治理创新，构建起环境治理效能评估的三维标准：在生态维度建立自然资源资产负债表制度，在经济层面形成绿色 GDP 核算体系，在治理能力层面完善中央环保督察制度。这种系统化理论建构为全球环境治理贡献了制度替代方案，特别是在绿色"一带一路"实践中，通过基础设施建设的生态化改造与清洁能源技术输出，实现了发展权与环境权的动态平衡。

（三）重要概念

习近平生态文明思想概念架构中的派生性重要概念，是在核心范畴与基础性概念体系化演进中形成的实践性理论载体，构成实现生态文明建设战略目标的实践范式体系。党的十八大以来，习近平通过国内制度创新与国际治理协同的双向维度，系统构建起包含污染防治攻坚战、全民生态文明行动体系、生物多样性保护工程、自然保护地系统架构、绿色金融机制创新、生态保护红线制度，以及空间布局优化、产业绿色转型、生产模式革新与生活方式变革等立体化实践矩阵。这些创新性概念既体现生态文明建设的中国方案，也展现全球环境治理的东方智慧。需要着重强调的是，该概念体系的层次化建构呈现双重特性：在学理层面通过概念范畴的层级划分形成认知框架，在实践层面则通过概念间的动态联结构成方法论体系。各层级概念作为有机网络中的"理论支点"，既保持相对独立的功能定位，又通过价值传导机制形成整体性理论张力。例如，在理论阐释维度，"生命共同体"理念与"人与自然和谐共生"原则作为基础性概念，不仅为生态文明建设提供哲学根基，更通过"山水林田湖草沙系统治理"等操作性概念转化为制度实践，进而延伸至人类命运共同体层面的全球环境治理话语建构。这种从本体论到方法论、从区域实践到全球治理的递进式逻辑脉络，充分彰显理论体系的开放性与实践性特征。从理论体系化建构视角审视，习近平生态文明思想概念体系遵循"核心范畴—基础概念—实践路径"的三级架构模型：以生态文明建设根本保证为理论原点，通过绿色发展理念等基础概念形成支撑体系，最终依托污染防治攻坚战等具体实践路径实现理论落地。这种分层递进的架构模式，既确保理论体系的严谨性，又强化其对复杂生态环境治理实践的指导效能。

二、生态文明思想的理论框架

习近平生态文明思想作为马克思主义生态观中国化时代化的典范性成果，系统回应了社会主义生态文明建设的本体论、方法论与价值论命题，构建了具有中国特色的生态文明理论范式。这一思想体系通过"人与自然生命共同体"的哲学本体论重构，实现了对工业文明发展范式的批判性超越，确立了生态文明建设的理论坐标与实践导向。

（一）建设人与自然和谐共生的现代化

在人类文明演进过程中，人与自然关系的认知范式呈现出螺旋式发展态势。农耕文明时期，中华传统生态智慧通过"天人合一"的宇宙观与"制天命而用之"的方法论，构建了以"度"为核心的实践理性框架，将自然规律内化为社会生产的基本准则，这种生态伦理观形成了规制人类活动的内在约束机制。随着工业文明时代的到来，机械论自然观催生的人类中心主义导向，致使自然资源开发突破生态阈值。马克思认为："社会是人同自然界的完成了本质的统一，是自然界的真正复活，是人的实现了的自然主义和自然界的实现了的人道主义。"[1]马克思关于"社会是自然界的真正复活"的论断，深刻揭示了资本主义生产模式割裂"人－自然－社会"有机联系的异化本质，形成人与自然对立的生态困境。这种历史境遇凸显出重构生态文明认知体系的迫切性。在此背景下，习近平生态文明思想通过三重理论创新实现认知跃迁。本体论层面，继承马克思主义"人化自然"辩证思维，创造性提出"人与自然生命共同体"理念，为生态系统整

1　　马克思.1844年经济学哲学手稿，载《马克思恩格斯文集》第一卷.北京：人民出版社，2009：187.

体治理奠定哲学基础；方法论层面，依托"两山"理论构建生态价值转化机制，推动形成绿色发展范式与生态治理制度创新的实践体系；实践维度则通过山水林田湖草沙系统治理，探索"生态优先、绿色发展"的现代化路径。该思想体系通过空间维度的国土开发保护制度、时间维度的代际生态正义统筹，以及价值维度的"美丽中国"与"人类命运共同体"双向互构，为全球生态治理提供中国方案。

（二）建设美丽中国是生态文明的奋斗目标

党的十九大报告在生态文明建设领域实现了价值范式转换与治理体系创新，系统性地重构了美丽中国建设的理论框架与实践路径。习近平生态文明思想通过战略定位升维与制度供给完善，将生态治理纳入国家治理现代化总体布局，构建了涵盖资源集约利用、环境协同治理及生态产品供给的复合型发展模型。在价值认知层面，生态文明的理念革新推动了从制度约束向价值自觉的深刻转变。这种转变不仅体现为执政党治国理政方略的生态化转向，更形成了社会成员生态意识的普遍觉醒，通过文化浸润与制度牵引双重机制，促使人与自然和谐共生的新型关系内化为全民行动逻辑，进而实现生态环保实践从政策驱动向价值驱动的质变跃升。实践维度则需着力构建环境治理的协同创新体系：首先，通过生态环境分区管控与污染源全周期治理，强化环境监管执法效能；其次，构建涵盖生态补偿、环境权益交易等多元共治制度框架，完善生态环境损害赔偿机制；再者，统筹城乡环境基础设施建设，推进以"五化"工程（道路硬化、环境净化、村容绿化、照明亮化、景观美化）为抓手的乡村生态振兴，形成生态治理共同体的空间载体。最终目标在于实现三重生态价值转化：生态资源向生态资本的要素转化、生态优势向发展势能的质量转化，以及生态福祉向代际正义的价值转化。通过系统性治理使国土空间呈现"三生融合"（生态、生产、生活）的新图景，在保障优质生态产品持续供给的同时，构建起具有中国特色的绿色发展范式与生态文明话语体系。

（三）正确处理生态文明建设与经济发展关系

习近平生态文明思想构建了"生态－经济"协同演化范式，其核心在于突破传统工业化路径依赖，通过制度创新与认知升维实现发展模式质变。该范式将生态文明建设嵌入"五位一体"总体布局，形成经济、政治、文化、社会领域的战略耦合机制。协同演化路径包含三个维度：全要素整合层面，通过全生命周期管理重构产业链条，建立绿色核算体系；治理体系层面，运用空间规划与产权制度创新，构建跨域复合生态系统；价值转化层面，形成生态资本转化、环境效益转化、伦理内化的三重机制。这种转型本质上是发展逻辑从要素驱动向创新驱动的跃迁，通过"三生融合"（生态、生产、生活）

重构国土空间格局，在代际正义框架下实现生态福祉的系统性转化，最终形成具有中国特色的生态文明话语体系。

总之，正确处理生态文明建设与经济发展的关系，关键在于协调好人与人、人与自然、人与自身的关系，秉持"绿水青山就是金山银山"的理念，打造集形态美、神态美、机制美、体制美与心灵美于一体的美丽家园。

专栏1-3　一家传统冶金企业的转型

曾经，在很多企业理念中，设置约束能耗、控污减排的红线，开发绿色新产品，都可能会在短期内影响经济效益。而当下，越来越多的企业正以发展的眼光看待节能降耗，全面推行绿色制造，开辟新的增长点。

湖北黄石大冶有色冶炼厂的粗铜产量曾占到全国四分之一，前些年，由于高污染、高耗能、高排放的粗放式发展，企业在市场竞争中十分被动。2017年、2018年，产品的毛利率只有1.7%，在行业中处于中等偏下水平。2021年年底，由于工艺设备老旧造成烟气超标排放，他们被中央环保督察作为典型案例通报，必须停产改造。

整个改造工程投资6个亿，耗时10个月，在98根立柱上盖了全新的工厂。同时还添置新设备，创新了工艺。改造后的工厂废水达到零排放、烟气零散逸，煤耗等用能指标下降了20%。改造后的企业，不仅环保彻底达标，还有产线的自动化、智能化和数字化。2023年一季度，改造后的工厂实现出铜量6.6万吨，恢复到停产前的水平，而生产成本却降低了10%。

资料来源：《"绿色中国"加减法》，2024年5月16日，中央电视台朝闻天下栏目。

（四）以最严格制度和最严密法治保护生态环境

在生态治理体系中，制度建构与伦理约束呈现互补性功能差异：前者依托刚性约束机制与代际传承特性构成治理基石，后者则作为价值认知体系发挥柔性调节作用。马克思主义自然观的现代化演进，实现了从资本逻辑主导的生态剥削向生态治理范式的革命，但在社会主义生态文明实践深化过程中，仍面临治理效能转化不足的阶段性矛盾。当前生态治理面临的核心挑战体现在制度供给与执行效能的双重滞后，区域性生态治理失效事件（如祁连山生态破坏、滇池开发失序等）本质上是制度性缺陷的显性表征。党的十八大后形成了一系列的制度创新：第一，构建"五位一体"战略框架下的生态文明法治保障体系，完成《中华人民共和国环境保护法》系统性修订及配套法规集群建设；第二，形成国土空间规划引导机制，通过生态红线制度与河湖长制重构治理单元；第三，建立生态产品价值实现机制，将国家公园体制与生态补偿制度纳入绿色发展制度框架。

此外，领导干部生态治理能力是构成制度效能转化的关键变量。生态治理失范现象多源于权力运行监督缺位与责任传导机制断裂，这需要通过三重机制强化治理效能。建立党政同责的终身追责制度，完善生态环境损害责任认定标准。构建领导干部生态绩效考核体系，将生态资产纳入政绩评估指标。实施生态治理能力专项培训，提升决策者的系统思维与法治素养。最终需形成"制度－文化－技术"协同治理模式，在强化法治威慑力的同时，通过生态伦理内化培育治理共同体意识，运用智慧监测技术提升制度执行精准度，从而实现生态治理体系从压力传导向效能提升的质变跃迁。

专栏 1-4　落实最严格制度要求

《中国环境司法发展报告（2021）》实证数据显示，我国环境司法呈现专业化与多元化并行发展趋势。2020 年度环境民事、行政、公益诉讼及生态环境损害赔偿案件一审收案量分别实现 10.18%、23.42%、25.97% 与 131.50% 的显著增长，而环境刑事案件收案量同比下降 4.33%，标志着司法治理重心向环境权益保障与生态修复方向转移。

司法实践层面凸显三重创新维度：其一，构建全链条追责制度，针对危险废物非法处置产业链，通过跨区域协作机制对生产、运输、处理环节实施系统性司法打击；其二，强化预防性救济措施，运用从业禁止令与生态修复令实现污染行为的源头防控与损害修复；其三，建立生态保护协同机制，在长江黄河重点流域实施水土保持费司法审查制度，并通过青藏高原污染赔偿协议确认程序构建生态屏障机制。

典型案例的示范效应体现在三个层面：生物安全领域通过外来物种投放案确立生态适应性裁判规则；水域生态领域明确增殖放流的技术标准与监测要求；区域治理领域则形成跨行政区划的司法协同模式。这些实践印证环境司法正从单一事后惩治向"预防－惩治－修复"三位一体治理范式转型。

制度创新层面，环境司法通过"三审合一"专业化审判模式提升案件质效，运用智慧法院系统实现重点生态区域案件动态监测，同时建立环境资源案件分类统计标准以优化司法决策支撑体系。数据显示环境司法专门化改革已推动案件平均审理周期缩短18.6%，生态修复执行率提升至 76.3%。

资料来源：《最高法发布环境资源审判典型案例　以最严格制度最严密法治保护生态环境》，2022 年 6 月 6 日，光明网。

（五）共谋全球生态文明建设的中国担当

人类文明演进史表明，工业文明范式引发的系统性生态危机已从经济子系统蔓延至全球治理领域，成为阻碍人类文明存续的复杂性挑战。马克思主义唯物史观揭示，资本主义生产方式的全球扩张导致生态资源掠夺与风险转嫁的"中心－边缘"格局，使生态危机成为资本逻辑支配下的历史性产物。在此背景下，生态文明建设成为破解"发展悖论"的文明形态革新，其本质是通过全球治理体系重构，实现人与自然关系的范式跃迁。而习近平生态文明思想则从三个方面提供全球治理方案：第一，确立"共同但有区别"的生态治理责任分配原则，破解发达国家生态殖民主义与发展中国家环境权益受损的结构性矛盾；第二，构建以"全人类共同价值"为导向的治理伦理，以国际环境正义原则取代零和博弈思维，矫正全球生态治理民主赤字；第三，创新"山水林田湖草沙"生命共同体治理模式，通过"一带一路"绿色发展国际联盟等机制输出中国方案。这些实践有效遏制了生态霸权主义推责行为，推动全球环境治理从"制度悬浮"向"效能转化"转型。这一思想为全球生态环境治理提供了极具价值的理论指引、实践范例与话语体系，彰显了习近平生态文明思想的世界意义，展现出中国在全球生态环境保护问题上的担当。

三、生态文明思想的理论特征

（一）继承性与创新性融合

习近平生态文明思想构建于马克思主义生态哲学基石之上，系统整合了《1844 年经济学哲学手稿》中人与自然关系学说，同时汲取中华传统生态智慧精髓，将"天人合一""道法自然"等哲学理念创造性转化为现代治理范式。在生态价值认知维度，突破传统发展观中经济增长与环境保护二元对立，提出"两山论"的生态资本转化机制，实现理论渊源与时代命题的范式跃迁。

（二）理论性与实践性交融

习近平生态文明思想内核包含三重逻辑。首先，从本体论层面确立"生命共同体"

的生态哲学基础。其次，从方法论层面形成"系统治理"的生态治理框架。最后，从价值论层面构建起"生态惠民"的民生导向机制。通过中央环保督察、生态补偿等制度创新，推动理论预设向实践治理效能转化。数据显示，2021 年我国单位 GDP 能耗较 2012 年下降 26.4%，印证了理论指导实践的显著成效。

（三）现实性与时代性契合

在时代性维度，习近平生态文明思想回应工业文明向生态文明转型的全球性课题，破解"吉登斯悖论"下的治理困境。在现实性层面，通过"双碳"目标构建新型国际环境治理秩序，打破"生态殖民主义"话语霸权。其提出的"地球生命共同体"理念，为全球 77% 的发展中国家提供可借鉴的生态现代化路径，推动全球环境治理从"制度悬浮"向"行动协同"演进。

（四）人民性与价值性统一

习近平生态文明思想建构"生态惠民"价值坐标体系，确立"环境权作为第三代人权"的治理伦理。其民生导向体现为双重维度：首先，主体性层面形成"公众参与–环境正义"协同机制，通过环境公益诉讼制度保障公民生态权益。其次，实效性层面构建"生态补偿–环境修复"双轮驱动模式，使环境治理成果转化为可量化的民生福祉指标。数据显示，2022 年我国重点城市 $PM_{2.5}$ 浓度较 2013 年下降 57%，印证了我国生态治理的民生转化效能与价值。

（五）系统性与原则性协同

习近平生态文明思想内核包含三层次系统观：首先，从微观层面建立"山水林田湖草沙"要素关联模型；其次，在中观层面形成"双碳"目标时空耦合机制；最后，从宏观层面构建"人类–地球"生命共同体价值框架。而制度刚性则体现为三项基本原则：第一，政治维度坚持党对生态治理的全面领导；第二，法治维度完善生态环境法典化体系；第三，实践维度推行中央环保督察常态化机制。这种系统治理范式推动我国生态治理效率得以显著提升。

（六）本土性与世界性兼顾

习近平生态文明思想通过"双重转化"实现治理范式突破。在地区化层面，将浙江"千万工程"经验升华为全国性生态振兴战略。在全球化层面，推动"昆明–蒙特利尔全球生物多样性框架"达成，其国际治理贡献则体现为建构了"共同但有区别责任"的新型气候治理规则，创设"南南气候援助基金"等全球公共产品，还建立"一带一路"绿色投资标准体系。这种双向互动使中国在全球环境治理指数中的排名得以显著提升。

四、生态文明思想的话语体系

习近平生态文明思想以"社会主义生态文明"为理论内核，实现了三重创新性突破：在理论建构层面，通过"实践－认知"螺旋上升机制，将生态保护红线制度等治理实践升华为"生命共同体"等理论范畴，形成包含"两山论"在内的多个核心概念体系；在方法论层面，继承马克思主义批判精神，突破西方生态殖民话语，提出"生态产品价值实现"等多个原创性命题；在话语融合层面，构建"政治－学术－大众"三维转换模型，通过中央环保督察制度强化政策执行力，运用数字化载体提升治理经验传播效能，推动"绿色发展"全球认知度显著提升。该思想以"人与自然生命共同体"为概念，衍生出三层理论结构，依托全球首个生态术语数据库实现话语标准化输出，形成具有东方智慧的生态文明叙事体系和话语体系。

（一）话语体系建构与实践推进相协同

话语体系建构与实践创新呈现辩证统一关系，二者通过核心概念的提炼与治理范式的迭代形成互动机制。理论层面需提炼如"社会治理共同体"等标识性范畴，构建多元主体环形协商程序，将生态治理经验升华为"人与自然生命共同体"的科学表达；实践维度依托中央环保督察等制度创新，形成"问题发现－效能评估"的治理闭环，推动生态产品价值实现机制转化为可复制的绿色发展模式。国际传播通过"一带一路"倡议促进中国方案与全球标准互认，以绿色技术合作突破西方话语垄断，运用数字化平台构建"政治－学术－大众"三维话语转换模型，依托全球首个生态术语数据库实现治理经验的可视化转译。这种建构路径既彰显"天人合一"理念的现代价值，又通过提炼"新质生产力"等原创性概念为人类命运共同体贡献东方智慧，最终形成具有全球解释力的生态文明话语范式，为解决人类命运共同体问题提供思路与方法。这既是中国话语的全球表达，也是立足中国新的历史方位，聚焦生态文明建设实践的话语使命，关注全球生态文明问题，共同承担国际责任。

（二）批判性话语澄清与建构性话语创新相贯通

马克思主义理论体系内蕴批判与建构的辩证张力，其话语生成逻辑体现为解构性反思与系统性创造的螺旋式演进。习近平生态文明思想的话语建构既以马克思主义生态观为本体论基础，又通过对人类中心主义与生态中心主义的双重扬弃，在历史唯物主义框架下实现了生态文明理论范式的革命性突破。这一思想源于对近代以来生态文明建设历程的总结，以及对中华民族传统自然观的创造性继承与创新性发展。具体而言，实现批判性话语澄清与建构性话语创新的贯通，需在政治内涵、学理支撑、哲学思维、通俗表达、有效传播等方面着力；以坚守马克思主义生态观、把握中国国情、追溯中华优秀传统文化、提炼新时代中国生态文明建设核心范畴、吸收借鉴人类优秀生态文明成果为基本建构路径，推动习近平生态文明思想基础概念、范畴表述的体系化。

（三）学术话语、政治话语与群众话语相融合

任何理论与知识体系都需借助适宜的场域表达思想、传播话语。本质上，话语内容决定话语形式，话语形式在展现话语内容的同时，也助力话语内容的传播与接受。习近平生态文明思想的话语建构本质上是政治阐释、学术生产与大众实践的三维互构过程。作为复合型理论体系，其通过符号场域建构实现真理逻辑、价值逻辑与实践逻辑的有机统一，在话语形态上呈现出政治纲领的顶层设计、学术范式的规律揭示与治理实践的主体创造三重维度。该话语体系的创新性体现在三个转化机制：第一，政治话语的学理转译是通过"生命共同体"等核心范畴实现意识形态话语的学术抽象，完成马克思主义生态观的时代化阐释；学术话语的实践嵌入则是依托生态产品价值实现机制，将理论概念转化为环境治理效能评估指标，形成可操作的制度创新模板；而大众话语的国际传播，则是运用数字孪生技术构建全球环境治理案例库，通过跨文化叙事策略提升生态文明话语的全球适配性。具体来讲，在话语风格上，摒弃"自说自话""拘泥文本""过度依赖外文"的风格，纵向上兼顾传统与现代，横向上用"中国故事"阐释全球共性问题，推动政治话语向学术话语转化，以学术阐释政治。在话语内容上，增强影响力与解释力；在表达方式上，提升吸引力与亲和力；在实践路径上，强化执行力与操作性，避免陷入"话语哲学"与"概念游戏"。在话语传播上，拓展学术思想对外传播的广度与深度，树立理论自信，构建平等交流的学术共同体，持续提升生态文明建设话语权。如此，话语才能转化为推动实践的物质力量。

（四）标识性概念打造与重大理论命题创造相对接

习近平生态文明思想话语体系的创新亟需实现标识性概念建构与重大理论命题创造的认知耦合，二者构成中国自主生态文明知识体系的核心支柱。构建习近平生态文明思想话语体系、提升话语权的关键，在于融通中外，提出具有创新性的概念、范畴与表述。习近平生态文明思想的理论创新，与标识性概念、重大理论命题的提炼紧密相关。理论突破往往发轫于核心范畴的范式重构与关键命题的学理创新，这构成习近平生态文明思想学术体系与理论体系构建的方法论基点。其实现路径体现双重维度：既要在本体论层面深挖标识性范畴的理论根基，又需通过学术史维度系统梳理核心命题的演进逻辑，在理论与实践的辩证运动中提炼规律性认识。这种双向互动的创新机制，要求贯通马克思主义生态观的本土化转译、中华传统生态智慧的创造性转化以及当代生态治理经验的学理化升华，最终形成立足中国实践、彰显文化特质、回应时代关切的自主知识体系，进而不断构建具有中国特色、体现民族风格、反映大众需求的原创性概念与命题。

思考题

1. 人类文明形态经历了哪几个阶段？
2. 不同文明形态下人对自然的态度有何差异？
3. 如何理解生态文明是社会发展到一定阶段的必然选择？
4. 生态兴与文明兴之间的辩证关系是什么？
5. 请结合你所在家乡近年来生态环境的变化情况，具体谈谈哪些方面正朝着"美丽中国"的方向迈进。
6. 请联系实际，举例说明中国在共谋全球生态文明建设过程中展现的负责任的大国形象。
7. 请指出习近平生态文明思想的理论来源有哪些。

参考文献

[1] 高帅，孙来斌．习近平生态文明思想的创造性贡献——基于马克思主义生态观基本原理的分析 [J]．江汉论坛，2021（1）：5-12．

[2] 李刚．习近平生态文明思想的哲学意蕴 [J]．理论月刊，2021（11）：15-21．

[3] 杨志华，修慧爽，鲍浩如．习近平生态文明思想的科学体系研究 [J]．南京工业大学学报（社会科学版），2022，21（3）：1-11．

[4] 杨英姿．再论习近平生态文明思想的原创性贡献 [J]．哈尔滨工业大学学报（社会科学版），2022，24（5）：123-129．

[5] 文红玉，梁燕．习近平生态文明思想的原创性理论贡献 [J]．经济社会体制比较，2024（2）：9-16．

[6] 李宏伟，宁悦．习近平生态文明思想的内在逻辑及原创性贡献 [J]．新疆师范大学学报（哲学社会科学版），2023，44（1）：23-32．

[7] 陈学明．习近平生态文明思想对马克思主义基本理论的继承和发展 [J]．探索，2019（4）：32-41．

[8] 习近平．决胜全面建成小康社会，夺取新时代中国特色社会主义伟大胜利——在中国共产党第十九次全国代表大会上的报告 [M]．北京：人民出版社，2017．

[9] 习近平总书记系列重要讲话读本 [M]．北京：学习出版社、人民出版社，2016．

[10] 中共中央文献研究室编．习近平关于社会主义生态文明建设论述摘编 [M]．北京：中央文献出版社，2017．

[11] 中共中央文献研究室编．习近平关于全面建成小康社会论述摘编 [M]．

北京：中央文献出版社，2016.

[12] 习近平. 推动我国生态文明建设迈上新台阶 [J]. 求是，2019（3）：3-1.

[13] 习近平. 习近平谈治国理政 [M]. 北京：外文出版社，2014.

[14] 潘家华. 生态文明建设的理论构建与实践探索 [M]. 北京：中国社会科学出版社，2019.

[15] 陈洪波，潘家华. 我国生态文明建设理论与实践进展 [J]. 中国地质大学学报（社会科学版），2012（5）：13-17.

[16] 郇庆治. 习近平生态文明思想的体系样态、核心概念和基本命题 [J]. 学术月刊，2021（9）：5-16.

[17] 张瑞才. 学习和阐释习近平生态文明思想的八个向度 [J]. 思想战线，2021（4）：1-11.

[18] 郇庆治. 习近平生态文明思想的科学体系研究 [J]. 马克思主义与现实，2023（1）：16：25.

[19] 张瑞才，李达. 论习近平生态文明思想的理论体系 [J]. 当代世界社会主义问题，2022（1）：3-11.

[20] 张芮菱. 社会主义生态文明观的三向度解析 [J]. 中共四川省委党校学报，2018（1）：97-101.

[21] 李华. 新时代推进中华民族共同体建设的历史逻辑、时代目标和实践路径探析 [J]. 青海民族研究，2024，35（1）：115-122.

[22] 张晨. 以最严格制度最严密法治保护生态环境 [N]. 法治日报，2022-06-06（003）.

[23] 张瑞才. 习近平生态文明思想话语体系的建构 [J]. 云南民族大学学报（哲学社会科学版），2023，40（1）：16-23.

[24] 李海洋. 最高法发布人民法院环境资源审判典型案例 [N]. 中国商报，2022-06-14（P03）.

第二章

绿水青山就是金山银山

"绿水青山就是金山银山"（以下简称"两山论"）是习近平生态文明思想的生动写照和形象表达，"两山论"源于中国经济发展与环境保护的实践，又用于指导新时代中国经济高质量发展和中国式现代化进程。本章主要介绍"两山论"的理论缘起、科学内涵、中国实践及实现路径，其中第一节主要介绍"两山论"的理论来源、形成与发展的时代背景，第二节则从发展历程、内涵与特征、理论意义与现实价值等角度深刻阐释了"两山论"的科学内涵，第三节全面总结了在"两山论"指导下中国污染治理和生态保护修复的实践和成效，最后一节从生态产品价值实现、多元化生态补偿机制、环境要素交易市场等多个维度展望了"两山论"的实现路径。

教学PPT

第一节
"两山论"的理论缘起

一、"两山论"的理论来源

"两山论"是在习近平同志主政浙江期间提出的重要理论，它是习近平新时代中国特色社会主义思想的重要组成部分。这一理论的形成，植根于马克思主义生态观，同时吸纳了西方生态思想的精髓，并与中国传统生态思想相融合，在中国化马克思主义生态观的指导下得以发展成熟。其核心在于促进经济发展与环境保护的和谐共生，倡导生态环境与经济发展的双赢局面。

（一）马克思主义生态观

马克思主义生态观强调了人与自然之间不可分割的联系，主张人类应当遵循自然法则，科学合理地利用与保护自然，以实现人与自然的和谐共处。首先，自然具有先在性。马克思指出，"自然界是不依赖任何哲学而存在的；它是我们人类（本身就是自然界的产物）赖以生长的基础"。[1] 人类的衣食住行、生产活动皆源于自然，自然界的先在性为人类社会提供了存在的可能性。人被视为自然的延伸，是自然演化的产物，依赖于自然提供的资源和环境。马克思和恩格斯认为，自然界不仅为人类提供了生存的物质条件，同时也是人类活动的对象。人类的一切生活资料都直接或间接来源于自然，因此，自然界对人类具有客观的制约作用。其次，人类具有双重属性。人类作为自然界的组成部分，同时拥有自然属性与社会属性，这种双重性决定了人类在自然面前既是受动者，也是能动者。一方面，人类的生命活动直接受制于自然条件；另一方面，"社会是人同

1　　中共中央马克思恩格斯列宁斯大林著作编译局编译. 马克思恩格斯选集：第四卷 [M]. 北京：人民出版社，1995：222.

自然界的完成了的本质的统一"[1]，人类通过社会实践活动，如劳动与创造，改造自然，满足自身需求，进而影响自然环境的变化。这种社会属性使人类能够在与自然的互动中展现出智慧与创造力。第三，实践是人与自然交互的媒介。马克思认为，人并非被动地接受自然的安排，而是通过实践，尤其是劳动实践，与自然建立起动态的、创造性的关系。实践不仅是物质生产的方式，也是人与自然进行物质和能量交换的途径，它是人类自我实现和社会发展的途径，体现了人类主观能动性的发挥，同时也强调了遵循自然规律的重要性，以避免对自然的过度开发导致生态失衡。

（二）西方生态思想

1. 敬畏一切生命

阿尔贝特·施韦泽提出并倡导"敬畏一切生命"，强调了生命间的普遍联系与共生关系，认为人类的存在与发展离不开对自然界的尊重与和谐共处。施韦泽主张，每个生命体皆具有其内在价值，拥有追求自由与幸福的权利，不容人类出于私欲而随意剥夺。这一理念呼吁人类认识到自身与自然界的紧密相连，以及对所有生命形式的尊重，不仅是对生态系统的维护，更是对人类自身尊严与生存安全的保障。失去对生命的敬畏，西方文明曾步入偏颇，导致了一系列生态与伦理危机。因此，唯有恢复对生命的尊重与敬畏，人类社会方能实现可持续发展与持久和平。此观点呼唤我们重新审视人与自然的关系，倡导一种以生命为中心的伦理观，促进人与万物和谐共存。

2. 可持续发展理念

1987年，世界环境与发展委员会的《我们共同的未来》报告首次阐述了"可持续发展"理念，即发展应当满足当代需求而不损害后代满足其需求的能力。可持续发展强调经济活动应与环境保护并行，避免以往片面追求经济增长所导致的环境破坏。可持续发展的核心原则包括：一是人的发展与自然界的和谐共生；二是经济的稳定增长与社会福祉的提升相统一；三是经济活力与资源的永续利用相一致。这一理论主张，人类的发展应与自然界的承载力相协调，社会进步需与经济繁荣同步，确保资源的持续可用性和生态的完整性。它要求在政策制定与技术应用中融入环保意识，通过政府的宏观调控与科技创新，实现生态系统的可持续管理。

1　　中共中央马克思恩格斯列宁斯大林著作编译局编译. 马克思恩格斯选集：第一卷 [M]. 北京：人民出版社，2009：187.

（三）中国传统生态思想

1. 天人合一

"天人合一"是中国传统生态思想的核心理念，强调人与自然的和谐共生。它认为人类是自然的一部分，人类的生存和发展应顺应自然规律，而不是与自然对立。孔子提出"仁者乐山，智者乐水"，强调人对自然的亲近和敬畏。老子主张"道法自然"，认为自然是最高的法则，人类应顺应自然的运行规律。孟子则提出"天时不如地利，地利不如人和"，将自然规律与人类社会的和谐发展联系在一起。庄子进一步提出"天人合一"的思想，强调人与自然的统一性。这一思想倡导人类尊重自然、顺应自然，避免过度开发和破坏，为现代生态文明建设提供了重要的哲学基础。

2. 取之有度，用之有节

《论语》中提到"子钓而不纲，弋不射宿"，体现了对自然资源的适度利用和保护。老子主张"少私寡欲"，认为人类应克制欲望，减少对自然的过度索取。这一思想提醒人们在发展经济的同时，要注重资源的可持续利用，避免资源枯竭和生态破坏。

3. 万物一体

中国传统思想认为万物皆有生命，人类应尊重和保护自然界的每一个生命体。孟子提出"亲亲而仁民，仁民而爱物"，主张从爱亲人到爱百姓，再到爱万物。庄子认为"天地与我并生，而万物与我为一"，强调万物平等，人类应与自然万物和谐相处。这一思想为现代生态保护和生物多样性保护提供了哲学依据，倡导人们尊重自然界的每一个生命体，保护生态系统的完整性。

4. 无为而治

道家思想中的"无为而治"强调顺应自然规律，减少人为干预。主张"无为而无不为"，认为人类应减少对自然的过度干预，让自然按照自身的规律发展。这一思想提醒人们在面对自然时，应保持谦逊和敬畏，避免过度开发和破坏，让自然生态系统自我修复和平衡。

5. 顺应四时

中国传统思想强调顺应四季变化，合理安排生产和生活。《黄帝内经》提出"人与天地相参"，主张人类应顺应四季变化，调整生活节奏和生产活动。中国古代农业遵循"春耕、夏耘、秋收、冬藏"的规律，体现了对自然规律的尊重和顺应。这一思想为现代生态农业和可持续发展提供了重要的启示，倡导人们尊重自然规律，合理安排生产活动，避免违背自然规律的盲目开发。

中国传统生态思想蕴含着深刻的智慧，强调人与自然的和谐共生、资源的可持续利用、万物平等和顺应自然规律。这些思想不仅为古代中国的社会发展提供了指导，也为现代生态文明建设提供了重要的理论基础和文化支撑。在全球生态环境面临严峻挑战的今天，中国传统生态思想依然具有重要的现实意义，为全球可持续发展提供了宝贵的哲学启示。

（四）中国化马克思主义生态观

中国化马克思主义生态观是马克思主义生态思想在中国实践中的发展与创新，它结合了中国具体国情和时代特征，形成了具有中国特色的生态文明理论体系。

1. 中国化马克思主义生态观的发展历程

毛泽东在领导中国革命和建设过程中，提出了一系列生态保护措施，如植树造林、兴修水利等。他强调通过科学管理和合理利用自然资源，改善生态环境，为社会主义生态文明建设奠定了初步基础。邓小平提出"发展是硬道理"，强调了经济发展与环境保护的协调统一，通过强化法制建设和科技驱动，为我国生态文明建设构筑了坚实的制度基础和创新动力。这一生态观不仅丰富了中国特色社会主义理论体系，更为我国生态文明建设奠定了重要基础。江泽民在继承与发展邓小平理论的基础上，深化了对生态环境保护与经济可持续发展关系的认识。强调科技创新在生态环境保护和资源高效利用中的关键作用，主张将人口、资源、环境工作纳入法制轨道，强调依法治国在环保领域的重要性。提出走新型工业化道路，倡导转变经济发展方式，优化产业结构，主张发展科技含量高、资源消耗低、环境污染少的产业模式，避免传统工业化的高耗能、高污染模式，利用科技改善生态环境，实现经济社会与环境的和谐共生。胡锦涛提出科学发展观，强调"以人为本""全面协调可持续"等原则，进一步明确了生态文明建设的实践路径。科学发展观吸收了马克思主义生态思想的核心要义，结合中国实际，提出了循环经济、资源节约型社会等概念。习近平生态文明思想是马克思主义生态观中国化的最新成果。习近平强调"人与自然是生命共同体"，提出"绿水青山就是金山银山"的理念，明确了生态文明建设在国家发展中的战略地位。这一思想不仅关注国内生态建设，还积极参与全球生态治理，倡导国际社会共同打造绿色"一带一路"，推动全球生态共享。

2. 中国化马克思主义生态观的内涵

（1）生态自然观

中国化马克思主义生态观强调人与自然的和谐共生，认为自然是人类生存的基础，人类活动应尊重自然规律，保护生态环境。

（2）生态社会观

生态社会观主张在社会发展过程中，实现经济、社会与生态的协调发展，构建资源节约型、环境友好型社会。

（3）生态发展观

生态发展观强调可持续发展，主张在经济发展中注重生态效益，推动绿色发展、循环发展和低碳发展。

（4）生态共享观

生态共享观倡导全球生态治理的共商、共建、共享，推动全球生态正义，使生态成果惠及全人类。

3. 中国化马克思主义生态观的实践意义

中国化马克思主义生态观不仅为中国的生态文明建设提供了理论指导，也为全球生态治理贡献了中国智慧。它强调在实践中贯彻"绿水青山就是金山银山"的理念，推动经济社会发展全面绿色转型。中国化马克思主义生态观是马克思主义生态思想在中国的具体实践和发展，体现了中国共产党对生态文明建设的深刻认识和战略部署。

二、"两山论"形成与发展的时代背景

（一）生态国情

我国既是资源大国亦是资源压力国，生态国情复杂。自然资源虽总量庞大、种类繁多，却因人口基数巨大而人均占有量稀缺，加之长期以来粗放的经济增长模式，导致资源开发与利用效率低下，环境污染问题日益严峻。

高污染、高消耗的传统发展模式忽视环境承载力，大规模的资源开采和工业扩张造成森林减少、水质恶化、空气污染加剧等一系列生态退化问题。这种以牺牲环境为代价的经济增长方式，虽迅速提升了经济总量和民众生活水平，但遗留的环境问题日益凸显，成为可持续发展的瓶颈。进入 21 世纪，我国虽已成为全球第二大经济体，但同时也是世界上最大的能源消费国和碳排放国 [1]，资源消耗强度超国际平均水平，经济结构中仍存在高耗能、低效用的产业比重过高的问题。与此同时，生态环境的恶化已到了不容忽视的地步，"从目前情况看，资源约束趋紧、环境污染严重、生态系统退化的形势

---

1   解振华 . 推动绿色低碳发展参与全球气候治理 [J]. 中国科技产业，2016（4）：37.

依然十分严峻。全国大范围长时间的雾霾污染天气，影响几亿人口，人民群众反映强烈。"[1]城市雾霾、水源污染、土壤退化等问题频发，生态系统服务功能受损，生物多样性受到威胁，这一切都警示着生态环境的恶化已到了刻不容缓的地步。

与西方国家渐进式的环境问题不同，我国生态环境挑战呈现出集中爆发的特点，短短数十年内，工业化、城镇化进程中累积的环境问题密集显现，加大了治理的难度。面对我国生态压力与绿色发展的迫切需求，习近平总书记深研生态国情，汲取前人智慧，创新提出"两山论"的科学论断，不仅深化了对生态保护与经济发展协调统一的理解，更为新时代中国解决生态环境问题、推进生态文明建设提供了全新理念和行动指南。

（二）生态环境与经济发展矛盾

自中共十八大以来，我国在推进"五位一体"总体布局的战略下，加速了生态文明建设的步伐，生态环境保护意识日益增强，环境监管与执法力度空前加强。然而，面对历史遗留的环境债务，我国面临着环境污染与生态破坏的严峻挑战，生态环境与经济发展之间的矛盾日益凸显。

我国庞大的人口基数与有限的资源条件形成了鲜明对比，生态环境持续恶化将严重制约经济发展的可持续性。长期以来，在传统增长模式下，对资源的过度开发与环境保护的忽视导致的一系列生态问题包括地下水位下降、水土流失加剧、土地沙漠化蔓延以及草原退化等，揭示了盲目与过度开发已触及自然环境的承载极限。在这种发展模式下，经济增长往往以牺牲生态环境为代价，短期内看似繁荣，实则埋下了未来的生态危机。经济活动中的生态透支现象，如频繁的自然灾害、严重的城市雾霾、耕地面积的缩减以及公众健康的下降，都直观地反映了生态与经济失衡的后果。资源环境不仅是经济发展的物质基础，也为人类提供了生存空间和发展机遇。然而，不当的资源开采和利用方式对生态环境造成了深远的影响。过度开发不仅抑制了经济潜力，还对人类生存构成威胁，人类迫切需要转向资源节约型、环境友好型的发展路径。

（三）绿色现代化发展趋势

自工业革命以来，资源的无节制开采、环境污染的累积效应以及生物多样性的急剧下降，构成了生态与环境的严峻挑战，促使绿色现代化已成为国际社会的普遍追求与紧迫议题。各国政府纷纷响应，力图在可持续发展的框架内重塑经济发展模式。美国以

"绿色美国"为目标，倾力打造绿色农业与生态农业体系；欧盟则通过加大科研投入，培育环保技术和产业，推动经济结构绿色转型；日本推出"21世纪新地球"计划，彰显其长期绿化愿景。与此同时，发展中国家积极融入全球绿色行动。韩国首倡"低碳绿色增长"战略，巴西深耕生物燃料技术，印度承诺减排，力图塑造"绿色经济"大国形象，共同勾勒出一幅全球绿色革命的生动图景。

中国作为最早系统践行绿色发展的大国，自改革开放以来，历任领导人相继提出绿色发展蓝图，从"可持续发展观"到"科学发展观"，再到习近平总书记提出的"两山论"理念，不仅标志着中国绿色现代化战略的成熟与深化，更为全球绿色现代化趋势注入了新的动力。中国政府通过一系列政策调控，推动绿色消费、绿色制造与绿色产业的兴起，构建资源节约型、环境友好型社会，展现出"绿色现代化"已成为不可逆转的世界潮流。

面对全球性生态危机，世界各国正携手步入绿色现代化的新纪元。通过科技创新、政策引导和社会参与，构建低碳、循环、可持续的经济体系，已成为国际社会的广泛共识与行动纲领。

第二节
"两山论"的科学内涵

一、"两山论"的发展历程

（一）思想萌芽

"两山论"的萌芽过程，是习近平总书记长期深入基层、实践探索的结晶，它深刻揭示了经济发展与生态环境保护之间的辩证关系。早在梁家河时期，习近平同志就深刻认识到人与自然是休戚与共的命运共同体，萌生了保护自然、尊重自然的思想。1985年在河北正定任职时，他倡导"宁失财富，勿失清风"的环保理念，强调了在现代化建设过程中必须消除污染、保护环境的重要性，为"两山论"的萌芽奠定了坚实的思想基础。1988年，进入福建工作期间，习近平同志鼓励农民发展立体种植业，推动"绿色工程"和"生态型大农业"的建设，明确提出"什么时候闽东的山都绿了，什么时候闽东就富了"的论断。同时，他在厦门、宁德等地组织生态治理工程，并在福州提出了"3820"战略工程思想，进一步推动了生态环境的保护和修复。

在浙江时期，习近平同志对生态问题的思考更加深入。2003 年 8 月，时任浙江省委书记的习近平在《浙江日报》"之江新语"专栏发表的《环境保护要靠自觉自为》一文中，提出人们对环境保护和生态建设的认识过程，可以划分为三个阶段。第一阶段是经济优先与环保忽视的盲目期，在这一阶段，人们的观念主要集中在经济发展上，往往将金山银山置于绿水青山之上。他们更多地关注眼前的经济利益和快速发展，而对于环境保护和可持续发展的重要性缺乏深刻的认识。这种观念容易导致对自然资源的过度开采和对生态环境的破坏，进而威胁到子孙后代的生存与发展。第二阶段是环境意识初现但局限的自私期，随着环境污染和生态破坏的日益严重，一些人开始意识到环境保护的重要性。然而，他们往往只关注自己所在的小环境和小家园，缺乏全局观和长远眼光。有的人甚至为了自己的经济利益而损害他人的环境权益，形成了"以邻为壑"的局面。这种自私自利的环保观念虽然表明了一定的环境意识，但却无法从根本上解决环境问题。第三阶段是全球视野与人类共同命运的自觉期，在深刻认识到环境问题的严重性和全球性的基础上，人们开始从更高的角度审视环境保护问题。他们认识到生态问题无边界，人类只有一个地球，保护环境是全人类的共同责任。在这一阶段，人们将环境保护作为自觉行动，积极参与到各种环保活动和项目中来。他们不仅关注自己的环境权益，还积极为改善全球环境做出贡献。这种自觉的环保观念是推动生态文明建设的重要力量。这一论述标志着"两山论"的正式萌芽，为生态文明建设提供了重要的理论支撑和指导。

（二）理念形成

安吉县余村，位于浙江省湖州市，是一个群山环抱、秀竹连绵的美丽乡村。20 世纪八九十年代，余村曾是以矿山和水泥厂为主要经济来源的工业村，面临着尘土飞扬、空气质量下降等严重的生态环境问题。在"千村示范、万村整治"工程的推动下，余村决定关闭矿山和水泥厂，开始探索生态发展的新模式。经过多年的努力，余村实现了从"石头经济"到"生态经济"的华丽转身。依托丰富的"竹海"资源，余村大力发展生态休闲旅游，开办农家乐、民宿，开展漂流等旅游项目。这些举措不仅为当地人民带来了丰厚的经济收益，更让余村的生态环境得到了极大的改善。习近平同志对余村的做法给予了高度评价。

2005 年 8 月 15 日，时任浙江省委书记的习近平同志，在深入考察浙江安吉县余村后，面对曾经因矿山开采而遭受环境破坏的村落，首次提出了"绿水青山就是金山银山"的重要论断。调研余村后不久，习近平同志在《浙江日报》"之江新语"专栏发表了《绿水青山也是金山银山》一文。他明确指出，"绿水青山可带来金山银山，但金山银山却买不到绿水青山"。文章指出"在鱼和熊掌不可兼得的情况下，必须懂得机会成本，善于选择，学会扬弃"，同时还强调了"如果能够把这些生态环境优势转化为生态农业、生态工业、生态旅游等生态经济的优势，那么绿水青山也就变成了金山银山"。这一论断深刻揭示了生态环境与经济发展的辩证关系，为余村乃至全国的绿色发展之路提供了有力的指导。

2006 年 3 月，习近平同志在中国人民大学发表演讲，他提出，从用绿水青山去换金山银山，到既要金山银山也要保住绿水青山，再到绿水青山本身就是金山银山，这一认识过程是经济发展方式转变的重要体现。2006 年 3 月 23 日，习近平同志在《从"两座山"看生态环境》一文中进一步深化了"两山论"的内涵。他强调，要牢固树立生态文明理念，推动形成绿色发展方式和生活方式。同时，他还提出了"两座山"要作为一种发展理念、一种生态文化，体现到城乡、区域的协调发展中，为推动生态文明建设提供了重要的思想支撑与理论指导。

（三）理论完善

自 2012 年起，"两山论"逐渐在中国形成并发展成为一项重要的国家战略，中国生态文明建设进入了一个全新的发展阶段。这一年，中国正式将"生态文明"写入宪法，并在随后的十八大中，将生态文明纳入中国特色社会主义事业的"五位一体"总体布局。这一战略举措标志着中国对生态环境保护的重视达到了前所未有的高度。2013 年 9 月 7 日，习近平同志在哈萨克斯坦纳扎尔巴耶夫大学发表重要演讲《弘扬人民友谊　共创美好未来》，首次全面阐述了"两山论"的核心内容："我们既要绿水青山，也要金山银山。宁要绿水青山，不要金山银山，而且绿水青山就是金山银山。"[1] 他强调，保护生态环境和推动经济发展并不矛盾，二者可以实现有机统一。他进一步指出，绿水青山不仅是自然生态的宝贵财富，也是经济社会发展的强大支撑。因此，我们既要追求金山银山般的经济发展，更要珍视绿水青山般的生态环境。2015 年 3 月 24 日，《关于

1　　中共中央文献研究室编. 习近平关于社会主义生态文明建设论述摘编 [M]. 北京：中央文献出版社，2017: 21.

加快推进生态文明建设的意见》的出台，标志着"两山论"，即"绿水青山就是金山银山"，正式成为指导中国生态文明建设的核心理念。这一文件将生态文明提升至与经济、政治、文化、社会并重的地位，旨在解决生态环境治理相对滞后的短板，推动人与自然和谐发展的新格局。

随后，2016年，习近平总书记对"两山论"进一步深化和完善，在两会期间对黑龙江省提出"冰天雪地也是金山银山"的论断，丰富了"两山论"的内涵，表明自然资源的合理利用对于地区发展的重要性。同年，在不同场合强调了守住绿水青山的重要性，指出这是实现经济繁荣的关键。2016年5月，《绿水青山就是金山银山：中国生态文明战略与行动》的报告在联合国环境大会上发布，标志着中国生态文明建设的实践经验和"两山论"的理念开始走向世界舞台，为全球生态环境建设提供中国智慧。2017年，习近平总书记在联合国日内瓦总部发表演讲，阐述了构建人类命运共同体的愿景，并强调在全球性生态危机面前，各国应携手合作，共同保护地球家园。他再次强调"两山论"的重要性，指出人与自然是共生共存的关系，必须遵循天人合一、道法自然的理念，寻求永续发展之路。同年，中共十九大将"增强绿水青山就是金山银山的意识"写入《中国共产党章程》，彰显了生态与经济并重的战略思维，提出了建设美丽中国的新目标，以满足人民对优美生态环境的需求。2022年，党的二十大报告进一步强化了"两山论"，明确了2030年碳达峰和2060年碳中和的目标，为生态文明建设提出了新的要求和挑战，同时也带来了新的发展机遇。随着"两山"理论体系的不断完善，它已成为中国生态文明建设的行动指南，引领着美丽中国的发展方向。

二、"两山论"的内涵与特征

"两山论"是习近平生态文明思想的重要组成部分，其核心思想围绕着生态环境保护与经济发展之间的辩证关系展开。"两山论"科学阐明了潜在的自然生产力与现实的社会生产力之间的转换与协调关系，生态环境与经济发展并非零和博弈，而是可以通过正确的策略实现共赢。习近平总书记指出，"保护生态环境就是保护生产力，改善生态环境就是发展生产力"[1]，这一论述纠正了传统上对生产力关系的狭隘理解，强调了生态

1　　中共中央文献研究室编.习近平关于社会主义生态文明建设论述摘编 [M].北京：中央文献出版社，2017：20.

环境保护对于促进社会生产力发展的核心作用。这一理论体系通过"既要绿水青山，也要金山银山""宁要绿水青山，不要金山银山""绿水青山就是金山银山"三句精辟论述，系统阐述了人与自然和谐共生、经济发展与环境保护相辅相成的关系。

（一）"绿水青山"与"金山银山"

"绿水青山"与"金山银山"作为习近平生态文明思想的核心命题，深刻揭示了人与自然之间既对立又统一的辩证关系，倡导了一种全新的发展理念。"绿水青山"狭义上指的是自然生态系统中的山水林田湖草沙等具体环境要素，包括清澈的河湖、葱郁的山林、肥沃的田地以及广袤的草原等，它们共同构筑了地球生态系统的基石，不仅是生物多样性的摇篮，也是人类社会赖以生存与发展的物质基础。这些自然元素，以其独特的生态服务功能，为人类的生产生活提供了不可或缺的资源和条件，其价值难以用金钱衡量。在广义上，"绿水青山"代表更为全面的生态环境观，不仅涵盖狭义层面的自然环境要素，还包括冰山雪地、海浪沙滩、蓝天白云等，以及这些环境要素为人类提供的精神慰藉和文化滋养。在经济学范畴内，"绿水青山"被视为一种兼具公共与私人物品属性的复合体。农业、林业、渔业等产业均依赖于"绿水青山"的滋养，通过人类的生产活动和技术手段，自然资源可以转化为具有使用价值的产品和服务，具有不可估量的生态与经济价值。

"金山银山"代表了人类社会发展的物质财富和经济基础，涵盖了经济增长、经济发展水平、生产力发展以及国民收入等方面，是现代社会物质文明的重要体现。在经济层面上，"金山银山"代表着通过人类劳动和科技手段创造出的物质财富，这些财富是人类社会长期发展的产物，也是满足人们美好生活需求的基础。在社会层面上，"金山银山"则代表着一种更为全面的发展观，强调在追求经济增长的同时，要关注社会公平、人民福祉和可持续发展。这种发展观要求我们在发展中注重保护环境和资源，实现经济效益、社会效益和生态效益的有机统一。

（二）既要绿水青山，也要金山银山

在生态文明建设的征途中，生态环境保护与经济发展并非不可调和的矛盾体。"既要绿水青山，也要金山银山"，这一理念强调生态与经济的双轮驱动，认为环境保护与经济发展是统一的有机整体，二者相辅相成，缺一不可。良好的生态环境是实现经济可持续发展的基础，而经济的繁荣又能为生态保护提供必要的物质支持。因此，我们既要追求经济发展，也要注重生态环境保护，实现经济效益与环境效益的双赢。"既要绿水青山，也要金山银山"体现了中国共产党对生态文明建设的深刻认识，是对人民日益增

长的美好生活需要的积极回应。在新时代，这一理念正引领中国走上一条生态优先、绿色发展之路，致力于构建人与自然生命共同体，为全球环境保护和可持续发展贡献中国智慧与中国方案。

（三）宁要绿水青山，不要金山银山

"宁要绿水青山，不要金山银山"是对"两山论"中环境优先原则的生动诠释，彰显了生态文明建设中的价值取向。习近平总书记一再强调，"我们绝不能以牺牲生态环境为代价换取经济的一时发展"[1]。这一理念深刻揭示了过度追求经济利益对生态环境造成的不可逆损害，警示人类必须避免短视行为，以免承受未来沉重的环境和社会代价。这一原则的提出，是对传统发展模式中环境与经济二元对立思维的超越，标志着对可持续发展理念的深度认同。

在实践中，"宁要绿水青山，不要金山银山"要求我们在经济活动中，严格遵守自然法则，确保环境承载力不被超越，避免重蹈过去过度开发、先污染后治理的覆辙。它告诫我们，生态破坏所造成的损失往往是无法弥补的，任何短视的经济利益都无法弥补环境退化带来的长期后果。历史经验教训显示，不顾生态环境的盲目发展，最终将导致生态系统的崩溃，影响人类自身的生存与发展。这一理念还体现了对后代负责的态度，强调"不抢子孙饭"，即在当前发展过程中，必须为未来世代留下一个宜居的地球。它要求我们在做决策时，充分考虑长期影响，避免为了眼前的经济利益而牺牲后代的福祉。这不仅是对当代人的道德约束，也是对未来的一种庄严承诺。

（四）绿水青山就是金山银山

"绿水青山就是金山银山"这一理念深刻揭示了生态文明的真谛，即优质的生态环境本身就是巨大的财富，生态环境与经济发展存在内在统一性。它主张通过生态保护和修复，提高生态系统的服务价值，如水源涵养、空气净化、碳汇增效等，这些生态服务可以直接或间接转化为经济效益，促进生态旅游、绿色农业、清洁能源等新兴产业的发展。同时，它鼓励通过市场机制，如碳交易、生态补偿等手段，实现生态价值的市场化和社会化，让绿水青山真正成为造福人民的金山银山。

这一理念的提出，标志着中国在发展道路上的重大转变，从过去的牺牲环境换取经济增长，转向绿色、循环、低碳的可持续发展模式。它要求我们在发展中尊重自然、

---

1 中共中央文献研究室编.习近平关于社会主义生态文明建设论述摘编[M].北京：中央文献出版社，2017：21.

顺应自然、保护自然，将生态优先的原则贯穿于经济社会发展的全过程，实现人与自然和谐共生。习近平总书记指出，"中国将继续承担应尽的国际义务，同世界各国深入开展生态文明领域的交流合作，推动成果分享，携手共建生态良好的地球美好家园。"[1]"绿水青山就是金山银山"不仅是中国生态文明建设的指导思想，也为全球环境保护与经济发展提供了新的视角和路径，展现了中国在全球生态文明建设中的责任担当与智慧贡献。这一理念的践行，将推动中国乃至世界走向更加绿色、健康、可持续的未来。

（五）"两山论"的基本特征

强调保护和发展并重。"两山论"打破了传统思维中保护和发展相互对立的观念，提出了在保护生态环境的同时，也要实现经济发展的新思路。正确处理好生态环境保护和发展的关系，也就是绿水青山和金山银山的关系，是实现可持续发展的内在要求，也是我们推进现代化建设的重大原则。这一特征意味着，我们不能再像过去那样以牺牲环境为代价来追求经济发展，而是要在保护生态环境的基础上，通过创新驱动、绿色发展等方式，实现经济的高质量发展。这种保护和发展并重的理念，是"两山论"最为核心的特征之一。

强调生态价值与经济价值的统一。"两山论"认为，绿水青山不仅具有生态价值，更是一个增值自然资本的过程，可以源源不断地带来金山银山。这种观念深刻揭示了生态价值与经济价值的内在联系，即二者是相辅相成、相互促进的。在实践中，我们可以通过科学规划和合理利用自然资源，将生态优势转化为经济优势，实现生态价值与经济价值的统一。

坚持以人民为中心。"两山论"强调，人民群众对良好生态环境的需要是推动绿水青山转变为金山银山的价值前提，"人民对美好生活的向往，就是我们的奋斗目标"[2]。这一特征体现了"两山论"坚持以人民为中心的发展思想，将满足人民对美好生活的向往作为推动生态文明建设的出发点和落脚点。在实践中，我们要充分尊重人民群众的意愿和选择，让人民群众在生态环境改善中得到更多实惠和幸福感。

强调系统治理和整体思维。"两山论"倡导山水林田湖草沙一体化保护和系统治理，这体现了其对于自然系统整体性的认识以及运用系统思维解决生态环境问题的理

1　　中央宣传部（国务院新闻办公室）会同中央党史和文献研究院、中国外文局编 . 习近平谈治国理政 [M]. 北京：外文出版社，2014：212.

2　　中共中央文献研究室编 . 十八大以来重要文献选编（上）[M]. 北京：中央文献出版社，2014：70.

念。在实践中，要求我们在生态保护和修复工作中采取综合性措施，包括水源涵养、生物多样性保护、土壤保持、污染控制等多个方面。通过构建生态廊道、实施退耕还林还草、湿地恢复等项目，形成连贯的生态网络，增强生态系统的自我调节能力，维护生态平衡和生态安全，推动自然生态系统质量整体改善和生态功能稳定恢复。

三、"两山论"成功实践的理论意义与现实价值

（一）理论意义

1. 更新传统自然观念

长久以来，人类社会在工业文明的驱动下，将自然视为可无限开采的资源库，忽视了其生态价值和有限性。"两山论"的提出，是对这种传统观念的深刻反思和革新。它强调了绿水青山作为自然资本的重要性，将其视为与经济财富同等甚至更优的价值形态。这一转变，促使人们重新评估自然资源的真实价值，认识到生态环境保护是社会生产力的必要条件，而非负担。在"两山论"的指导下，生态效益被纳入决策考量，绿色经济成为主流趋势，自然不再仅仅是经济活动的背景，而是发展的主体和目标。这一观念的更新，让人们对自然的认识更加深入和全面，为实现人与自然的和谐共生提供了重要的理论基础。

2. 突破发展与保护的思维束缚

在过去的发展过程中，人们往往将经济发展与生态环境保护对立起来，认为两者难以兼得。"两山论"提出了一个全新的视角，即通过绿色发展实现经济与生态的双赢。这一理念主张"保护生态环境就是保护生产力、改善生态环境就是发展生产力"[1]，生态环境本身就是巨大的生产力。这种思维模式的转变，揭示了经济发展与生态保护的内在联结与协调统一。同时，"两山论"还强调了在保护生态环境的前提下实现经济发展的路径和方法。通过倡导绿色发展、循环经济与低碳经济，为各地探索可持续发展路径提供了理论依据与实践蓝本，推动了经济模式的转型与结构优化，为实现可持续发展奠定坚实的基础。

1　　中共中央文献研究室编. 习近平关于社会主义生态文明建设论述摘编 [M]. 北京：中央文献出版社，2017：4.

3. 丰富马克思主义自然观

"两山论"与马克思主义自然观一脉相承，但又在新时代背景下对其进行了拓展和深化。马克思主义强调人与自然的辩证关系，认为自然既是人的生活条件，也是人的活动对象。"两山论"进一步发展了这一思想，将自然生产力与社会生产力相结合，强调了生态系统的健康与稳定对于社会进步和人类福祉的不可或缺性。它提倡人与自然和谐共生的理念，强调人类在发展经济的同时要尊重自然、顺应自然、保护自然，实现经济发展与生态环境保护的协调统一。主张在尊重自然规律的前提下，发挥人的主观能动性，通过合理利用和保护自然，实现可持续发展。这一理念为马克思主义自然观注入了新的活力，不仅为我们推动生态文明建设提供了重要的理论支撑和实践指导，也"为解决人类问题贡献了中国智慧和中国方案"[1]。

（二）现实价值

1. 推动绿色发展

"两山论"不仅是一个理论命题，更是一个实践命题。在实践过程中，"两山论"为如何处理好经济发展和生态环境保护的关系提供了科学指导，推动了绿色发展的进程。各地积极响应"两山论"号召，大力实施生态修复工程，加强环境保护，逐步形成了以绿色为导向的产业结构和生产方式。例如，浙江安吉县的白茶产业，依托得天独厚的生态环境，打造出了享誉全国的绿色品牌，实现了生态效益与经济效益的双丰收。绿色农业、生态旅游、清洁能源等新兴产业蓬勃发展，成为经济增长的新动能，生动诠释了"绿水青山"转化为"金山银山"的可能性。

专栏 2-1　浙江安吉白茶产业的"两山论"实践

位于浙江省北部的安吉县，是中国著名的白茶产地之一。安吉县的白茶产业始于20世纪80年代末，经过多年的努力，已经成为当地的重要支柱产业。2001年，安吉县确立了生态立县的战略，虽然短期内未能立刻见到显著的经济效益，但随着时间的推移，白茶产业呈现出了强劲的增长势头。近年来，安吉县以白茶产业为基础，通过践行"绿水青山就是金山银山"的发展理念，不断推动产业升级和服务提升，不仅发展壮大了茶产业，还有力推动了一、三产业的深度融合，提升了产业附加值，促进了农业现代

1　习近平. 决胜全面建成小康社会　夺取新时代中国特色社会主义伟大胜利——在中国共产党第十九次全国代表大会上的报告 [M].北京：人民出版社，2017：10.

化转型，增加了村民收入。

据公开数据，从 2003 年至 2022 年，安吉白茶的产量和产值分别增长至 2 100 吨和 32 亿元，每年为全县农民人均增收 8 800 多元，惠及 10 万名从业者，并带动了周边 20 万人就业。安吉县将白茶产业扩展到其他省份，捐赠茶苗给贵州、湖南和四川等地，帮助 2 028 户家庭、6 661 名贫困人口脱贫。同时，白茶产业的发展也带动了乡村旅游、包装加工等相关产业的发展，形成了完整的产业链条，为当地经济注入了新的活力。

资料来源：《浙江安吉：科技赋能白茶产业　助力乡村振兴质效提升》，2023 年 3 月 1 日，浙江省科技厅。

---

2. 促进经济转型升级

"两山论"倡导的绿色发展，不仅仅是简单的环境保护，更是以创新为驱动的经济转型升级。它鼓励企业采用清洁生产技术，发展循环经济，减少资源消耗和环境污染。在这一理念的引领下，许多传统行业实现了绿色化改造，新兴的环保产业、绿色科技企业蓬勃发展，成为经济增长的新引擎。这些绿色产业的发展不仅带动了当地经济的转型升级和可持续发展，还为当地居民提供了更多的就业机会和收入来源。同时，这些产业的发展还推动了相关产业链条的完善和延伸，有效促进了经济结构的优化升级，推动了中国经济迈向更加绿色、低碳、高效的高质量发展阶段。

3. 提升人民生活质量

"两山论"的实践不仅促进了经济的发展和生态环境的改善，还为人们提供了更加优质的生活环境和更加健康的生活方式。习近平总书记强调，"人民对美好生活的向往，就是我们的奋斗目标"[1]。在"两山论"的指引下，城市绿地增多，空气质量提升，水体更加清洁，人民群众的居住环境得到了显著改善。绿色生活方式逐渐深入人心，健康饮食、绿色出行、低碳消费成为社会新风尚，增强了民众的幸福感与满足感。同时，"两山论"实践中的生态扶贫项目，如生态补偿、绿色就业等，为贫困地区提供了新的发展路径，助力脱贫攻坚，实现了生态保护与乡村振兴的有机融合。

1　中共中央文献研究室编 . 十八大以来重要文献选编（上）[M]. 北京：中央文献出版社，2014：70.

第三节
"两山论"的中国实践

一、中国污染治理的实践和成效

中国快速工业化和城镇化带来巨大经济增长的同时，也导致了环境污染问题。大气污染、水污染和土壤污染是中国面临的主要环境问题，为了改善环境质量，中国政府采取了一系列综合措施，涵盖了政策法规制定、水污染治理工程实施、监测体系建设、公众参与等多个方面。本节将从大气污染、水污染和土壤污染防治三个方面，介绍中国在污染治理方面的实践和成效。

（一）大气污染防治的实践和成效

1. 政策部署

在政策层面，中国政府进行了系统性的部署。国务院于 2013 年发布了《大气污染防治行动计划》，明确了改善空气质量的总体目标和具体措施，要求通过加大对污染源的控制力度，减少主要大气污染物排放，力争在 2017 年实现空气质量的显著改善。2016 年颁布《中华人民共和国大气污染防治法》（2016 年修订），对大气污染防治工作进行了系统性的规定，强化了对各类大气污染源的管理和控制，增加了对违法行为的惩治力度。此外，2018 年实施的《打赢蓝天保卫战三年行动计划》进一步强化了大气污染防治的措施，提出了更为严格的排放标准和更高的治理目标。2023 年国务院印发《空气质量持续改善行动计划》，以空气质量持续改善推动经济高质量发展。

2. 防治措施

在技术创新方面，中国积极推广应用先进的大气污染治理技术。在工业排放领域，推广了低氮燃烧技术、烟气脱硫脱硝技术等。这些技术的应用大幅度降低了工业企业的污染物排放。在机动车排放控制方面，中国逐步提升了汽车排放标准，推广使用清洁能源汽车，减少机动车尾气排放对空气质量的影响。同时，实施了严格的油品质量标准，确保车用燃油的清洁度。

产业结构调整也是大气污染防治的重要举措之一。中国通过优化产业布局、淘汰落后产能、推动产业升级等手段，减少了高污染、高能耗产业的比重。在钢铁、水泥等传统高污染行业，通过技术改造和设备更新，提高了生产效率，降低了污染物排放。此外，积极发展清洁能源和可再生能源，减少对煤炭等传统化石能源的依赖，都进一步降低了大气污染。

公众参与在大气污染防治中也起到了重要作用。政府通过加强环境教育和宣传，提高了公众的环保意识和参与度。社会各界积极参与到大气污染治理的行动中来，例如，通过绿色出行、垃圾分类、节能减排等方式，共同为改善空气质量贡献力量。同时，政府加强了环境信息公开，建立了大气环境监测网络，及时向公众发布空气质量信息，增强了公众对环境状况的了解和监督。

此外，为确保环保政策和法规得到有效落实，自2015年起，中央政府启动中央环保督察制度，成为中国环境保护工作的重要组成部分，是推动地方政府和企业落实环境保护责任、提升环境治理水平的重要手段。其主要目的是通过督察手段，发现并解决各类环境问题，确保地方有效落实环保政策。中央环保督察组通过深入调研、现场检查和群众举报，全面了解地方政府和企业在大气污染、水污染和土壤污染等防治中的执行情况。对于发现的问题，督察组及时反馈并要求限期整改，确保各项政策措施落实到位。

3. 成效

通过多方面的努力，中国的大气污染防治取得了显著成效。据统计，近年来全国空气质量持续改善，$PM_{2.5}$、PM_{10} 等主要污染物浓度明显下降。特别是在京津冀、长三角、珠三角等重点区域，空气质量的改善更为显著。以北京市为例，自实施大气污染防治行动计划以来，$PM_{2.5}$ 年均浓度从 2013 年的 89.5 微克 / 立方米下降到 2023 年的 30 微克 / 立方米，降幅达到 57.5%。

专栏 2-2 大气污染治理助推经济高质量发展——四川省成都市大气污染治理典型案例

2017 年以来，成都市通过持续深入实施"铁腕治霾"和大气污染防治 650 工程，深入开展压减燃煤、治污减排、控车减油、清洁降尘、综合执法、科技治气六大行动。努力推动环境空气质量持续改善——2019 年空气质量实现 287 个优良天的历史性突破，高质量完成省政府下达的年度空气质量改善目标，首次消除了重污染天气，首次实现 PM_{10} 年均浓度达标，"窗含西岭千秋雪"旷世盛景频现。

治理方法之一是做"减法"，强化污染源头治理。持续开展大气颗粒物来源解析，并以此为依据实施源头减排，重点开展燃煤、汽车尾气整治行动，实现"精准治气"。按照"清洁能源替代一批、技术改造减量一批、淘汰落后关停一批"原则压减燃煤，严格煤炭消耗总量控制，安排专项资金推进煤改气（电）项目。2018—2019年，改造、淘汰26套燃煤型粮食烘干设备，规模以上工业消费煤炭实现减排43.68万吨。大力推进燃煤锅炉综合整治，淘汰（改造）大蒸吨燃煤锅炉25台，关停21户砖瓦窑企业，完成国电成都金堂发电有限公司等6户企业减煤技改项目，大幅降低二氧化硫、氮氧化物等大气污染物排放量，实现企业经济利益稳定增长和大气质量稳步提升的协同联动。针对日益严重的汽车尾气污染，加强机动车排放监管，完成"大户制"监管平台系统搭建，选定"用车大户"企业开展试点工作，建立联合监管机制，推进完善相应管理规定及实施细则。强化"黑烟车"抓拍、遥感监测运用，建成"黑烟车"智能监控抓拍系统7套、固定式遥感监测设备15套和移动式遥感检测设备1套，建成以来共抓拍"黑烟车"车辆1740辆。2019年抽检在用柴油车辆61万余辆，共处罚超标车129辆，罚款2.5万余元。加快推进老旧车辆淘汰，在日常办理车驾管业务过程中，鼓励、引导老旧车等高排放车辆提前报废更新，2019年淘汰老旧车辆10.6万余辆。

资料来源：生态环境部督察整改典型案例，2021年1月。

（二）水污染防治的实践和成效

1. 政策部署

在政策法规方面，中国政府发布了一系列重要文件，为水污染防治提供了法律和政策保障。国务院于2015年发布了《水污染防治行动计划》，明确了全国水污染防治的总体目标和重点任务。该计划要求通过加强工业污染源控制、城市生活污染治理、农业农村污染防治等措施，到2020年实现水环境质量的阶段性改善。此外，2017年颁布的《中华人民共和国水污染防治法》也对水污染防治工作的基本原则和措施进行了系统性的规定，强化了对各类水污染源的管理和控制，加强了对违法排污行为的惩治。

2. 防治措施

水污染治理工程是改善水环境质量的重要手段。中国政府通过实施一系列重大水污染治理工程，有效控制了污染源排放。在工业污染源控制方面，通过推广清洁生产技术、加强工业废水处理设施建设，提高了工业废水的处理水平。在城市生活污染治理方面，通过建设和改造污水处理厂、加强雨污分流系统建设，提升了城市污水处理能力和水平。在农业农村污染防治方面，通过推广生态农业、加强农村生活污水和垃圾处理，减少了农业面源污染和农村生活污染对水环境的影响。

水环境监测体系的建设也是水污染防治的重要内容。通过建立完善的水环境监测网络，实时监测水环境质量变化，为科学决策提供数据支持。例如，国家和地方各级环保部门在全国范围内布设了大量水质监测站点，实时监测河流、湖泊、水库等水体的水质情况。同时，利用遥感技术和无人机等高科技手段，加强对水环境的监测和管理。

政府也通过加强环境教育和宣传，提高了公众的环保意识和参与度。社会各界积极参与到水污染治理的行动中来，例如，通过节约用水、减少生活污染等方式，共同为改善水环境质量贡献力量。同时，政府加强了环境信息公开，建立了水环境监测数据共享平台，及时向公众发布水环境质量信息，增强了公众对环境状况的监督。

3. 成效

据统计，近年来全国水环境质量持续改善，地表水优良水体比例显著提高，劣Ⅴ类水体比例明显下降。长江、黄河、珠江等大江大河的水质得到明显改善，部分流域的水质达到了历史最好水平。以长江流域为例，2023 年，长江流域水质优良（Ⅰ~Ⅲ类）断面比例为 98.5%，显著高于全国平均水平，较 2016 年提高 16.2 个百分点，干流首次全线达到 Ⅱ 类水质 [1]。

（三）土壤污染防治的实践和成效

1. 政策部署

为有效控制和修复土壤污染，在政策法规方面，国务院于 2016 年发布了《土壤污染防治行动计划》，明确了全国土壤污染防治的总体目标和重点任务。该计划要求通过加强土壤污染源头控制、开展土壤污染状况详查、推进土壤污染治理与修复等措施，到 2020 年实现土壤环境质量的阶段性改善。此外，《中华人民共和国土壤污染防治法》也对土壤污染防治工作进行了系统性的规定，明确了土壤污染的责任主体。

2. 防治措施

污染土壤治理修复是改善土壤环境质量的重要手段。中国政府通过实施一系列重大土壤污染治理修复工程，有效控制和修复了污染土壤。在工业污染地块修复方面，通过采取工程修复、生物修复等技术手段，减少了工业企业历史遗留污染地块对环境和健康的危害。在农业土壤修复方面，通过推广绿色农业、加强农田土壤污染治理，减少了农业生产过程中化肥、农药等对土壤的污染。同时，通过建设土壤修复示范工程，探索

1　　　　数据来源：生态环境部。

和推广适合中国国情的土壤修复技术和模式。

土壤环境监测体系的建设也是土壤污染防治的重要内容。中国通过建立完善的土壤环境监测网络，实时监测土壤环境质量变化，为科学决策提供数据支持。例如，国家和地方各级环保部门在全国范围内布设了大量土壤监测点，定期监测土壤的重金属、有机污染物等指标。同时，利用遥感技术和地理信息系统等高科技手段，加强对土壤环境的监测和管理。

3. 成效

中国的土壤污染防治取得了显著成效。据统计，近年来全国土壤环境质量总体保持稳定，部分地区土壤污染问题得到有效遏制和修复。例如，湖南、湖北等重金属污染较严重的地区，通过实施一系列治理修复工程，土壤重金属污染问题得到明显改善，农产品安全水平显著提高。以湖南省为例，通过实施"土十条"行动计划，重金属污染耕地面积大幅减少，部分重污染耕地恢复了农业生产。

二、生态保护修复的实践与成就

（一）森林生态系统修复的实践和成效

1. 政策部署与具体措施

中国政府高度重视森林生态系统的修复和保护，制定并实施了一系列政策文件和行动计划。例如，"全国森林保护工程""天然林保护工程""退耕还林工程"等政策措施，全面推进森林资源保护和生态修复工作。这些政策部署不仅为森林生态系统修复提供了明确的方向和强有力的保障，还推动了全国范围内的生态建设。森林覆盖率对于保护生态平衡和防止土壤侵蚀至关重要。

中国在森林生态保护和修复方面采取了多项政策和措施。一是国家重点工程"退耕还林还草"。通过政府补贴和支持，鼓励农民退耕还林或还草，以恢复荒漠化和土地沙化地区的植被覆盖。二是森林公园体系建设。建设国家森林公园体系，加强对重要生态功能区和自然保护区的保护，例如，三北防护林体系的建设。三是生态补偿机制。建立森林生态系统服务补偿机制，鼓励森林资源的可持续利用和保护。

2. 成效

中国的森林生态系统修复取得了显著成效。森林覆盖率显著提高，生态功能逐步恢复，生物多样性明显增加。自实施退耕还林工程以来，全国退耕还林面积达到3 000

多万公顷，森林覆盖率由 1998 年的 16.6% 提高到 2023 年的 24.02%。[1] 此外，通过天然林保护工程，天然林资源得到了有效保护，森林生态系统的整体健康状况显著改善。

（二）草原生态系统修复的实践和成效

1. 政策部署与具体措施

草原是中国重要的生态屏障和资源宝库。为保护和修复草原生态系统，中国政府出台了一系列政策措施，如《中华人民共和国草原法》《草原保护法》《草原生态保护补助奖励政策》《退牧还草工程》等。这些政策部署为草原生态系统修复提供了政策支持和资金保障。

中国在草地生态保护和修复方面采取了以下措施。一是草原生态保护工程。通过放牧管理改革、禁牧还草、退牧还草等措施，促进草原植被恢复和草原生态系统的健康。二是草原生态补偿政策。建立草原生态保护补偿机制，鼓励牧民和地方政府共同参与草原生态系统的保护和管理，促进草原资源的可持续利用和生态安全。三是草原火灾防治。加强对草原火灾的预防和管理，有效保护草原植被和野生动物栖息地。

2. 成效

通过多年推进草地生态保护修复，草原生态环境明显改善，草原植被覆盖度显著提高，草原生态功能逐步恢复。自实施退牧还草工程以来，截至 2020 年，草原综合植被覆盖度提高到 56.1%，较 2011 年提高 5.1%，内蒙古草原生态已恢复到 20 世纪 80 年代水平。[2] 此外，通过草原生态保护补助奖励政策，草原生态环境得到有效保护，草原生态系统的整体健康状况显著改善。

（三）湿地生态系统修复的实践和成效

1. 政策部署与具体措施

湿地是地球之肾，具有重要的生态功能和经济价值。中国政府高度重视湿地保护和修复，制定并实施《中华人民共和国湿地保护法》《湿地保护条例》《湿地保护修复制度方案》《国家湿地公园建设规划》等，为湿地生态系统修复提供了政策支持和资金保障。

中国在湿地生态保护和修复方面采取了多项措施。一是湿地保护重点区域划定。制定了湿地保护重点区域和湿地公园体系，强化了对湿地资源的保护和管理，如鄱阳湖

1 　　　数据来源：生态环境部。
2 　　　数据来源：生态环境部。

湿地和东江湿地的保护工作。二是湿地生态修复项目实施。实施了一系列湿地生态修复项目，包括人工湿地建设、湿地水质改善和植被恢复等，有效改善了湿地生态系统的健康状况。三是湿地资源合理利用。建立了湿地资源合理利用制度，通过科学规划和管理，平衡湿地保护与经济发展的关系，推动了湿地资源的可持续利用。

2. 成效

中国的湿地生态系统修复促使湿地面积明显增加，湿地生态功能逐步恢复，生物多样性显著提高。党的十八大以来，全国新增和修复湿地保护面积达到 80 多万公顷，实施湿地保护项目 3 400 多个，补偿鸟类损失和农作物面积 100 多万公顷。[1] 此外，通过湿地生态补水工程，湿地水资源得到有效保障，湿地生态系统的整体健康状况显著改善。

（四）水生态保护修复的实践和成效

1. 政策部署

水生态系统是维持生态平衡和人类生存的重要基础。中国政府为保护和修复水生态系统，制定并实施《水污染防治行动计划》《长江保护修复攻坚战行动计划》《重点流域水生态环境保护规划（2021—2025 年）》等，为水生态系统修复提供了政策支持，具体措施主要包括以下几个方面。一是水污染治理技术升级和应用。推广先进的污水处理技术和设备，加强工业和城市污水处理，减少污染物排放，改善水体质量。二是水生态修复工程。实施国家重大水生态修复工程，如太湖流域水污染防治、长江流域生态修复等项目，通过跨部门协作和跨区域治理，提升水质和生态环境。三是水土保持与生态防护林建设。加强水土保持工程和生态防护林建设，改善土地水土保持能力，减少水土流失，维护水资源涵养功能。四是生态补偿机制建立。建立水资源生态保护补偿机制，通过经济激励措施，促进水资源的可持续利用和生态安全，鼓励保护水源地和湿地生态系统。

2. 成效

中国的水生态系统修复取得了显著成效。水质明显改善，水生态功能逐步恢复，生物多样性显著提高。2023 年，全国主要水污染物排放总量继续保持下降，国家地表水优良水质断面比例达到 89.4%。长江干流连续 4 年、黄河干流连续 2 年水质全线达到 Ⅱ类，水生态系统的整体健康状况显著提升。

1　　　数据来源：生态环境部。

专栏 2-3　南通长江生态修复成果：生产岸线退　生活岸线进

　　南通市区南部濒临长江，狼山、军山、剑山、黄泥山、马鞍山五座小山临江而立。长江和五山，是南通的城市名片和地理标志。由于历史原因，以往南通沿江岸线港口产业单一、效能偏低，散货码头设施老旧，生产工艺落后，能耗和污染大，加上港区陆域空间狭窄，港城接合地带成为南通主城区脏乱差的集中区域。特别是公用码头以大宗散货为主，扬尘、污水、噪音等污染严重，附近居民不堪其扰。这段沿江"黄金岸线"成为不折不扣的"生态伤疤"。

　　2016 年以来，南通将五山及沿江地区生态修复和保护工作，作为贯彻落实长江经济带"共抓大保护、不搞大开发"的重要举措。当地明确，将五山及沿江地区整体打造为集森林公园、时尚休闲、滨江旅游为一体的高品质公共活动空间，建成"城市客厅"。

　　2017 年开始，南通启动实施五山生态修复保护工程，落实柔性治江要求，在整体规划基础上，重点突破、分步推进，彰显"水清、岸绿、景美"的滨江城市魅力。

　　一方面，对污染严重、工艺落后、影响水源地保护要求的企业整体关停；对符合产业发展要求的企业，积极推动其向沿海地区转移、向工业园区聚集。下游新建现代化集装箱码头，将狼山港整体搬迁。目前，五山及沿江地区共拆迁"散乱污"企业 203 家，退出港口货运功能，腾出并修复岸线 5.5 公里。

　　另一方面，实施沿江大规模增绿、高品质植绿、抢救性复绿，注重沿江绿地系统生境多样性和生物多样性提升，按照宜林则林、宜灌则灌、宜草则草的原则，在沿江地区打造既层次分明、色彩优美又功能完备、效益多元的生态廊道。

　　在生态保护修复过程中，通过水土流失治理、植被恢复、水系连通、岸线环境整治等，逐步恢复了长江岸线生态功能，提升了环境承载力。

　　资料来源：生态环境部绿色发展示范案例（江苏篇），2020 年 5 月。

第四节
"两山论"的实现路径

习近平总书记指出："绿水青山和金山银山绝不是对立的，关键在人，关键在思路。"推动绿水青山向金山银山转化，重点在于找到推动绿水青山向金山银山转化的科学路径。在生态资源成为稀缺品的背景下，推动绿水青山向金山银山转化要充分借助市场机制。本节从生态产品价值实现、生态环境补偿机制和环境要素交易市场机制介绍绿水青山转化为金山银山的实现路径。

一、生态产品价值实现

（一）生态产品价值评估与核算

生态产品是指通过生态系统提供的直接或间接有益于人类的产品和服务，包括空气净化、水源涵养、土壤保持、生物多样性保护等。科学合理地评估和核算生态产品的价值，是实现生态产品价值的重要前提和基础。生态产品价值评估的目标是确定生态系统服务的实际经济价值。这一过程包括定量化和货币化两个关键步骤。定量化是指通过科学手段和模型，对生态系统提供的服务进行数量上的评估，如某片森林每年吸收的二氧化碳量或某河流的水源供水量。货币化则是将这些生态产品提供的生态服务转化为具体的经济价值，如通过计算这些服务在市场上的替代成本、避免的损失成本或生产投入成本来进行价值估算。

生态产品价值核算可以在宏观和微观两个层面上进行价值计算。宏观层面上，国家或地区通过建立生态系统服务的综合账目，将生态产品的价值纳入国民经济核算体系，有助于政府决策层全面了解生态系统服务对经济社会发展的贡献，从而制定更科学的生态保护和经济发展政策。在微观层面上，企业和社区可以通过生态产品价值核算，评估其经营活动对生态环境的影响，进而采取措施降低负面影响，提升生态产品的价值。生态产品价值评估与核算需要依赖科学的理论和方法。目前，国际上常用的评估方法包括成本替代法、市场价值法、旅行费用法和意愿支付法等，如表 2-1 所示。

这些方法各有优劣，适用于不同类型的生态系统服务。成本替代法常用于评估水源涵养和空气净化等服务的价值，而意愿支付法则适用于评估生物多样性保护和生态旅

表 2-1　生态产品价值评估常用方法

方法	基本思路	例子	优缺点
成本替代法	通过计算替代生态系统服务的人造服务所需的成本，来估算生态系统服务的价值	某一森林的水源涵养功能可以通过建造水库来替代，那么该森林的水源涵养价值可以用建造水库的成本来衡量	优点：数据易于获取，评估过程相对简单 缺点：只考虑替代成本，可能低估了生态系统服务的真实价值
市场价值法	利用市场上相关商品或服务的价格，来评估生态系统服务的价值	某一片湿地提供的渔业资源可以通过市场上鱼类的价格来估算	优点：基于实际市场交易数据，评估结果具有市场参考性 缺点：仅适用于那些有相关产品市场交易的生态系统服务
旅行费用法	通过计算游客访问某一生态景点所花费的旅行费用，来评估该景点的生态系统服务价值	一个国家公园的价值可以通过游客在门票、交通、住宿等方面的费用来进行估算	优点：通过实际支出来反映人们对生态系统服务的支付意愿，适用于各种生态旅游和休闲场所的价值评估 缺点：需要详细的游客调查数据，收集难度较大
支付意愿法	通过调查公众对某一生态系统服务的支付意愿，来评估其价值	通过问卷调查了解人们愿意为保护某一湿地所支付的金额，从而评估该湿地的生态价值	优点：可以涵盖生态系统服务的直接、间接和非使用价值；适用于各种类型的生态系统服务价值评估 缺点：依赖于受访者的主观判断，结果可能存在偏差

游等服务的价值。

（二）生态产品价值实现机制

2021 年 4 月，中共中央办公厅、国务院办公厅印发《关于建立健全生态产品价值实现机制的意见》，该文件成为我国首个将绿水青山就是金山银山理念落实到制度安排和实践操作层面的纲领性文件。

在习近平经济思想和习近平生态文明思想科学指引下，各地区各部门深入推进实践探索，推动生态产品价值实现机制建设取得丰硕成果。一是构建了自然资源调查监测体系，完成第三次全国国土调查，扎实开展年度国土变更调查和森林、草原、湿地、水等自然资源专项调查。二是制定了《生态产品总值核算规范（试行）》，明确指标体系、具体算法、数据来源和统计口径，推进核算标准化和智能化。在全国层面开展森林、草原、湿地等生态系统价值核算。三是拓展了生态产品价值实现模式。大力发展林下经济，全国林下经济经营和利用林地面积超过 6 亿亩，3 400 多万林农受益。出台全国生态旅游发展规划，打造旅游与康养休闲融合发展的生态旅游开发模式，建设 110 家国家生态旅游示范区。将 8 155 个有重要保护价值的村落纳入中国传统村落保护名录。推动全国 846 个市县在 6 174 个城市公园实施开放共享。积极培育浙江"丽水山耕"、江西抚州"赣抚农品"、福建南平"武夷山水"等一批特色鲜明的生态产品区域公用品牌，提升生态产品溢价。

总体上看，我国生态产品价值实现机制尚处于起步探索阶段，生态产品价值实现机制在生产、分配、交换、消费、制度层面仍面临一些障碍，需要深化改革，加快破除深层次体制机制障碍和制度藩篱，促进生态产品价值高效实现。未来可从以下主要方面进行理论创新和实践突破。

推动生态产品经营开发取得新成效。大力发展生态农业、生态种养、林下经济、生态旅游等生态产业。支持具备条件的地区利用现有交易场所依法合规建设生态产品交易中心，按市场化原则举办生态产品推介交易会，推进生态产品供需精准对接。实施一批示范带动作用强的生态产品价值实现工程，建立重点项目库。

推动生态产品保护补偿取得新成果。深入实施《生态保护补偿条例》，推动中央和省级财政参照生态产品总值核算结果、生态保护红线等因素，完善重点生态功能区转移支付资金分配机制。鼓励地方在横向生态保护补偿建设中探索生态产品价值核算结果应用，变被动补偿为主动合作。推进生态环境损害成本内部化，加强生态环境修复与损害赔偿的执行和监督，完善生态环境损害行政执法与司法衔接机制，提高破坏生态环境违法成本。

探索生态产品价值实现金融支持新模式。加大绿色金融对生态产品价值实现支持力度，创新绿色金融产品，提升金融服务质效。推动金融机构在市场化、法治化的原则下，基于特定地域单元生态产品价值评估结果探索开展抵押融资贷款的产品和服务。探索"生态资产权益抵押 + 项目贷"模式，支持区域内生态环境质量提升及生态产业发展。探索生态产品资产证券化路径和模式。鼓励各类金融机构为实现生态产品价值的系统性生态保护修复项目、生态产品经营开发项目提供中长期、低成本的绿色金融产品和服务。

二、多元化生态补偿机制

生态补偿机制是指通过经济手段，对承担生态环境保护责任或受到环境保护限制的群体进行补偿，以调动其积极性，促进生态环境的可持续发展。多元化生态补偿机制强调通过多种形式、多种渠道实现生态补偿，具体包括政策性生态补偿、市场化生态补偿和社会化生态补偿。多元化生态补偿机制可以通过政策性、市场化和社会化多种途径，形成一个多层次、多渠道的生态补偿体系。

（一）政策性生态补偿

政策性生态补偿是指由政府主导，通过财政拨款、税收优惠、转移支付等方式，对承担生态保护责任的主体进行经济补偿。政策性生态补偿的目的是通过政府干预，解决市场失灵问题，保障生态环境的公共利益。

1. 财政补贴

财政补贴是政策性生态补偿的主要形式之一。政府通过直接财政拨款的方式，对承担生态保护任务的个人、企业或社区进行经济补偿。如对长江流域上游水源涵养区的农民实施财政补贴，以减少农业污染，保护水资源。财政补贴有助于提高生态保护主体的积极性，减轻其经济负担。

2. 税收优惠

税收优惠是另一种政策性生态补偿手段。政府通过减免税收，激励企业和个人参与生态环境保护。如对从事生态农业、生态旅游等绿色产业的企业给予税收优惠政策，以鼓励其发展绿色经济。税收优惠不仅可以直接降低企业成本，还可以间接引导社会资源向生态保护领域流动。

3. 转移支付

转移支付是指政府通过财政转移支付的方式，将一部分财政收入转移到生态环境保护地区或主体。转移支付可以有效弥补区域间经济发展不平衡，促进生态保护。例如，实施生态功能区转移支付政策，通过中央财政向生态功能重要区域转移支付资金，支持当地生态环境保护和经济社会发展。

4. 政府采购

政府采购是政策性生态补偿的一种创新形式。政府通过采购生态产品和服务，直接支持生态保护。例如，政府采购绿色食品、环保产品等，可以有效促进绿色产业发展，提高生态产品的市场需求，从而间接推动生态环境保护。

政策性生态补偿的优势在于其强大的财政支持和政策保障，能够迅速调动资源，解决生态保护的紧迫问题。然而，其也面临资金来源有限、分配效率低下等挑战，需要不断完善和创新补偿机制。

（二）市场化生态补偿

市场化生态补偿是通过市场机制，将生态环境保护的成本和收益内化于市场交易中，使生态产品和服务能够在市场上进行交易，从而实现生态补偿。市场化生态补偿的核心是通过市场手段，将生态保护行为转化为经济收益，激励更多主体参与生态保护。

1. 生态环境服务付费

生态环境服务付费（Payments for Environmental Services，PES）是激励人们提供生态环境保护、土壤稳定等生态服务努力的一种市场化手段。在生态环境服务付费制度中，资金从环境服务的受益者（如水资源消费者）中征集起来或重新分配，并直接支付给服务的提供者（如上游流域土地管理者），环境服务市场因此而形成。图 2-1 显示了生态系统服务付费机制的基本原理。生态环境服务的提供者，从这种土地利用（如森林保护）中获取的收益往往少于从土地转换使用（如将森林转换成农田或牧场）中获取的收益，虽然牧场或农田能够为土地所有者带来更多的收入，但却增加了下游用户的成本，因为生物多样性减少和碳汇的丧失，使下游人口不再从水的过滤等服务中获得利益。然而，通过建立生态系统服务付费机制，生态系统管理者将得到一定的补偿，获得更大的净利润（森林保护收益＋下游用户的生态服务付费），使他们能够更加关注生态环境保护方案，并促使他们采纳这种方案。与此同时，下游用户也可能受益，因为他们支付的生态服务费用要少于因森林转化为牧场而给他们造成的损失。

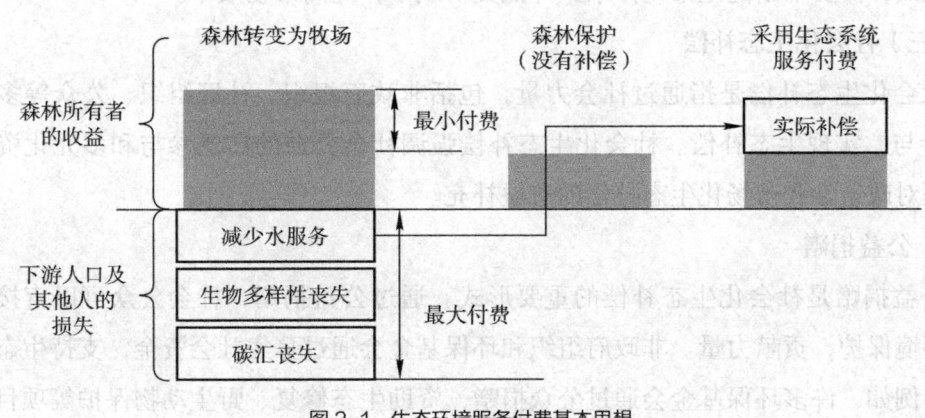

图 2-1　生态环境服务付费基本思想

2. 绿色金融

绿色金融是市场化生态补偿的重要支持手段。绿色金融通过绿色信贷、绿色债券、绿色保险等金融工具，支持生态环境保护和可持续发展。绿色信贷是指银行等金融机构向符合绿色标准的项目提供贷款，如可再生能源、节能减排项目等。绿色债券是指为融资用于绿色项目而发行的债券，投资者通过购买绿色债券，支持生态环境保护和可持续发展。绿色保险是指保险公司针对生态环境风险提供保险服务，如环境污染责任保险、生态修复保险等。

3. 生态补偿基金

生态补偿基金是市场化生态补偿的重要形式。通过设立生态补偿基金，可以集中社会资本，支持生态产品的开发和保护。生态补偿基金可以由政府主导设立，也可以由企业或社会组织发起。例如，设立生态保护专项基金、生态产业发展基金等，通过对生态产品项目的投资，促进生态产品价值实现。

4. 生态产品认证和品牌建设

生态产品认证和品牌建设是市场化生态补偿的重要内容。通过认证和品牌建设，可以提升生态产品的知名度和市场竞争力，从而实现更高的经济价值。生态产品认证通过科学的认证体系，确保产品具有独特的生态属性，如绿色食品认证、有机农产品认证等。品牌建设通过市场推广和宣传，提升生态产品的市场影响力，吸引更多消费者关注和购买生态产品。

市场化生态补偿的优势在于其通过市场机制，实现生态保护行为的经济化和市场化，能够调动社会资源广泛参与生态保护。然而，其也面临市场机制不完善、交易成本高等挑战，需要不断健全市场体系，降低交易成本，提高市场效率。

（三）社会化生态补偿

社会化生态补偿是指通过社会力量，包括非政府组织、社区组织、公众等多元主体的参与，实现生态补偿。社会化生态补偿强调社会公众的广泛参与和多元化资金来源，是对政策性和市场化生态补偿的有益补充。

1. 公益捐赠

公益捐赠是社会化生态补偿的重要形式。通过公益捐赠，社会公众可以直接参与生态环境保护，贡献力量。非政府组织和环保基金会通过募集社会资金，支持生态保护项目。例如，许多环保基金会通过公众捐赠，资助生态修复、野生动物保护等项目。

2. 志愿者服务

志愿者服务是社会化生态补偿的另一重要形式。通过志愿者服务，社会公众可以直接参与生态保护行动，实际参与生态环境保护事业。例如，许多环保组织组织志愿者参与植树造林、河流清洁等活动，通过实际行动推动生态环境保护。志愿者服务不仅可以提高公众的环保意识，还可以减少生态保护的劳动力成本。

3. 社区参与

社区参与是社会化生态补偿的重要方式。通过社区参与可以调动社区居民的积极性，共同参与生态保护。例如，社区可以通过设立环境保护委员会，组织社区居民参与生态保护规划和实施，推动社区生态环境改善。社区参与强调自下而上的生态保护模式，有助于实现生态保护与社区发展的有机结合。

4. 公众教育和宣传

公众教育和宣传是社会化生态补偿的重要内容。通过公众教育和宣传，可以提高社会公众的环保意识，促进生态文明建设。通过媒体宣传、环保教育活动等，向公众普及生态环境知识，倡导绿色生活方式，营造全社会参与生态保护的良好氛围。

社会化生态补偿的优势在于其广泛的社会参与和多元化的资金来源，能够调动全社会的力量，共同推动生态环境保护。然而，其也面临组织协调难度大、公众参与度不高等挑战，需要不断创新社会化补偿机制，提高社会公众的参与积极性和组织能力。

三、环境要素交易市场

当前，自然生态要素成为稀缺生产要素，要有长期稳定有效的激励或约束机制。为此，通过加快建立排污权交易、水权交易、排放权交易、用能权等环境要素交易市场，加快培育全资源环境生态产品市场交易体系，充分发挥市场在资源配置中的决定性作用，用市场这只"无形的手"，进行各种自然资源和生态产权交易，活跃生态环境产品市场交易和生态资源的产业化经营，实现"绿水青山"的价值转化。

（一）碳交易市场

1. 碳交易基本概念与机制

碳交易市场是通过市场机制控制和减少温室气体排放的一种重要手段。在国家总量目标约束下，温室气体排放权具有了经济学意义上的"稀缺性"，并以商品（温室气体排放配额）的形式在交易体系内实现买卖、流通和转让，交易方通过购买另一方一定数量的温室气体减排量以实现其自身减排目标。它的核心理念是"总量控制、配额交易"，即政府设定温室气体排放的总量上限，并为企业分配一定的排放配额，企业可以在市场上交易这些配额，从而实现碳减排目标。

2. 碳交易类型

碳交易市场主要包括强制性的配额交易市场（Cap-and-Trade）和自愿性的碳信用交易市场（Carbon Offset Trading）。配额交易市场即政府设定一个总体的排放上限（cap），并将其分配为若干排放配额（allowances），企业根据自己的实际排放情况购买或出售配额。如果某企业的排放量超过了其持有的配额，就需要在市场上购买配额，否则将受到处罚；而如果某企业的排放量低于其持有的配额，则可以将剩余的配额在市场上出售，从中获利。碳信用交易市场即企业通过实施自愿减排项目（如可再生能源项目、森林碳汇项目等），获得相应的碳信用（carbon credits），并将这些碳信用在市场上出售给需要抵消排放的企业。这种机制主要用于补充配额交易机制，提供更多的减排途径。

3. 碳排放权交易市场的中国实践

中国的碳市场建设是从地方试点起步，2011 年 10 月起在北京、天津、上海、重庆、广东、湖北、深圳 7 省市启动了碳排放权交易地方试点工作。2013 年起，7 个地方试点碳市场陆续开始上线交易，有效促进了试点省市企业温室气体减排，也为全国碳市场建设积累了经验、奠定了基础。2017 年末，经国务院同意，《全国碳排放权交易市场建设方案》印发实施，要求建设全国统一的碳排放权交易市场。全国碳排放权交易市场在 2021 年正式上线交易，电力行业率先纳入。

（二）水权交易市场

1. 基本概念与机制

水权交易市场是通过市场机制优化水资源配置的一种手段，是指在合理界定和分配水资源的基础上，通过市场机制实现水资源使用权在地区间、流域间、流域上下游、行业间、用水户间流转的行为。水权交易的核心理念是将水资源的使用权商品化，使其能够在市场上进行交易，从而实现水资源的高效利用和保护。

水权交易市场主要包括初始水权分配和市场交易两个环节。政府根据水资源的总量和各地的实际需求，确定初始水权分配方案，将水资源使用权分配给各个用水单位。用水单位根据自身的用水需求，通过市场购买或出售水权。例如，农业用水单位在丰水期可以将多余的水权出售给工业用水单位，而在枯水期则可以通过市场购买额外的水权。

2. 交易类型

区域水权交易。政府主导，交易主体通常为地方政府或水库等，实现水资源跨区调配，通常规模最大。

取水权交易。用水主体主导，包括企业等各类型对取水有需求的单位，规模较大。灌溉用水户交易。多为农户向村委会购买水权或村组之间交易水权，规模较小。

3. 水权交易市场的中国实践

按照确权类型、交易主体和范围划分，水权交易主要包含区域水权交易、取水权交易和灌溉用水户水权交易等三种形式。2016 年，水权交易平台开始运作，各地积极开展水权交易，推动总体成交水量和成交单数的大幅增长。2022 年，在出台《关于推进用水权改革的指导意见》的基础上，全国水权交易市场继续稳步发展，多个地区开始进行水权交易的初步尝试，水权交易覆盖范围进一步扩大。

（三）排污许可交易市场

1. 排污许可交易市场的基本概念和机制

排污许可交易市场是通过市场机制控制污染物排放的一种手段。其核心理念是"总量控制、配额交易"，即政府设定污染物排放的总量上限，并为企业分配一定的排放许可，企业可以在市场上交易这些许可，从而实现污染物减排目标。排污许可交易市场主要包括排污许可分配和市场交易两个环节。政府根据污染物的总量控制目标，确定初始排污许可分配方案，将排污许可分配给各个排污单位。排污单位根据自身的排放情况，通过市场购买或出售排污许可。如果某企业的排放量超过了其持有的许可，就需要在市场上购买许可，否则将受到处罚；而如果某企业的排放量低于其持有的许可，则可以将剩余的许可在市场上出售，从中获利。

2. 排污许可交易市场的特点

环境效益显著。通过总量控制和市场交易，可以有效减少污染物排放，改善环境质量。

经济效率高。市场机制能够实现资源的最优配置，企业可以根据自身情况选择最经济的减排方式，降低减排成本。

灵活性强。排污许可交易市场提供了多种减排途径，企业可以通过多种方式实现减排目标，提高减排的灵活性。

3. 排污许可交易市场的中国实践

排污权有偿使用和交易在我国已有接近 20 年的发展历史。截至 2022 年底，全国已有 28 个省（自治区、直辖市）开展了排污权交易工作，除三部委正式批复的 12 个省市外，另有福建、安徽、江西、山东、广东、青海、甘肃、宁夏、新疆等 16 个省份自行开展排污权交易，除香港、澳门、台湾外，仅西藏、广西和吉林 3 省（自治区）暂未开展过排污权交易试点工作；2020 年 10 月，《中共中央关于制定国民经济和社会发展第十四个五年规划和二〇三五年远景目标的建议》提出全面实行排污许可制，推进排污权市场化交易，明确了发展排污权交易的重要性，我国的排污交易工作在"十四五"规划中取得良好开局。

（四）用能权交易市场

1. 基本概念与机制

用能权交易市场是通过市场机制控制和优化能源使用的一种手段。其核心理念是"总量控制、配额交易"，即政府设定能源使用的总量上限，并将其分配为一定的用能权配额，企业可以在市场上交易这些配额，从而实现节能减排目标。政府根据能源总量控制目标，确定初始用能权分配方案，将用能权配额分配给各个用能单位。用能单位根据自身的用能情况，通过市场购买或出售用能权配额。如果某企业的能源使用量超过了其持有的配额，就需要在市场上购买配额，否则将受到处罚；而如果某企业的能源使用量低于其持有的配额，则可以将剩余的配额在市场上出售，从中获利。

2. 用能权交易市场的特点

资源配置优化。通过市场机制，可以将能源资源配置给最需要的用能单位，提高能源资源的利用效率。

促进节能减排。用能单位为了降低成本，会主动采取节能措施，减少不必要的能源浪费。

提高企业竞争力。通过市场交易，企业可以通过节能减排获得经济收益，提高市场竞争力。

3. 用能权交易市场的中国实践

2016 年，国家发展和改革委员会印发了《用能权有偿使用和交易制度试点方案》，提出在浙江省、福建省、河南省、四川省开展用能权有偿使用和交易制度试点工作，2017 年正式批复四省开展试点工作，我国用能权交易市场正式进入试点发展阶段。自地方试点工作开展以来，各省份围绕重点行业、重点企业，在用能权交易机制的各方面积极探索，搭建适合本区域的用能权交易制度框架。2023 年，各试点地区已分别制定了相应的用能权有偿使用和交易管理办法等文件，为开展用能权交易提供政策指导，积累了各具特色的试点经验。截至 2023 年底，各试点持续强调用能权交易对于区域绿色低碳发展的重要性。此外，部分非试点地区如宁夏也在积极推进用能权交易，为用能权交易的规范提供政策支撑。

（五）环境要素交易市场的优势

1. 资源配置优化

环境要素交易市场通过市场机制实现资源的优化配置。排污权交易、水权交易、碳排放权交易等环境要素交易市场能够激励企业和地方政府提高资源利用效率，减少污染物排放。通过市场化手段，将环保成本内化到企业的生产成本中，促使企业自主进行绿色技术改造，从而推动产业结构升级。

2. 激励机制

环境要素交易市场建立了一套激励和约束机制，使环保行为有了明确的经济回报。企业通过减少污染物排放或提高资源利用效率，可以获得多余的环境权，并通过市场交易获得经济收益。这种正向激励机制，能够有效调动企业和地方政府保护环境的积极性，推动绿色发展。

3. 风险分担

环境要素交易市场能够分散环境保护的风险和成本。在传统的环境保护模式中，环保成本往往集中在某些特定的企业或区域。而通过市场机制，这些成本可以在更大范围内进行分摊，减轻了单个企业或地方政府的压力，使得更多的企业和区域能够参与到环保行动中来。

4. 创新驱动

环境要素交易市场推动了环保技术和管理模式的创新。为了在市场中占据优势，企业需要不断改进生产工艺，采用更高效、更环保的技术。这种市场竞争机制，有助于加速环保技术的研发和推广，提高整体的环境保护水平。

环境要素交易市场通过市场机制实现资源的优化配置和环境保护，具有显著的环境效益和经济效益。然而，其也面临市场体系不完善、市场规则不健全、市场秩序不规范、市场竞争不充分、监管难度大等挑战。未来，需要不断完善和创新环境要素交易市场，健全政策法规，优化市场体系，加强国际协调与合作，切实推动绿水青山向金山银山的转化。

思考题　　1. 分析"绿水青山"与"金山银山"之间的关系。
　　　　　2. "两山论"如何推动绿色发展，促进经济转型升级？
　　　　　3. 论述中国在污染防治方面主要采取了哪些措施？
　　　　　4. 有哪些常用方法评估生态产品价值？它们的优劣处各是什么？

5. 简述中国采取哪些市场手段推动绿水青山向金山银山转化？

参考文献

[1] 董战峰，郝春旭，璩爱玉，等.黄河流域生态补偿机制建设的思路与重点 [J].生态经济，2020，36（2）：196-201.

[2] 黄祖辉."绿水青山"转换为"金山银山"的机制和路径 [J].浙江经济，2017（8）：11-12.

[3] 黄晓晔.习近平关于人与自然生命共同体重要论述研究 [D].南昌：南昌大学，2023.

[4] 李静.习近平"两山理论"及实践探索研究 [D].长春：东北师范大学，2020.

[5] 刘明明.论构建中国用能权交易体系的制度衔接之维 [J].中国人口·资源与环境，2017，27（10）：217-224.

[6] 罗胤晨，张智勇，文传浩.构建全域现代化生态产业体系：多维逻辑、理论框架与实现机制 [J].改革，2024（6）：147-163.

[7] 马凯.坚定不移推进生态文明建设 [J].求是，2013（9）：3-9.

[8] 彭文英，滕怀凯.市场化生态保护补偿的典型模式与机制构建 [J].改革，2021（7）：136-145.

[9] 任栋栋.习近平"两山论"的科学内涵、重要意义与实现路径 [J].决策与信息，2021（8）：26-32.

[10] 任海军，朱智杰.生态环境服务付费（PES）作用机理浅析 [J].商场现代化，2009（2）：223-224.

[11] 沈辉，李宁.生态产品的内涵阐释及其价值实现 [J].改革，2021（9）：145-155.

[12] 孙博文.建立健全生态产品价值实现机制的瓶颈制约与策略选择 [J].改革，2022（5）：34-51.

[13] 孙要良.把握绿水青山向金山银山转化的方法论 [N].光明日报理论版，2020年08月14日11版.

[14] 王勇."两山"理论内涵的经济学思考 [J].环境与可持续发展，2019，44（6）：52-55.

[15] 吴舜泽.深刻理解"绿水青山就是金山银山"发展理念的科学内涵 [J].党建，2020（5）：18-20.

[16] 谢花林，陈倩茹.生态产品价值实现的内涵、目标与模式 [J].经济地理，2022，42（9）：147-154.

[17] 杨莉，刘海燕.习近平"两山理论"的科学内涵及思维能力的分析 [J].自然辩证法研究，2019，35（10）：107-111.

[18] 姚羽嘉."两山"论的哲学意蕴及其实践研究 [D].西安：西安建筑科技大学，2022.

[19] 赵雪雁，徐中民.生态系统服务付费的研究框架与应用进展 [J].中国人口·资源与环境，2009，19（4）：112-118.

第三章

环境就是民生

　　良好生态环境是最普惠的民生福祉。习近平生态文明思想是以人民为中心的生态环保思想，强调要把解决突出生态环境问题作为民生优先领域，坚持生态惠民、生态利民、生态为民。本章从生态民生观的形成、生态民生观的科学内涵、生态民生观的实施路径等方面来阐述环境就是民生的重大理论和实践问题。概括地讲，围绕环境就是民生这一中心议题回答了为什么、是什么和如何做等方面重要问题。同时总结了习近平生态民生观的一些新理念、新思想、新战略，丰富新时代生态文明建设的新内涵。

教学 PPT

第一节
生态民生观的形成

一、时代背景

在人类文明的演进中，工业文明的崛起显著推动了社会物质财富的积累，如马克思所言："资本主义在它不到一百年的阶级统治中所创造的生产力，比过去一切世代创造的全部生产力还要多，还要大"。然而，过度追求物质财富往往不仅造成人们精神的缺失，而且带来严重的生态环境问题，如资源枯竭、环境恶化等。中国改革开放 40 多年来的快速发展也带来了相似的环境挑战。面对这些挑战，中国政府认识到生态文明是工业文明发展的必然趋势，必须积极推动人与自然和谐共生的现代化建设，明确提出生态文明建设是基本国策。

在此背景下，新时代中国共产党的生态民生观应运而生。2013 年 4 月，习近平总书记在海南考察时提出："良好生态环境是最公平的公共产品，是最普惠的民生福祉"。新时代中国共产党进一步揭示良好生态环境和人民幸福美好生活的内在关联。2018 年 5 月，习近平总书记在全国生态环境保护大会上强调，"生态环境是关系党的使命宗旨的重大政治问题，也是关系民生的重大社会问题"，生态民生观新概念正式形成。

二、理论渊源

（一）马克思主义理论的指导

1."现实的人"的生态需求

"现实的人"的生态需求不仅是基础性的生存需求，更蕴含着丰富的物质、社会和精神文化内涵，并在历史进程中不断发展，满足这种需求对于促进人类社会的可持续进步和实现生态环境的和谐共生至关重要。

首先，"现实的人"的生态需求具有基础性。人类依赖自然界的生态产品和服务来维持生命，这种依赖本质上是一种自然性需求。它反映了人类与自然之间不可分割的联系：自然界的供给是满足人类基本生存需求的必要条件。一旦这种供给被切断，人类的生存和发展将无从谈起。因此，生态需求不仅是人类最基本的需求，更是衡量生态民生发展水平的核心标准。

其次，"现实的人"的生态需求具有丰富性。它体现在与物质、社会、精神等多重需要的交织中。物质需求的满足是生态需要产生的前提，人作为社会存在物，社会需要的满足也是生态需要产生的必要条件。此外，精神文化需求的满足同样重要，因为美丽的自然环境能提升人的精神层次，陶冶审美情趣。

最后，"现实的人"的生态需求还具有历史性。随着生产力和社会实践的发展，人的生态需要不断升级，从生存型生态需要，即满足生命维系的基本条件，到享受型生态需要，即对生产生活环境提出更高要求，再到发展型生态需要，即在人与自然良性互动中实现共同发展。

2. 人与自然和谐共生

（1）人类源于自然并且依赖自然

马克思曾言，"整个世界历史不外是人通过人的劳动而诞生的过程，是自然界对人来说的生成过程"，"我们连同我们的肉、血和头脑都是属于自然界和存在于自然界之中"。人是自然界的产物，自然为人类提供生存与发展的物质基础，而人类通过劳动与自然互动，构建了人类社会。人类社会的进步也离不开自然的物质与精神支持，人依赖无机界生活。自然不仅滋养我们的身体，还赋予我们情感与智慧，成为我们精神的源泉。

（2）人类借助实践使自然人化

马克思恩格斯认为，人类通过实践活动与自然进行双向互动，体现了人与自然关系的能动性与受动性。起初，人类只能被动适应自然，但随着实践能力发展，人类利用自然规律改造自然，实践促进了人的自然性与自然的对象性统一。马克思基于人与自然的对象性关系指出，资本主义虽然改善了生活水平，但也引发了生态危机。实践还促进了人类史与自然史的统一。马克思指出，"人也有自己的形成过程即历史，但历史对人来说是被认识到的历史，历史是人的真正的自然史"。自然史和人类史虽然独立存在，但人类的形成与发展隐藏于实践活动中。马克思恩格斯的观点饱含实践韵味，揭示了人与自然的深层关系。

（3）人与自然和谐共生是解决生态民生问题的根本途径

人与自然和谐共生是解决生态民生问题的根本途径。人类活动已深刻影响自然生态系统的平衡。当人类改造利用自然超出其自我调节能力时，必将破坏生态平衡，引发自然界的报复。因此，人类需在尊重自然、顺应自然、保护自然的基础上组织社会生产活动。只有追求人与自然和谐共生，变革非生态化的生产生活方式，反对滥用资源，才能实现人类进步与自然演化的和谐一致。

3. 人的自由全面发展

马克思恩格斯将"人的自由全面发展"视为马克思主义追求的最高价值目标。在《1844年哲学经济学手稿》中，马克思详细剖析了资本主义生产方式导致的"异化劳动"。为了寻求解决之道，马克思提出共产主义的理念，认为"共产主义，作为完成了的自然主义，等于人道主义，而作为完成了的人道主义，等于自然主义，它是人和自然界之间、人和人之间的矛盾的真正解决。"在共产主义社会形态下，自然与人文将和谐共生，人能够在与自然的和谐关系中获得自由全面发展的机会。马克思恩格斯提出需要全面认识与把握自然规律，同时推动资本主义制度的变革，并在生产过程中合理利用科学技术。只有这样，才能实现人与人、人与自然的和解，进而达到人的自由全面发展。

（二）中国传统生态文化的积淀

1. 天人合一，生态民生的发展前提

中华文化的生态智慧从整体视角看待人与自然的关系。这种智慧在儒、道两家的"天人合一"思想中得到了集中体现，构成了中国传统生态民生观的主体内容。

儒家强调人要遵循天地运行之道，维护好生态系统的平稳。如孔子所言，"天何言哉？四时行焉，百物生焉"，体现了对自然规律的尊重（《论语·阳货》）。孟子则进一步提出，人与天相通相融，人们可以通过修身养性来"知天""事天"（《孟子·尽心上》）。儒家思想强调了人对自然的责任和追求天地人和谐共生的重要性。道家则更注重人与自然关系的平等共生。在道家看来，人与自然万物都是"道"的产物，地位平等，没有高低贵贱之分。如老子所言，"天得一以清，地得一以宁"，强调万物与大道的和谐共生。庄子也指出，"天地与我并生，而万物与我为一"，体现了世间万物的平等共生和休戚与共。

中华文化的生态智慧强调了天人合一、道法自然的思想，对维护自然生态系统平衡和可持续发展具有重要作用。然而，这种智慧也带有一定的自然崇拜色彩。因此，新时代我们需要有鉴别地传承与弘扬这一智慧，充分发挥人的主观能动性，走绿色低碳循环发展道路。

2. 仁民爱物，生态民生的内涵延展

中国传统生态文化中，"仁民爱物"是核心思想，它强调尊重生命、爱护自然。儒家将"仁"视为最基本的道德原则，提倡由人及物、仁民爱物的理念，认为万物生命同源，人类应效法天地之大德，尊重并保护生命，为自身发展创造良好生态环境。

儒家思想中，"仁"的内涵从爱人扩展到爱物，体现了对生命的广泛尊重。孟子将"仁"分为三个层次：对家人的血缘之亲、对民众的关怀以及对万物之仁，这反映了儒家逐步扩展的关爱秩序，推动了人与万物的和谐共存。

3. 以时禁发，生态民生的实现路径

中国古代哲人在提出"天人合一"和"仁民爱物"文化价值观基础上，从方法论的角度提出了实现"天人合一""仁民爱物"价值观目标的系列原则，即在思想观念层面应遵循自然发展规律，在实际行动中选择节物养用、以时禁发的生态民生发展路径。所谓"天不变其常"，他们强调遵循自然规律，选择节物养用、以时禁发的路径来促进生态民生发展。

哲人们认为自然运行有其规律，不以人的意志为转移，应尊重自然万物，平衡人类价值和自然利益。老子提出"道法自然"，强调万物生成是自然而然的过程，人类应按自然规律行事，正所谓"道之尊，德之贵，夫莫之命而常自然"。管子更是将这一理念提升至治国层面，强调顺应天时、尊重自然规律的重要性（"不知四时，乃失国之基"）。

历代先贤主张节约利用资源，倡导知足知止，给动植物足够的休养时间。孔子提倡"节用而爱人"，强调不夺农时，节约资源是治国重要内容（"子钓而不纲，弋不射宿"）。他反对对资源的过度索取，提出保护鸟兽持续繁衍的主张。老子也倡导对自然资源的适度开发。孟子则针对乱砍滥伐现象，提出按自然节气开发利用资源的观点，这与今天的可持续发展理念高度契合（"数罟不入洿池，鱼鳖不可胜食也；斧斤以时入山林，材木不可胜用也"）。

（三）当代生态思潮的借鉴

1. "深绿"生态思潮

"深绿"思潮经过多个发展阶段，形成了生态中心主义和生态自治主义两派，它们以"自然价值论"和"自然权利论"为基础，批评人类中心主义导致生态危机。该思潮主张将道德关怀扩展至非人类存在物，并提倡限制经济增长和技术应用，通过改变个人生活方式和社区自治来应对生态问题。然而，"深绿"思潮将环保与经济发展、技术应用对立，忽视了生态危机的制度性根源，未认识到人与自然的关系受人与人的社会关系

影响。因此，有观点认为，单纯依赖生态价值观和生活方式的改变，以及生态社区自治，是无法有效解决生态危机的。这种思潮虽然具有其理想主义色彩，但在实际操作中可能遭遇诸多困难。

2."浅绿"生态思潮

"浅绿"思潮以现代人类中心主义为基础，主张通过市场化和技术革新解决生态环境问题，反对将环保与经济发展对立。该思潮认为生态危机的根源是人口无限制增长、技术规模化使用及自然资源无偿使用，而非人类中心主义价值观。因此，"浅绿"思潮支持对现代人类中心主义进行改造，并主张合理控制人口增长、推动技术革新、促进自然资源市场化和制定相应环境政策来应对生态危机。与"深绿"思潮相比，"浅绿"更注重在不改变现有社会制度的前提下寻求解决方案。然而，有批评指出，这些思潮或者服从于资产阶级立场，或者维护资本利益，导致其生态文明理论缺乏"民生"维度，未能全面考虑生态环境问题与社会公正、民生的紧密联系。

3."红绿"生态思潮

"红绿"思潮包含生态学马克思主义和有机马克思主义，旨在建立一种能从根本上解决生态危机的发展模式。生态学马克思主义将生态危机与资本主义生产方式相联系，并对其展开深入批判。该流派学者认为，资本主义生产方式是生态危机的根源，它导致自然资源的滥用。为解决这一问题，他们主张从转变价值观和变革社会结构两方面入手。在价值观上，他们提倡自然与人类社会的地位应高于资本积累，公平与公正应超越个人贪婪。在社会结构上，他们倡导激进的社会变革，以促进社会实践的发展，使人类在历史进程中实现普遍行动。然而，生态学马克思主义有时将"生态危机"等同于"经济危机"，且缺乏具体实施方案，带有一定的乌托邦色彩。尽管如此，其对未来理想社会制度的构建仍具有积极意义，为我们提供了一种超越资本主义的视角。

第二节
生态民生观的科学内涵

一、环境就是民生

（一）生态文明建设关乎民生福祉

进入新时代，面对严峻的环境问题，党中央高度重视环境保护，明确指出生态文明建设的核心目的是改善民生、增进福祉。为此，我们始终坚持人民至上的原则，以惠民、利民、为民为宗旨，努力提升人民的生态幸福感和获得感。在推进生态文明建设的过程中，秉持"生态惠民"的理念，将经济发展和生态保护紧密结合。特别是实施"乡村振兴战略"，针对广大农村地区，充分利用其得天独厚的生态环境，发展乡村旅游、智慧农业，不仅有效保护了生态环境，还显著提高了农民的经济收入和生活品质。这一战略真正体现了"绿色惠民"的思想，将老百姓的需求和满意度放在首位，让人们能够切实享受到生态效益和经济效益的双重红利。习近平深刻指出："从老百姓满意不满意、答应不答应出发，生态环境非常重要；从改善民生的着力点看，也是这点最重要。"无论是在生态文明建设的决策过程中，还是在处理与其他建设的关系时，都必须坚守"生态为民"的立场，努力提升人民群众的生态民生福祉，让生态文明建设成果更多更公平地惠及全体人民。

（二）生态文明建设关乎人类未来

在全球范围内，生态破坏、环境污染和资源浪费所引发的生态危机已成为全人类共同面临的挑战。习近平生态民生观不仅关注本国的生态福祉，更站在全球和人类未来的高度，提出构建良好的生态环境。"生态文明建设关乎人类未来，建设绿色家园是各国人民的共同梦想。"中国作为全球有担当的大国，在生态环境保护方面积极作为，在履行自身职责的同时，积极呼吁全球各国携手共谋生态文明建设，将其视为关乎人类未来生存和发展的伟大事业。习近平生态民生观展现了大国担当和深厚的民生情怀，突破了国别界限，倡导人类命运共同体理念，将全人类的生态利益作为生态文明建设的价值目标，旨在为全人类创造优美宜居的生存空间，并在此基础上推动全人类的自由全面发展。

二、良好的生态环境是最公平、最普惠的民生福祉

（一）生态环境的公平性

"良好的生态环境是最公平的公共产品。"每个人的生活和发展都依赖于自然生态环境，因此每个人都天然地享有生态环境权益。与医疗、教育等其他公共产品（图3-1）不同，这些资源的分配可能因地域、贫富等因素而存在不平等，但生态环境的公平性却体现在两个重要方面：一方面，每个人都能平等地享受良好生态环境带来的益处，如清新的空气、干净的水源、绿色的食物和优美的自然环境，这些是大自然对人类的公平馈赠，不因个人的身份、地位或财富而有所区别；另一方面，当生态环境危机来袭时，如全球变暖、大气污染、水污染等问题，其影响也不会因个人的差异而有所偏袒，所有人都将无差别地承受其带来的后果。这种公平性提醒我们，生态环境的保护不仅是少数人的责任，而是关乎每一个人的切身利益。

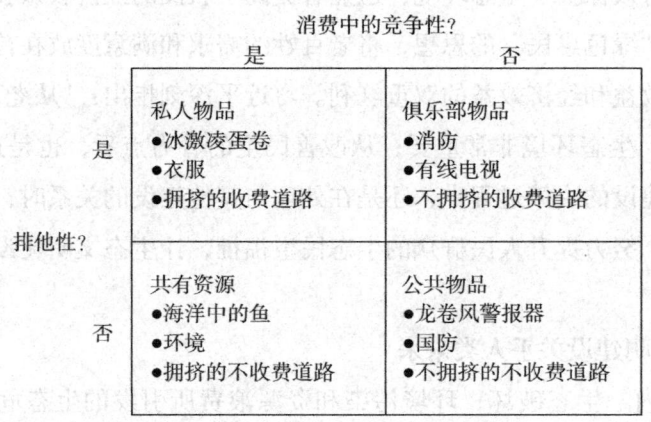

图3-1 四种类型的物品

正因为生态环境关乎每个人的生存与发展，且其具有不可替代性，我们每个人在享受生态环境资源的同时，也应当积极主动地承担起生态保护的责任。我们不仅是生态环境的享有者，更应是生态环境的建设者。为了实现这一目标，我们需要树立正确的生态观念，坚持绿色发展理念，积极参与生态环境保护与治理。同时，我们还应倡导国际合作，共同应对全球性的生态环境挑战，推动构建人类命运共同体。只有这样，我们才能真正实现生态环境的公平与共享，让良好的生态环境成为全人类共同享有的宝贵财富。

（二）生态环境的普惠性

"良好的生态环境是最普惠的民生福祉。"从时间维度看，良好的生态环境具有延续性。它不仅能实现代内共享，让同一时代的每个人都能无差别地享受优美的自然环境，还可以实现代际共享，延续其益处至后代。习近平强调，生态文明建设是"功在当代、利在千秋"的伟大事业，这正体现了生态环境的代际普惠性。从空间维度看，良好的生态环境还具有广延性。它不仅能实现国内共享，更能跨越国界，实现国际共享。在全球化日益加深的今天，一国的生态环境状况对国际生态环境产生深远影响。如2023年日本福岛核电站核污水排放事件，不仅影响本国，更波及全球。因此，我国致力于生态文明建设，不仅是为了本国人民，更是为了全人类的福祉，展现了大国的责任与担当。我们每个人都应积极参与到生态文明建设中来，共同保护这份宝贵的自然遗产。

三、生态安全是民生安全建设的基础

（一）生态安全事关国泰民安

生态安全，即生态系统的健康和完整性，它既是国家经济和社会发展的基石，也是人们生存和发展的最基本条件。古人所言"风调雨顺，国泰民安"，深刻揭示了生态安全对于国家与人民安全的重要性。然而随着经济的高速发展，我们也面临资源环境受损的问题，生态安全日益受到威胁。美国生态安全专家诺曼·迈尔斯曾指出："安全的保障……越来越多地涉及我们物质生活基础的环境资源。如果这些基础受到破坏，国家的经济基础将会衰退，社会组织会蜕变，政治结构也将变得不稳定。"这一观点进一步强调了生态安全与国家安全、经济安全、政治安全乃至人民幸福生活的紧密联系。党的十八大以来，生态安全被纳入总体国家安全观，成为国家安全体系的重要组成部分。

（二）生态安全守护人民健康

生态环境与人民健康紧密相连，好的生态环境对人的身心健康有着积极的影响，而恶劣的生态环境则会对人的健康造成损害。人民群众是历史的创造者，是经济社会发展的基石，更是发展成果的受益者。然而，这一切的前提都是人民群众必须拥有健康的身体。因此，我们必须将人民的生命健康放在首位，这样经济社会的发展及其成果才具有真正的价值。生态环境是影响人民健康的关键因素，对于群众反映强烈、严重威胁人民群众身体健康的环境问题，我们必须下大力气解决，始终保障人民的健康权益和生态权益。

习近平深刻认识到生态安全对民生安全的重要性。他指出，"建设美丽中国，为人民创造良好生产生活环境，为全球生态安全做出贡献"。这既是对国内生态环境建设的指导，也是对我国在全球生态环境保护中承担责任的宣告。因此，必须加快构建生态安全型中国，将生态安全放在国家发展的重要位置，实现并维护最广大人民群众的生态安全权益。同时，我们也要关心全球生态环境，与各国携手，共同创造一个安全的全球生态环境，为全人类的永续发展做出贡献。

四、中国方案增进世界人民生态福祉

（一）倡导人与自然生命共同体理念

自工业化以来，科技与生产力的飞速发展极大地提升了人类生活水平。然而，这也带来了全球性的环境问题，如气候变暖、酸雨、土地荒漠化和生物多样性减少等，这些问题严重影响了人类社会的可持续发展。这充分表明，人与自然是紧密相连的生命共同体，对自然的伤害终将反噬人类自身。为了提升全球人民的生态福祉，我们必须转变思维方式，从单纯的利用和改造自然，转向尊重、顺应和保护自然。全球生态环境危机是全人类共同面临的挑战，各国在此问题上命运与共。构建人与自然生命共同体的理念不仅涉及政治、经济、文化等多个方面，更在生态环境领域有着深刻体现。它旨在通过推动经济社会的绿色转型、促进文化包容互鉴、确保生态安全和谐，来回应人们对良好生态环境的期待。2021年10月，习近平总书记在全球《生物多样性公约》领导人峰会上指出："我们要加强团结、共克时艰，让发展成果、良好生态更多更公平惠及各国人民，构建世界各国共同发展的地球家园"。

（二）兼顾本国与全球生态利益

随着全球化的日益加深，生态危机已经从局部问题演变为全球性问题。如今，环境问题已然超越了民族和国家的界限，成为世界各国都必须正视的难题，威胁着全球的可持续发展。习近平总书记在致生态文明贵阳国际论坛2013年年会的贺信中明确指出："保护生态环境，应对气候变化，维护能源资源安全，是全球面临的共同挑战。"这一观点深刻揭示了环境保护的紧迫性和全球性。

应对这些挑战，需要全球各国齐心协力，共同维护人类的生态安全。中国在这一问题上持积极态度，主张全球生态环境治理应更为公平、公正和合理。特别是在气候变化问题上，中国坚持"共同但有区别的原则"，认为各国应根据自身情况承担相应的责任。然而国际在减排责任和义务上存在分歧，一些国家甚至试图逃避责任。面对这种情况，习近平总书记在出席《生物多样性公约》第十五次缔约方大会领导人峰会发表主旨讲话时："秉持生态文明理念，站在为子孙后代负责的高度，共同构建地球生命共同体，共同建设清洁美丽的世界。"这意味着各国在发展经济的同时，必须考虑全球生态环境利益，不能以牺牲其他国家和地区的生态利益为代价。共建地球生命共同体不仅是一种理念，更是一种行动指南。它要求各国在追求本国生态利益的同时，也要考虑国际社会的生态安全，与其他国家携手合作，共同应对全球性环境问题。

（三）达成全球生态环境治理体系的共识

全球生态环境问题已然成为各国共同面临的挑战，这要求我们必须超越单一的国家利益，从全球视野出发，共同寻求解决方案。为此，全球生态治理体系的创新与变革显得尤为重要。

中国在全球环境治理交流合作中扮演着积极的推动者角色，致力于促进人类命运共同体的构建。面对全球气候变化、生物多样性减少、土地荒漠化等共同挑战，中国深知不能单打独斗，而是需要保障各参与方的话语权，平衡不同国家的利益，寻求最大公约数，实现共商共建共享。

中国积极促进全球环境治理体系的建立和完善。以气候治理为例，应对气候变化已成为全球共识。中国不仅将应对气候变化视为自身义务，更在气候治理行动中展现出坚定的决心。中国与相关国家共同努力，维护《京都议定书》《巴黎协定》等国际谈判成果，提出合作共赢、公正法治的气候治理观，倡导"各尽所能、合作共赢""奉行法治、公平正义""包容互惠、共同发展"的全球治理理念，对推动全球气候治理的现代化具有积极意义。

中国不仅倡导合作，更致力于推动全球环境治理体系的法治化、现代化、规范化。法律作为国家治理的基础，同样也是全球治理体系规范化、现代化的重要支撑。此外，中国还依据全球环境治理实践，致力于改善气候治理主体关系。中国致力于通过公平、合理、有效的全球气候变化解决方案，探索人类可持续的发展路径和治理模式。同时，为化解发达国家与发展中国家在承担气候变化历史责任方面的分歧，中国呼吁各国提振雄心，形成各尽所能的气候治理新体系，以最大程度地约束相关主体履行责任，实现良法善治。

第三节
生态民生观的实施路径

一、环境治理

（一）环境治理对于民生的意义

世界卫生组织研究发现，在影响人类健康的因素中，生物学因素占 15%，环境因素占 17%（自然环境占 7%，社会环境占 10%），医疗服务占 8%，行为与生活方式占 60%。在《中国公民生态环境与健康素养》中提到"良好生态环境是人类健康生存和发展的基础"，"绿水青山不仅是金山银山，也是人民群众健康的重要保障"。可见，人类健康与生态环境紧密相连，生态环境是影响人类健康的重要因素之一。

雾霾、水污染、重金属污染等环境问题严重威胁人们身体健康。解决好人民群众反映强烈的突出环境问题，既是改善环境民生的迫切需要，也是加强生态文明建设的当务之急。具体措施包括重点打赢蓝天保卫战，基本消除重污染天气，确保人民呼吸上清新空气，增强人民蓝天幸福感；全面加强水源涵养和水质保护，实施农村饮水安全巩固提升工程，确保城乡居民喝上清洁安全的水；推进土壤污染防治和修复，有效管控农用地和建设用地土壤污染风险，着力解决土壤污染农产品安全和人居环境健康两大突出问题，以确保老百姓吃得放心、住得安心。同时，对健康的理解不能只限于生理方面，心理健康同样重要。美丽的自然景观、和谐的生态环境能够滋养我们的心灵，帮助我们释放压力，保持心理平衡。正如习近平总书记在 2019 年北京世园会开幕式上所描述的那样，"山峦层林尽染，平原蓝绿交融，城乡鸟语花香"，这样的美景无疑能够给人们带来愉悦和放松，进而促进我们的心理健康。我们应"动员全社会力量推进生态文明建设，共建美丽中国，让人民群众在绿水青山中共享自然之美、生命之美、生活之美"。

（二）大气环境治理

大气污染是由于人类活动或自然过程引起某些物质进入大气中，呈现出足够的浓度，达到足够的时间，并因此危害了人体的舒适、健康和福利或环境的现象。

1. 大气污染源及主要污染物

天然源主要来自于自然现象，如火山喷发时释放的烟尘、森林火灾产生的烟雾，以及自然风沙和海洋飞沫等。而人为源则是由人类的生产和生活活动造成的，例如工业企业的废气排放、家庭炉具和取暖设备的燃烧排放，以及交通运输工具如汽车、飞机等产生的尾气。大气污染物有一次和二次之分，二次污染物往往更危险。污染物按状态分为颗粒物和气态污染物。颗粒物如总悬浮颗粒物（TSP）、PM_{10} 和 $PM_{2.5}$，影响人体健康。气态污染物如二氧化硫、氮氧化物等，可能导致酸雨、温室效应和空气质量下降。

2. 几种典型的大气污染

大气污染主要分为几类：①煤烟型污染，主要由燃煤产生，污染物包括 SO_2、NO_x、CO 和颗粒物，这类污染在低温、高湿且风速小的天气下易积聚形成烟雾。历史上著名的伦敦烟雾、马斯山谷烟雾和多诺拉烟雾都是煤烟型污染的结果。②交通污染，主要源于机动车和机动船舶的排放，包括 CO、NO_x 和碳氢化合物等，这些排放物在大气中易形成光化学烟雾，对环境和人体健康造成危害。③酸沉降污染，是大气中的酸性物质通过降水或含酸气团迁移到地面，主要由 SO_x 和 NO_x 引起。酸沉降不仅导致酸雨，还对环境产生严重影响，是当今世界严重的环境问题之一。

3. 大气污染控制

无论是大气污染源、污染物、污染类型还是大气污染的危害，都具有多样性，这种多样性给大气污染控制带来了很大的难度。要从根本上解决大气污染的问题，就必须多种手段并行，运用社会、经济、技术多种手段对大气污染进行从源头到末端的综合防治。

（1）清洁能源。随着人们对环境与资源保护意识的提高，能源结构将发生巨大变化。优质、高效、清洁的能源（如天然气、水、风能、太阳能等）开发利用从资源型向技术型转变，从粗放式利用向高效率利用转变。清洁能源战略包括常规能源的清洁利用，可再生能源的利用，新能源的开发，各种节能技术等。

（2）绿色交通。随着汽车数量的快速增加和城市化进程的加快，汽车尾气排放已成为重要的污染源。交通污染与车辆种类、车辆数量、燃油效率、燃油性能、交通状况等诸多因素密切相关。解决交通污染的办法是推行绿色交通（合理的交通规划、发展清洁车辆）。

（3）末端治理。对于已产生的污染，末端治理尤为关键。末端治理是实现污染物达标排放的关键手段。通过安装和运行高效的污染处理设施，可以将废水、废气、废渣等污染物进行净化或无害化处理，减少其对环境和人体健康的危害。末端治理技术能够有效控制污染物的排放，确保其符合国家和地方的环境质量标准。末端治理不仅关注污染物的处理，还注重避免二次污染的发生。

（4）环境自净。污染物经末端治理后虽达排放标准，但浓度仍高于限值。此时，大气环境的扩散、稀释、氧化等，有助于降低污染物浓度。了解气象变化，合理利用大气自净能力，能减少污染危害。如合理设置烟囱高度以促进污染物扩散。植物在大气净化中起关键作用，能长期连续净化大气，特别是在污染物范围广、浓度低时。

专栏 3-1 2023 年中国大气环境状况

2023 年，全国 339 个地级及以上城市（以下简称 339 个城市）中，203 个城市环境空气质量达标，占 59.9%；136 个城市环境空气质量超标，占 40.1%。其中，105 个城市细颗粒物（$PM_{2.5}$）超标，占 31.0%；79 个城市臭氧（O_3）超标，占 23.3%；58 个城市可吸入颗粒物（PM_{10}）超标，占 23.3%（图 3-2）。

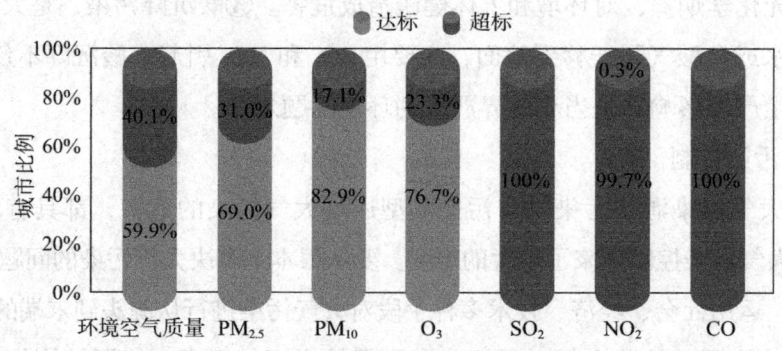

图 3-2 2023 年全国城市环境空气质量达标情况

全国 339 个城市环境空气 $PM_{2.5}$ 平均浓度在 5 ~ 54 微克 / 立方米之间，平均为 30 微克 / 立方米，比 2022 年上升 3.4%。2016—2023 年，全国城市环境空气 $PM_{2.5}$ 平均浓度从 42 微克 / 立方米降至 30 微克 / 立方米，下降 28.6%（图 3-3）。

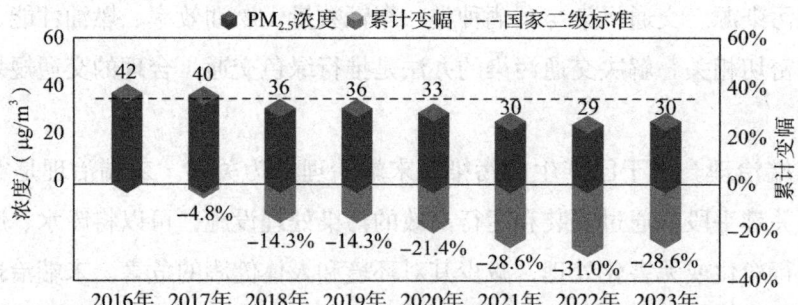

图 3-3 2016—2023 年全国城市环境空气 $PM_{2.5}$ 平均浓度及累计变化情况

资料来源：2023 年中国生态环境状况公报。

（三）水环境治理

水污染是指水体因某种物质或能量的进入，而导致其化学、物理、生物或者放射性等方面特性的改变，从而影响水的有效利用，危害人体健康或者破坏生态环境，造成水质恶化的现象。

1. 主要水污染物及其环境效应

（1）悬浮物（Suspended Solid，简称 SS），亦称悬浮固体，是指悬浮在水中的细小固体或胶体物质，主要来自水力冲灰、矿石处理、建筑、冶金、化肥、化工、纸浆和造纸、食品加工等工业废水和生活污水，使水体浑浊，影响光合作用，导致水底生物窒息、鱼类产卵区受损，河流湖库淤塞。其无机和胶体物质易吸附营养物、毒物、重金属等，形成复合污染物，对生态构成严重威胁。

（2）耗氧有机物，生活污水和食品、造纸、制革、印染、石化等工业废水中含有糖类、蛋白质、油脂、氨基酸、脂肪酸、醋类等有机物，以悬浮态或溶解态存在于污水中，经微生物降解会大量消耗溶解氧，影响鱼类和水生生物生存。溶解氧过低时，厌氧微生物主导分解，产生难闻、有毒气体，导致水体发黑发臭，影响供水、工农业和景观用水。常用综合指标如生化需氧量（Biological Oxygen Demand，BOD）、化学需氧量（Chemical Oxygen Demand，COD）、总需氧量（Total Oxygen Demand，TOD）或总有机碳（Total Organic Carbon，TOC）等表示耗氧有机物的含量。衡量耗氧有机物最常用的指标是五日生化需氧量（BOD_5），清洁水体中 BOD_5 应低于 3 mg/L，BOD_5 超过 10 mg/L 则表明水体已受到严重污染。

（3）植物营养物，含氮、磷的营养物主要来自污水和废水，过多排入水体可导致藻类及其他浮游生物大量繁殖，引发富营养化。这会降低水中溶解氧，导致水质恶化和生物死亡。富营养化常见于封闭或半封闭水域，如池塘、湖泊等，表现为水面变色，海域称"赤潮"，江河湖泊称"水华"，对流速较大的水体如河流影响减弱。

（4）重金属（水污染），重金属污染指汞、铜、铅等毒性显著的元素污染。其毒性通常由微量所致，与机体结合后发挥作用，可在生物体内转化为毒性更强的有机物。重金属不能被生物降解，可通过食物链富集放大，在人体内积累造成慢性中毒。此外，重金属的毒性还与金属形态有关，如六价铬毒性远超三价铬，对人体和生物都有极大的危害。

（5）难降解有机物，即持久性有机污染物（Persistent Organic Pollutants，简称 POPS），多为人工合成化学品，难以自然降解，长期在水中存留，易在食物链中积累。

部分化合物低浓度下即具致癌、致畸、致突变作用。

（6）石油类（水污染），源自船舶、工业废水、石油开采等。其危害严重：油膜阻碍水复氧和光合作用；微生物降解耗氧，致水体缺氧；油类黏附生物致其死亡；抑制水鸟繁殖。更含多种有毒物质，食用受污染水产品危及人体健康。油污染不仅破坏水生生态，更通过食物链对人类造成潜在危害。

（7）酸碱（水污染），主要来自矿山排水、多种工业废水，以及酸雨。酸碱污染会使水体 pH 发生变化，破坏水的自然缓冲作用和水生生态系统的平衡。当 pH 小于 6.5或大于 8.5 时，水中微生物的生长都会受到抑制。酸碱污染会使水的含盐量增加，对工业、农业、渔业和生活用水都会产生不良的影响，严重的酸碱污染会腐蚀船只、桥梁及其他水上建筑。

（8）病原体，常出现在生活污水、医院污水和屠宰、制革、洗毛、生物制品等工业行业废水，如病毒、致病菌、寄生虫，传播霍乱、伤寒、胃炎、肠炎、痢疾及其他多种病毒传染疾病和寄生虫病。

2. 水污染控制

（1）源头控制

水污染的源头控制至关重要，通过法律、管理、经济、技术和宣传教育等手段，综合控制生活污水、工业废水、农村面源和城市径流，旨在防止污染产生并削减排放。事实证明，水污染预防更为经济、有效。国内外法律均强调预防原则，对于农村面源、城市径流等复杂污染源，"末端治理"不适用，加强预防更为必要。

工业水污染。优化产业结构，合理布局，优先发展低水耗低污染产业。推行清洁生产和循环经济，减少污染物产生。加强工业企业就地处理，回收利用污染物，确保废水符合接管标准。强化管理，完善排放标准和法规，依法处理违法行为。通过经济激励提高资源利用效率，如产品收费、税收等。综合性整治对策是有效预防工业水污染的关键，既保护环境又促进可持续发展。

生活污水。生活污水已成水环境主要污染源。合理规划"居民社区"利于污水集中治理。需加强公众教育，倡导"绿色生活"，提高环保意识，减少家庭污水排放，降低城市污水处理负担。例如节约用水，选用无磷洗衣粉，避免将危险废物冲入下水道等，共同保护水环境。

面源污染。①农村面源：节水农业减少农田排水污染；改善土壤肥力减少侵蚀；推广害虫综合防治减少农药使用；恢复多水塘等拦截农业污水；畜禽粪便综合处理，防止高密度养殖；乡镇企业有计划建设，推广清洁生产，控制污染；集中区域建设低成本分散式污水处理设施。②城市径流：雨水收集用于城市用途和绿化；屋顶花园减少径流并调节温度；多孔路面促进雨水渗透，减少径流和污染；绿地增多也减少径流。建设暴雨滞留场或湿地延缓径流和去污，可去除大部分悬浮物和部分有机物、重金属，并开发为公园，提供植物栖息地。

（2）集中控制

集中控制主要采用污水人工处理，是利用各种人工技术措施将各种形态的污染物从污水中分离、分解或转化为无害、稳定的物质，从而使污水对水环境的不利影响降到最低的过程。

污水人工处理分为四个主要级别（预处理→一级处理→二级处理→三级处理）。预处理去除粗大悬浮物和无机砂粒，保护后续设施并减轻污染负荷。一级处理主要去除悬浮态固体污染物，但净化程度不高，常作为二级处理的预处理。二级处理是核心，通过生物处理法大幅去除胶体和溶解态有机污染物，使出水达到国家排放标准，是城市污水处理厂的基本要求。三级处理则进一步去除二级处理后的残留污染物，包括微生物未能降解的有机物、氮、磷等，以满足更严格的排放或回用要求。三级处理工艺多样，但成本高昂，难以大规模推广。

（3）尾水的处理处置与资源化

加强城市尾水处理处置是实现区域水环境长期稳定的必要条件。尾水处理处置往往与污水回用相结合，其主要方式包括生态处理和尾水回用。

尾水的生态处理。尾水生态处理技术依赖自然要素，通过土壤 – 微生物 – 植物系统净化尾水，基建投资低、运行费用少且净化效果好，成为主导技术。主要包括稳定塘系统和土地处理系统。稳定塘类似生物处理，有好氧和厌氧过程。土地处理系统通过土壤过滤、吸附等过程去除污染物。尾水生态处理净化效率高，常用作二级处理替代技术，对有机化学品净化效果理想。但需更多停留时间和空间，对土地紧缺城市是挑战。

尾水的回用。尾水回用结合净化和回用，可消除污染并缓解水资源短缺。其涉及社会、经济、技术因素，需严格水质控制。尾水可用于工业、农业、城市、地下水回灌和生态回用。工业上，尾水经处理后可作冷却水等；农业上，尾水灌溉能净化水源但需水质控制；城市回用包括冲洗、空调等用水；地下水回灌需满足饮用水标准。

尾水的自然处置。尾水自然处置指利用江河湖海的自净能力处理尾水。在严格控制排污混合区位置和范围，满足水质目标要求，不影响周边使用功能和生态平衡的前提下，通过离岸输送和扩散器使尾水与水体混合稀释。这种处理方式要求尾水必须经过预处理，去除对生态环境有害的污染物，如重金属、放射性物质等。其目的在于改善水质、节省处理成本，并确保水环境的生态平衡。

专栏 3-2　数字孪生技术在流域水环境综合治理中的探索

根据住建部公布的《2022 年中国城市建设状况公报》，2022 年年末全国城市污水处理厂处理能力 2.16 亿立方米 / 日，污水处理率 98.11%。然而，当前我国水环境状况依然不容乐观，根据《2022 中国生态环境状况公报》，我国 9.7% 主要江河总体水质低于Ⅲ类水标准，轻度和中度富营养湖库化占比 29.9%，接近 1/3。因此，水环境治理的理念已经从传统的以"末端治理"为主的思路，转变为"源头减排、过程阻断、末端治理"全过程防控水污染的综合治理模式，并且从单纯的水污染治理向水环境、水生态综合治理转变，以期通过科学的方法和技术手段，全方位、多角度地改善水环境状况。随着物联网、云计算、人工智能等新一代信息技术的蓬勃发展，水环境综合治理也朝着数字化、智慧化的方向不断迈进，数字孪生技术作为新一代信息技术的重要代表，为水环境综合治理提供了全新的解决方案。

数字孪生技术以物理实体为基础，以物联网、云计算等技术为核心，通过测绘、遥感、实时传感器等采集物理实体的历史和实时数据及环境信息，在对物理实体（PE）充分理解的基础上，建立物理或数学模型，并通过 VR、AR、BIM 等仿真技术，在虚拟空间中搭建出与现实世界平行的多时空尺度的动态虚拟实体（VE）（图 3-4）。能够

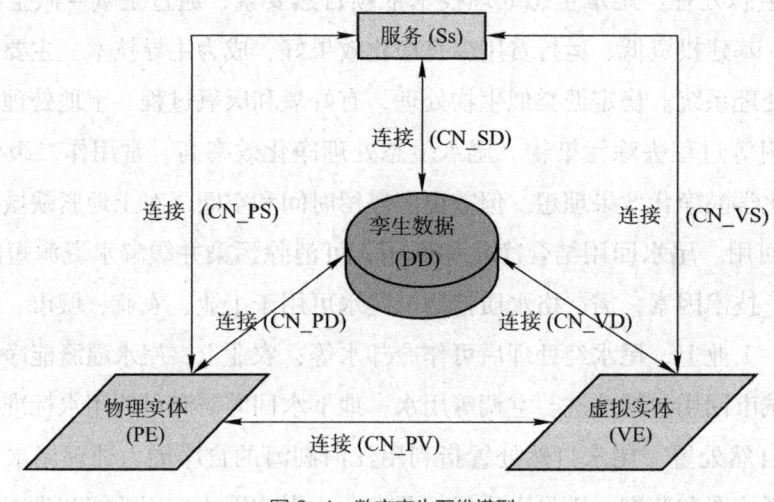

图 3-4　数字孪生五维模型

实现真实物理世界与虚拟网络世界的双向映射和动态交互。目前，水利部正在构建数字孪生流域、数字孪生水网和水利工程，实现"预报、预警、预演、预案"的四预功能。在水环境领域，数字孪生技术能够通过融合流域河道地形地貌、水文、水质、气象、植被、湖泊、湿地等多元要素，对不同时空情景下的要素进行空间关联分析，从而实现对水环境系统的实时模拟、预测和优化。

（四）土壤环境治理

1. 土壤污染概述

（1）土壤污染的过程和概念。土壤是农业生态中的关键纽带，正常情况下与环境间的物质和能量交换保持平衡。土壤污染指人为因素有意或无意地将对人类本身和其他生命体有害的物质施加到土壤中，使其某种成分的含量超过土壤自净能力或者明显高于土壤环境基准或土壤环境标准，并引起土壤环境质量恶化的现象。

（2）土壤污染的特点。土壤污染具有隐蔽性和潜伏性，不易直接察觉，通常通过农产品和人体健康间接体现。土壤中的重金属和某些有机污染物难以降解，污染持久存在。土壤污染不仅影响农业生产，还对人类健康构成威胁。

（3）土壤污染源。天然污染源包括活动的火山等，但人为污染源因影响广泛和危害严重，成为主要研究对象。人为污染源主要包括工业和城市污水、固体废物、农药化肥、畜禽排泄物等。

（4）土壤污染物类型。按照属性可分为有机物类和无机物类。有机物类包括人工合成的有机农药、酚类物质等；无机物类则包括重金属、放射性核素物质等，重金属和放射性核素物质对人体最具潜在危害性，且难以彻底清除。

2. 土壤污染防治

土壤污染的防治包括两个方面，一是"防"，即采取对策预防土壤污染，二是"治"，即对已经污染的土壤进行改良、治理。

（1）土壤污染源的控制（"防"）

要有效防止土壤污染，首要任务是精准识别污染源头，并采取切实可行的措施切断污染路径。这是土壤污染防治工作的基础和核心。为此，必须建立一套完善的排放标准体系，涵盖废气、粉尘、废水、污泥以及各类固体废物的排放控制。同时，需要制定相关法律法规，并建立健全的监督机制，确保各项标准和法规得到有效执行。在灌溉用水方面，应严格把控水质，确保其符合标准，防止因灌溉水污染引发的土壤污染。此外，还需大力发展清洁生产工艺，从源头减少污染物的产生。在农业领域，必须严格执行农药管理法规，建立农药登记注册制度，明确农药的禁用和限用范围，并科学设定农药在农产品中的最大残留限量。通过这些综合措施，可以有效控制土壤污染源，为土壤生态环境的可持续发展提供保障。

（2）污染土壤的修复（"治"）

土壤农药污染的治理。土壤有机物污染治理包括化学法、生物法及两者结合的方法。由于有机污染物特别是农药的多样性，需因情施策。生物修复是关键，通过植物、土壤动物和微生物的作用，降低污染物浓度并转化为无害物质。狭义上，生物修复特指微生物降解有机污染物为 CO_2 和 H_2O。这是一种基于天然生物过程的现场环境污染处理技术。

有机污染物的生物修复：①微生物修复：接种高效微生物降解有机物，包括原位生物法、地上生物法等，需调节土壤 E_h 以适应不同微生物需求。②植物修复：利用植物超积累能力去除污染物，结合化学添加剂和农艺措施，如添加活性炭、营养物质，翻耕、灌溉，并调节土壤水分、pH、E_h 等，加速微生物降解，共同净化土壤。

土壤重金属污染的治理。①施用改良剂。对于轻度污染，施用石灰、磷酸盐或有机物等改良剂，提高土壤 pH，沉淀重金属，减少其移动性和生物毒性。②客土法与水洗法。在重度污染区，客土法通过覆盖非污染土壤减少污染，但需注意 pH 匹配避免二次污染。水洗法则用水稀释或洗去重金属离子，降低表土浓度，适用于小面积污染。③电化法与热解吸法。电化法通过电动力学原理将重金属从土壤中移出，但不适用于沙质土壤。热解吸法则通过加热将挥发性重金属如汞解吸出来，适用于汞污染土壤。④生物修复。利用微生物和植物进行修复。微生物通过酶还原重金属，而植物修复则利用超积累植物吸收重金属，如 As、Cd、Pb 等，其富集量远超一般植物，是环保且有效的修复方法。

3. 污水土地处理系统

污水土地处理系统利用土壤 - 生物系统净化污水，通过过滤截留、吸附分解和生物氧化等作用，将有机物转化为无机物。植物根系吸收污水中的营养物质，通过光合作用净化污水。系统包括预处理设施、储水湖、灌溉和排水系统。该技术利用生态工程原理，旨在去除污水中的污染物，实现净化和综合利用，对环境保护具有重要意义。

污水土地处理系统分为四种类型：①慢速渗滤。类似农业灌溉，将预处理污水喷洒至植物地，经土壤渗滤净化。适用于沃土，但需大面积土地，维护成本高。②快速渗滤。污水间歇性施于浅渗滤槽，通过沙质土壤迅速过滤净化。需排水良好土壤，处理效率高，成本低。③表面径流。适用于不透水土壤。污水流经植被覆盖斜坡，通过沉淀、降解和植物吸收净化。需适当坡度，以避免侵蚀。④人工湿地。结合土地处理和水生生物处理，构建湿地生态系统。污水在湿地中通过物理、化学及生物过程净化。适用于各种土壤类型，能有效去除污染物，维护成本低。

（五）物理环境治理

与人类相互作用的物理环境主要有声、电磁场、射线、光、热等。本部分主要介绍噪声和放射性。

1. 噪声污染和防治

噪声污染，指干扰人们正常生活、工作和学习的声音，主要来源于人为活动，包括不需要的、过度强烈的或持续时间过长的声音。

（1）来源

噪声主要源于交通运输、工业生产、社会生活和建筑施工。交通工具如汽车、飞机等在行驶中会产生各种噪声，且速度越快，噪声越大。工业生产中，机械和动力装置运转时会产生高强度、长时间的噪声。社会生活噪声则来自于商业活动、家用电器等。而建筑施工现场，机械作业常产生 80 dB 以上的噪声，严重干扰周边居民。随着城市化进程，这些噪声源的影响愈发显著，需采取有效措施进行防治。

（2）危害

噪声不仅会导致听力受损，还可能诱发多种疾病，如心脏病、高血压。它还会影响人的心理状态，使人烦躁、易怒，影响工作效率和生活质量。如果噪声级超过 140 dB，将导致全身血管收缩，供血减少，说话能力受到影响。噪声还会影响视力。实验表明：当噪声级达到 90 dB 时，人体视觉细胞的灵敏度下降，对弱光的识别反应时间延长。当噪声级达到 95 dB 时，40% 的人瞳孔放大，视力模糊；当噪声级达到 115 dB 时，大多数人的眼球对光强的适应能力都有不同程度的减弱。因此，长期处于嘈杂环境中的人，容易出现眼疲劳、眼痛、视力减退、流泪等眼部损伤。对孕妇而言，噪声可能导致妊娠并发症增多，影响胎儿发育。此外，噪声还会对动物和物质结构产生负面影响，如导致动物行为异常、生理机能紊乱，甚至对建筑物和仪器设备造成损害。

（3）防治

首先，通过合理规划和管理来减少噪声源，如将住宅区和工业区分离，优化交通布局，建立噪声防护设施。其次，采取技术措施降低噪声，如改进机械设备以减少噪声产生，使用吸声、隔声材料来阻断噪声传播。对于无法避免的噪声，可通过佩戴耳塞、耳罩等个人防护装备来减少对人体的影响。此外，加强噪声污染的宣传教育，提高公众的噪声防护意识也是重要的防治手段。

2. 放射性污染和防治

放射性污染是指由于人类活动造成物料、人体、场所、环境介质表面或者内部出现超过国家标准的放射性物质或者射线在自然界和人工生产的元素中，有一些能自动发生衰变，并放射出肉眼看不见的射线。

（1）来源

放射性污染主要来源于军事、医疗、能源用途。①核武器试验的沉降物，全球频繁的核武器试验产生的裂变产物，如铀、钚等，其中 ^{90}Sr、^{137}Cs、^{131}I 等放射性物质危害较大，这些物质随着试验后的沉降，对全球环境和生物造成深远影响。②核燃料循环过程中产生的"三废"，包括废水、废气和固体废物，这些废物中含有放射性物质，若处理不当，会对周围环境造成污染。③医疗照射也是放射性污染的重要来源，尽管医疗照射在癌症诊断和治疗中起到关键作用，但患者在此过程中会受到较高剂量的辐射。还有其他一些放射性污染源，如工业、医疗等使用的放射源失控，以及含有放射性核素的一般消费品。

（2）危害

大剂量照射会严重破坏人体和动物的免疫功能，损伤皮肤、骨骼和内脏细胞，甚至导致死亡（在 400 rad 的吸收剂量下，受照射的人有 5% 死亡；若吸收剂量在 650 rad，100% 死亡；吸收剂量在 150 rad 以下，死亡率下降至 0%，但这时并非无损害作用）。小剂量慢性照射的影响虽不易察觉，但也可能引发疾病，如白血病、骨癌等。此外，放射性射线还能损害遗传物质，导致基因突变和染色体畸变，进而影响后代。

（3）防治

控制放射性污染，须加强对放射性物质的管理。技术上，处理放射性废物的方法包括稀释排放、放置衰变、混凝沉淀、离子交换等。对于放射性废液，可采用沥青固化、水泥固化等方法；废气则可通过改善操作条件和通风系统进行处理；固体废物可采用填埋、焚烧等手段处置。

二、"三生"空间的规划与建设

（一）"三生"（生产－生活－生态）空间

"三生"空间是对生产、生活、生态空间的总称，"三生"空间划分的主导因素是土地价值、资源环境承载力和开发适宜性所表征的功能类型，以空间的主导功能作为基本依据。"三生"空间功能分类体系见表3-1。

生产功能（production function）是土地作为载体或对象进行社会生产，提供产品与服务，包括农业、工业等。它是国土空间多功能的基础，保障生活和生态系统功能的实现。

表3-1 生产－生活－生态空间功能分类体系

功能类型	一级功能	二级功能	功能内涵
生产功能	生存物质供给	食物供给	持续生产或供给人类粮食、牲畜及其他野生动植物产品
		淡水供给	提供人类所需的淡水资源
		药物供给	提供保障人体健康的自然或合成药物产品
		基因资源	维持生物多样性，保护地方基因库品种
	原材料供给	木材供给	持续产出并供给所需的木材及由木材加工的产品
		纤维供给	提供人类所需的纤维制品材料及棉花产品
		装饰资源	持续提供人类观赏的野生植物等装饰品
	能源矿产供给	能源生产	提供石油、天然气及生物质能等
		矿产生产	提供多种金属等矿产资源
	间接服务供给	商品与服务	提供批发零售、住宿餐饮及商业服务等生产用地
生活功能	空间承载	居住承载	提供住宅及附属设施用地
		交通承载	提供水陆空等交通用地
		公共服务承载	提供公共服务设施等用地
	生活保障	生活保障	维持人类生活的基本保障
		就业保障	提供就业会等保障功能
	精神生活保障	科学教育	提供科学研究和教育的对象
		休闲旅游	提供旅游休闲的空间资源
		文化艺术	提供艺术欣赏和设计灵感来源
		美学景观	提供景观美学质量、美学基础等
		宗教历史	提供宗教文化、历史文物等

功能类型	一级功能	二级功能	功能内涵
生态功能	生态维持	水体净化	对水中沉积物、细菌等进行过滤净化
		灾害缓和	对洪水、地震、泥石流等灾害控
		花粉传授	植物的种类对传粉和授粉的可获得性
		侵蚀保持	土壤滑坡或水土流失的控制
		养分循环	氮磷钾等养分循环能力
		初级生产	植物初级生产能力
	调节功能	气体调节	调节区域大气成分
		气候调节	对气温、降水、碳汇的地区或全球性调节
		水分调节	调节或涵养地表水体径流

生活功能（Living Function）是土地满足人类居住就业、空间承载、社会保障等社会需求。随社会发展，其内涵扩展至休闲旅游、地域文化等。

生态功能（Ecological Function）是土地生态系统维持人类生存条件并提供的服务，受人类活动影响，也支撑人类活动。其基础构成含气候、水文、土壤等要素，综合作用实现调节、维持等功能，如气体、水调节，净化、保持等。这些功能源自生态系统服务，生物物理过程是其直接体现，尤其是物质能量流动，是识别土地利用生态功能的关键。

（二）"三生"空间利用的影响因素

1. 市场机制与土地价格

市场机制下，土地价格成为"三生"空间利用的关键指标。高价土地促使使用者提高建筑容积率，集约利用生产和生活空间；低价则诱导空间扩展，侵占生态空间。阿朗索竞租曲线理论指出，地租决定土地利用方式，最高报酬用途为最有效且回报率最高（图3-5）。土地资源稀缺引发竞争，价格上涨促使使用者通过技术、资本、劳动等要素替代减少占地，提升单位面积产出效率，实现土地利用最大化与综合效益最优。因此，健全市场机制与合理土地价格对优化"三生"空间利用至关重要。

2. 土地稀缺程度与供给数量

土地供给总量与稀缺性直接制约"三生"空间利用，限制扩张，促进结构调整和功能优化。发达地区因资源稀缺，生态空间有限，生产、生活空间高度集约。土地稀缺与供给差异影响空间利用冲突，城镇规模大者尤甚，但也易提升用地效率。土地稀缺与

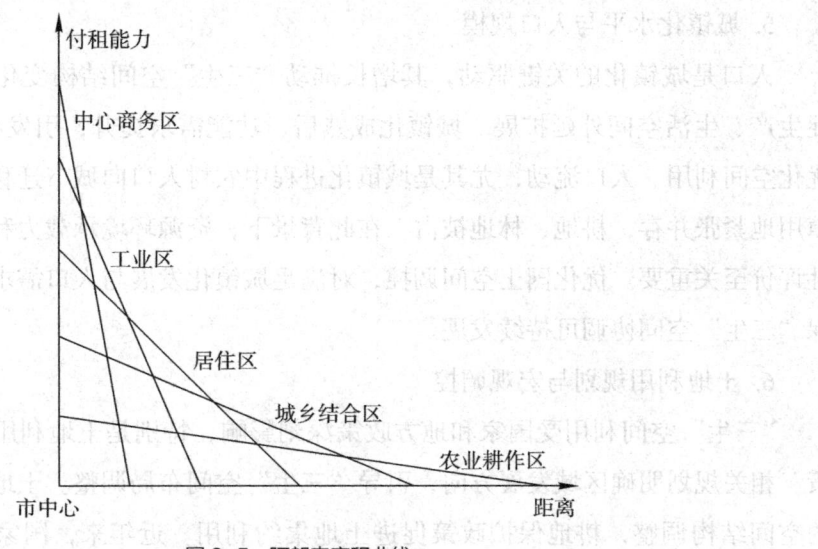

图3-5 阿朗索竞租曲线

供给为"三生"空间优化提供外部约束，促协调发展。土地资源的稀缺与供给反映经济对土地需求，需求增长推高地价，促使用者增加投入以高效利用土地。"三生"空间利用水平与社会经济对土地需求正相关。

3. 经济与工业化发展水平

经济与工业化水平是生产空间利用的关键限制，间接影响生活与生态空间。实践表明，"三生"空间优化是经济发展到一定阶段的产物，矛盾冲突促动优化。其影响有三：一是经济工业化推动人口增长与活动空间扩张，改变"三生"空间布局；二是产业升级增强土地替代能力，提高投入产出比，优化空间利用；三是经济实力增强支持"三生"空间优化措施，如基础设施、公共投入及环保改善，促进空间高效利用。因此，经济与工业化是"三生"空间优化的重要驱动力。

4. 土地利用与产业结构

通过土地利用与产业结构优化，实现"三生"空间协调均衡发展。调整土地利用结构可增大生活与生态空间，提升产出率；产业结构优化则降低用地需求，优化空间布局。产业升级遵循经济规律，主导产业依次更替，减弱土地依赖，提升土地利用率。产业集聚促使土地利用结构变化，推动"三生"空间结构调整。调控核心在于降低生产空间占比，提升生态与生活空间。优化工业、服务业用地，减少农业用地，发展节地型产业。同时，调整第一产业结构，扶持牧、渔、林业，注重技术应用，发展节地型二、三产业。

5. 城镇化水平与人口规模

人口是城镇化的关键驱动，其增长推动"三生"空间结构变化。初期，人口激增促生产、生活空间外延扩展。城镇化成熟后，功能需求提升，引发存量土地需求增加，优化空间利用。人口流动，尤其是城镇化进程中农村人口向城市迁移，导致空心村与城镇用地紧张并存，耕地、林地被占。在此背景下，资源环境承载力和国土空间开发适宜性评价至关重要。优化国土空间调控，对满足城镇化发展与人口需求具有指导意义，确保"三生"空间协调可持续发展。

6. 土地利用规划与宏观调控

"三生"空间利用受国家和地方政策深刻影响，特别是土地利用规划和宏观调控政策。相关规划明确区域发展方向，引导"三生"空间布局调整。土地税收、金融政策制约空间结构调整，耕地保护政策促进土地集约利用。近年来，国家推进"多规合一"，科学划定"三区三线"，旨在解决空间规划体系缺失导致的矛盾冲突。通过多方博弈，实现"三生"空间优化调控，以满足实际土地利用需求与理想空间布局的平衡，促进区域协调可持续发展。

7. 土地交易市场与用地意识

土地交易市场是土地利用配置的关键，其活跃程度影响"三生"空间利用效率，引导开发方向，优化国土空间结构。同时，市场通过宏观调控促进产业调整，实现"三生"协调发展。地方政府的发展理念与民众的地域文化观念亦不可忽视，如盲目扩张开发区可能破坏环境，粗放发展浪费资源；农村乡土情结影响居民点建设，进而影响"三生"空间利用。因此，在"三生"空间利用中，需综合考虑市场机制、政策导向与人文因素，以实现高效、协调、可持续的发展。

8. 土地区位条件与科技水平

土地区位决定空间利用方向，优质区位利于"三生"空间综合开发，促进集约利用，形成特色布局。土地质量反映生产能力，区域差异显著，影响投入产出，引导土地利用调整。科技进步推动"三生"空间动态变化，改造结构方式，增强开发强度，如三维空间利用、新交通方式等。新材料、新方法助力经济提升、产业升级，改变人口城乡分布，塑造新空间格局。土地区位、质量与科技共同驱动"三生"空间协调发展，优化国土空间利用。

（三）"三生"空间利用的演化分析

1. 土地投入水平与"三生"空间利用演化

根据土地报酬递减规律，针对不同阶段对土地投入产出特点并结合报酬变化规律，

"三生"空间利用随生产要素投入呈如下变化（图3-6）：

边际与总报酬递增。速度加快，平均报酬也在上升，形成"三生"空间变化最快阶段，受报酬递增规律驱动，单位面积投入拐点显现，后变化速度减缓。

边际报酬递减而总报酬续增。增速放缓，平均报酬至顶但总报酬未达到最大，投入仍可增加平均或总报酬。此期"三生"空间变化放缓，因边际报酬递减所致。

边际与平均报酬双降。总报酬续增至顶点，平均报酬未至极低。加大投入至总报酬最大化，其间"三生"空间利用缓增，利用程度达最大。

边际报酬或降为负。总报酬停滞或递减，平均报酬持续下降。此时不宜再增投资，"三生"空间利用率高且结构稳定。

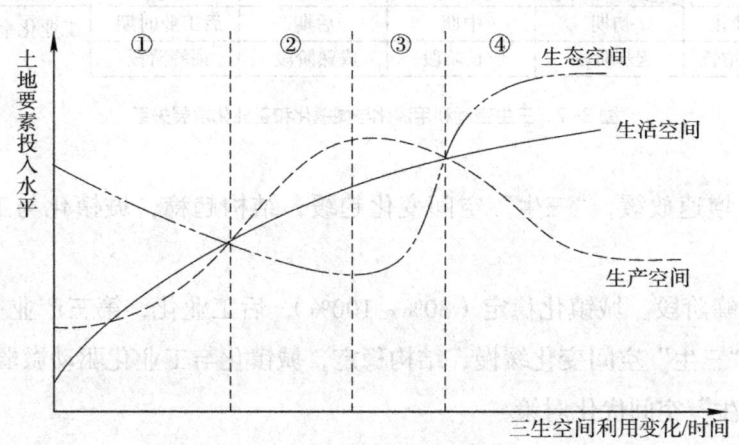

图3-6 "三生"空间利用演化与土地要素投入的关系

2. 城镇化和工业化对"三生"空间利用演化分析

"三生"空间利用变化与城镇化和工业化进程的发展路径基本同步，在用地变化上都表现出"s"形的变化规律，基本会经历"起步→成长→成熟→顶峰"四个阶段（图3-7）。

第一，起步阶段。城镇化与工业化初现，水平低（1%~30%），农业经济主导，经济缓慢增长，"三生"空间变化微，生活与生态空间为主，城镇化与工业化推动力弱。

第二，成长阶段。城镇化快速发展（30%~60%），工业化中期（30%~70%），工业经济驱动经济快速增长，"三生"空间变化显著，生产、生活空间扩张，生态空间受挤压，城镇化与工业化成为主要驱动力。

第三，成熟阶段。城镇化减速（60%~80%），工业化后期（70%~30%），第三产

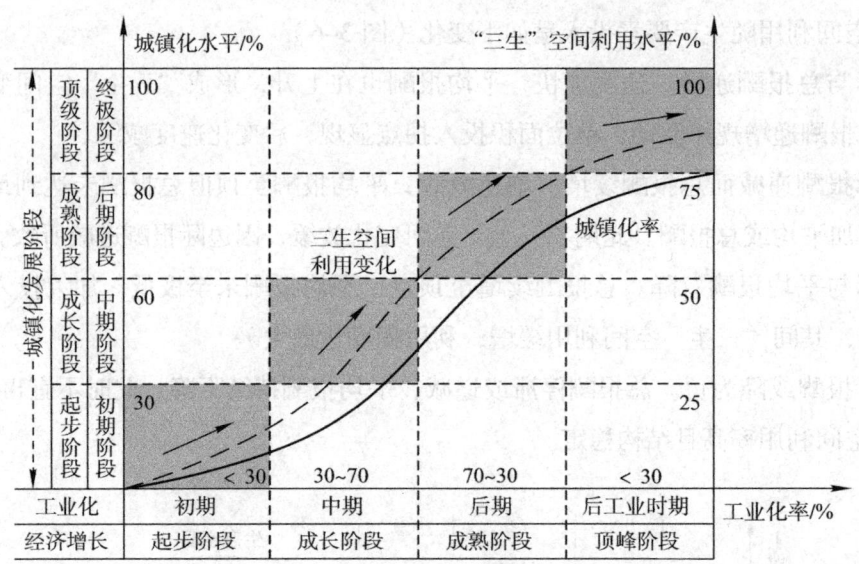

图 3-7　三生空间利用演化与城镇化和工业化发展关系

业主导经济，增速放缓，"三生"空间变化趋缓，结构趋稳，城镇化与工业化驱动力减弱。

第四，顶峰阶段。城镇化稳定（80%～100%），后工业化，第三产业主导，经济增速放缓至零，"三生"空间变化缓慢，结构稳定，城镇化与工业化驱动微弱。

（四）"三生"空间优化对策

1. 城镇生活空间优化对策

一是提升建设用地效益，优化城镇化与产业空间格局，推进低效地再开发，明晰中心城区功能定位，促进产业合作与转型升级，协调区域发展。改造城中村，增加有效供给，完善基础设施，集约利用城镇用地，整治低效闲置土地，优化产业园区布局，提升城市品质。

二是加强城市间公共服务合作，建设高新园区与交通网，推进产业一体化，共享生活保障平台，完善交通信息体系，探索城市一体化，均衡利用国土空间。完善城镇化体系，优化城镇布局，分类引导生活空间配置，提升人居环境。

三是整合城乡产业与空间布局，发挥区域优势，促进城乡产业一体化，引导农村人口就近转移，统筹城镇与产业融合发展，科学规划城镇空间建设，避让敏感区域，增加规划弹性，依据发展战略，推动城镇差异化发展，实现国土空间高效利用与可持续发展。

2. 农村生活空间优化对策

一是科学编制美丽乡村建设规划，优化村庄用地，发展中心村，保护特色村，整治空心村，建设规模适度、设施完善、生态环保的新型农村社区，引导农民集中居住。

二是推进美丽乡村建设，保护乡村文化景观，依托试点，整合资源，迁村并点，改善村容，优化布局，丰富建设内涵，提升乡村品质，构建新型农村社区与特色小镇，拓宽建设途径，实现服务均等化。

三是结合特色产业，完善新农村规划，优先发展优势村庄，构建有序居民点体系，实施乡村振兴战略，强化基础设施，改善人居环境，构建宜居宜业新型农村体系，促进乡村全面振兴与可持续发展。

3. 生产空间优化对策

一是加大农地整治力度，创新耕地保护模式，聚焦高标准农田建设，提升耕地质量与等级；整合项目资源，推进田、土、水、路等综合治理，改造中低产田，提升机械化水平及抗灾能力。在优势区域强化灌溉排水与土壤改良，树立高标准农田典范。山地丘陵区则实施坡改梯，平衡生态与生产。

二是构建耕地"数量、质量、生态"综合保护体系，强化管理、保护与执行效能；完善水土保持与防护林建设，保障农田生态安全。优化耕地占补平衡机制，强化基本农田监管与补偿，引入社会监督。建立多元投入机制，结合政府、集体、企业及个人力量，明确责任与权益，实施考核奖惩制度，共同守护耕地红线，推动农业可持续发展。

三是建设田园综合体，保护耕地，提升农业能力，融合循环、创意农业与体验，构建现代农业链，融合休闲旅游；发挥集体组织作用，结合农耕文化与地方特色，保护田园生态；以循环农业理念建特色产业园，引入高新科技，推动农业转型，科技农业引领田园综合体发展。

4. 生态空间优化对策

一是实施国土空间生态修复，重构"三生"空间，优化生态功能，保障协调发展。强化生态空间保护与开发，提升生态空间品质，构建市域生态安全体系。

二是严格用途管制，增林护土，保护物种多样性，巩固生态功能。推进生态型农用地整治，融合生态景观与基础设施，整治村庄用地，促进自然与人文和谐。加强山地林地改造，治理水土流失，改善环境。针对特殊区域，实施防护林工程，恢复植被，保护水源，建立自然保护区。

三是控制农业面源污染，推进清洁循环工程，保障农产品生态安全。通过生态修复与保护，实现国土空间生态安全与可持续发展。

三、低碳消费

（一）低碳消费的内涵

消费者在选购和消费消费品的时候，考虑相关产品本身的能耗和污染性，在追求物美价廉商品的同时，追求商品本身节能环保的内容。低碳消费的对象是低碳最终产品与劳务，消费主体包括居民、企业和政府等。

低碳消费不仅是消费者为了生态环境保护应尽的责任，同时也对生产端提出了更高的要求，以此来倒逼供给侧转型。低碳消费的五个层次：低碳生存消费，满足人的正常生活需要的低碳产品与劳务的消费。该消费是任何动物都应有的消费，对人类而言，低碳生理消费是最基础的消费，包括衣、食、住、行等；低碳安全消费，消费者在保障安全水准稳步提高的前提下，进行的资源消耗低、能源利用效率高、碳排放量低的消费；低碳社交消费，绿色出行，公共设施和建筑突出功能性而非装饰性，消费品质量好且低碳等；低碳尊重消费，讲求低碳消费，是获得社会尊重的首要步骤（追求外在的社会认同）；低碳价值消费，讲求在实现自我价值实现过程中消费的低碳（构建内在的价值体系）。

（二）低碳视角下的消费演进规律

原始低碳消费，消费者的购买力有限，消费规模较小，消费层次较低，所使用的物品往往简单、粗糙。这种低碳行为并非出于环保意识，而是由于资源匮乏和生产力低下所迫。因此，原始低碳消费的本质并非真正的低碳消费，而是一种低水平的消费模式，甚至可以被视为反消费或去消费行为。

古典低碳消费，消费规模和层次有所提升，碳排放也随之增加。然而，当时的农业技术仍然依赖自然条件，人们无法摆脱"靠天吃饭"的局面。尽管如此，人们对自然规律的认识逐渐加深，对自然的尊重、顺应和保护态度也变得更为积极、主动，甚至成为一种自觉行为。这种消费模式虽然碳排放有所上升，但整体仍处于较低水平。

工业高碳消费，这种消费模式极大地刺激了市场需求，扩大了有效需求，推动了生产规模的扩张，解决了生产过剩的问题，也为社会创造了大量就业机会。然而，这种消费模式背后隐藏着巨大的环境代价。过度的资源消耗和碳排放对环境造成了严重破坏，反映出一种短视且不可持续的消费观念。

现代低碳消费，是一种全新的消费理念。它以不降低生活质量为前提，致力于实现二氧化碳的低排放和自然资源的低消耗。这种消费模式强调环保意识与生活质量的平衡，通过技术创新和消费观念的转变，推动社会向可持续发展的方向迈进。

（三）国外低碳消费实践

1. 欧盟

为消费品设置碳标签（Carbon Labelling），将产品的碳足迹以标签标示于商品，以便消费者容易辨别哪些产品碳足迹小，哪些碳足迹大，从而理性选购。低碳宣传让低碳消费渐成时尚，认为富裕阶层应当承担更多的低碳消费责任。

2. 日本

出台相关法律法规，如《循环型社会形成推进基本法》《绿色采购法》《家用电器回收法》《废弃物处理法》《新能源利用的措施法实施令》等。打造低碳政府形象，将新能源设备大量投入到公共设施中，为建筑物安装太阳能设备，选取节能环保车作为政府公务用车，将新能源技术应用在城市开发、道路修建及大型水利工程中。推行环保积分制度，对购买符合一定节能标准的商品的消费者返还"环保积分"，可用于兑换消费券。

3. 美国

出台限塑令，每使用一个纸袋需要向消费者收取 5 美分的费用。使用新能源，通过补贴及税收优惠等鼓励居民节约用电。通过制定清洁能源法案，将美国清洁能源使用与气候变化联系起来，鼓励更多地使用清洁能源，减少化石能源的使用。为了降低清洁能源生产成本，政府鼓励新能源技术研发与应用，加强对零排放和低排放技术的支持。建设零碳建筑，提出到 2030 年所有在美国的新建筑物实现碳中和。

4. "5S" 消费

简约性（Simplicity），自然、典雅、舒适、休闲、个性、简约而不简单的消费是以提高生活质量和节俭品位为重心，反对华丽包装和过度修饰的低碳消费。

耐久性（Sustained），一是强调商品的使用周期长或寿命的延长；二是强调对可回收、可重复、可循环利用的物品的消费。

共享性（Sharing），可以多人共用物品与劳务的消费，能极大地节约资源、减少温室气体排放。

无害性（Safe），不消费严重损害自然环境（"生产→运输→消费→废弃物处理"全过程）的产品，应多使用低碳标识产品、节能节水认证产品、环境标志产品等。

体恤性（Sympathetic），从生态伦理学角度，把人当作自然的一分子，把自然当成与人类相生相伴的伙伴，减少珍稀野生动物产品消费，生活中减少对花草树木损害，不盲目扩大居住面积以免破坏动物的栖息地的消费等。

（四）低碳消费激励

1. 个人可支配收入激励机制

要践行低碳生活难免会对原来的生活造成冲击，低碳产品虽好，价格也会相对上升，导致消费者的生活成本增加。国际经验显示，人均 GDP 超过 3 000 美元，消费将进入生态需求阶段，要增加城市居民低碳消费，必须提高消费者可支配收入水平。

2. 价格激励机制

降低产品价格举措，可刺激低碳消费，目前在价格激励方面还有很大的空间。一是要进一步扩大对消费品的激励；二是要积极寻求新的价格激励方式。《促进绿色消费实施方案》明确指出：加快形成简约适度、绿色低碳、文明健康的生活方式和消费模式，为推动高质量发展和创造高品质生活提供重要支撑。扩大绿色低碳产品供给和消费，完善有利于促进绿色消费的制度政策体系和体制机制，推进消费结构绿色转型升级。

3. 小足迹激励机制

制定缩小碳足迹激励机制，可以减少高碳消费，提高低碳消费份额。缩小碳足迹，意味着消费向低碳化转型。对于减少的碳足迹，可以折成现金，参与碳汇项目，用来植树；也可以通过名义奖励或物质奖励的方式激励居民低碳消费。

附：碳足迹核算机制（单位：kg）

衣：购买衣服 $=x$（件）$\times 6.4$；使用洗衣粉 $=x$（kg）$\times 0.72$。

食：吸烟 $=x$（包）$\times 0.02$；喝白酒 $=x$（kg）$\times 2$；喝啤酒 $=x$（瓶）$\times 0.3$；消费肉类 $=x$（kg）$\times 1.4$；消费粮食 $=x$（kg）$\times 0.94$。

住：用电 $=x$（kW/h）$\times 0.96$；使用煤气 $=x$（m^3）$\times 0.71$；使用天然气 $=x$（m^3）$\times 2.17$；燃煤 $=x$（t）$\times 1$ 973.98；集中取暖 $=x$（m^3）$\times 32.6$；装修用木材 $=x$（m^3）$\times 643$；装修用陶瓷 $=x$（m^3）$\times 15.4$；装修用钢材 $=x$（m^3）$\times 2.9$；装修用铝材 $=x$（m^3）$\times 24.7$。

行：乘坐飞机 $=x$（km）$\times 0.28$；乘坐火车 $=x$（km）$\times 0.01$；乘坐轮船 $=x$（km）$\times 0.01$；乘坐地铁 $=x$（站）$\times 0.002$；开低油耗车（<8 L/100 km）$=x$（km）$\times 0.156$；开中油耗车（8~12 L/100 km）$=x$（km）$\times 0.244$；开高油耗车（>12 L/100 km）$=x$（km）$\times 0.33$。

用：使用塑料袋 $=x$（个）$\times 0.000$ 1；使用纸制品 $=x$（个）$\times 3.5$；使用一次性筷子 $=x$（双）$\times 0.02$。

思考题

1. 如何理解生态民生观形成的时代背景？
2. 简述生态民生观的理论渊源有哪些？
3. 从哪些方面理解生态民生观的科学内涵？
4. 为什么说良好的生态环境是最公平、最普惠的民生福祉？
5. 环境治理包括哪些方面，它对于生态民生观的实施具有什么意义？
6. 什么是"三生空间"，具有什么功能？优化"三生空间"对策有哪些？
7. 请举例说明低碳消费及其特征，如何设计激励机制来促进低碳消费。

参考文献

[1] 习近平. 习近平谈治国理政：第三卷 [M]. 北京：外文出版社，2020.
[2] 习近平. 习近平谈治国理政：第二卷 [M]. 北京：外文出版社，2017.
[3] 习近平. 推动我国生态文明建设迈上新台阶 [J]. 求是，2019（3）：4-19.
[4] 习近平. 论坚持人与自然和谐共生 [M]. 北京：中央文献出版社，2022.
[5] 习近平. 习近平关于社会主义生态文明建设论述摘编 [M]. 北京：中央文献出版社，2017：4.
[6] 习近平. 决胜全面建成小康社会，夺取新时代中国特色社会主义伟大胜利 [M]. 北京：人民出版社，2017：24.
[7] 习近平. 共同构建地球生命共同体：开启人类高质量发展新征程 [N]. 人民日报，2021-10-13（01）.
[8] 习近平. 共谋绿色生活：共建美丽家园 [N]. 人民日报，2019-4-28（01）.
[9] 习近平. 携手构建合作共赢、公平合理的气候变化治理机制 [M]. 北京：人民出版社，2015：4-5.
[10] 习近平在气候雄心峰会上发表重要讲话 [N]. 人民日报，2020-12-13（01）.
[11] 习近平论卫生和健康工作（2016年）.
[12] 马克思恩格斯文集：第一卷 [M]. 北京：人民出版社，2009.
[13] 马克思恩格斯文集：第九卷 [M]. 北京：人民出版社，2009.
[14] 马克思恩格斯全集：第二十卷 [M]. 北京：人民出版社，1971.
[15] 中央文献编辑室. 习近平关于社会主义生态文明建设论述摘编 [M]. 北京：中央文献出版社，2017.
[16] 庄子. 庄子 [M]. 孙海通，译注. 北京：中华书局，2016.
[17] 孟子. 孟子 [M]. 金良年，译注. 北京：上海古籍出版社，1995.
[18] 孔子. 论语全集 [M]. 张铭一，注译. 北京：海潮出版社，2007.
[19] 管仲. 管子校注 [M]. 黎翔凤，撰. 梁运华，整理. 北京：中华书局，2004.
[20] 朱谦之. 老子校译 [M]. 北京：中华书局，1984.
[21] 余谋昌. 生态伦理学：从理论走向实践 [M]. 北京：首都师范大学出版社，1999.

[22] 焦循．孟子正义（《诸子集成》一）[M]．北京：中华书局，1954.

[23] 余谋昌．生态哲学 [M]．西安：陕西人民教育出版社，2000.

[24] 王雨辰．论西方绿色思潮的生态文明观 [J]．北京大学学报（哲学社会科学版），2016（4）：17-26.

[25] 王雨辰．习近平生态文明思想中的环境正义论与环境民生论及其价值 [J]．探索，2019（4）：42-48.

[26] 龙睿赞．中国特色社会主义生态文明思想研究 [M]．中国社会科学出版社，2017.

[27] GORZ A. Critique of Economic Reason[M]. London and New York: Verso, 1989: 5.

[28] 郭雅欣．习近平的生态民生观研究 [D]．重庆：重庆大学，2022.

[29] [美] 诺曼·迈尔斯．最终的安全—政治稳定的环境基础 [M]．王正平、金辉，译．上海：上海译文出版社，2001：19-20，27.

[30] 谢延洵．新时代中国共产党生态民生观研究 [D]．南昌：南昌大学，2023.

[31] 黄娟．习近平生态文明思想的生命健康维度 [J]．中国地质大学学报（社会科学版），2022，22（5）：9-17.

[32] 左玉辉．环境学．2版 [M]．北京：高等教育出版社，2012.

[33] 张柠．健康中国知识读本 [M]．北京：中国人事出版社，2017.

[34] 健康中国行动推进委员会办公室．健康中国行动文件汇编 [M]．北京：人民卫生出版社，2020.

[35] 何翔宇．市域"三生"空间划定与优化调控研究 [D]．北京：中国地质大学（北京），2020.

[36] 周毅，高芳，张静等．黄孝河、机场河水环境综合治理数字孪生平台的设计与开发 [J]．环境工程，2023，41（11）：104-109.

[37] 刘星华．浅谈耕地土壤重金属污染与治理思路 [J]．皮革制作与环保科技，2022，3（20）：114-116.

[38] 黄金川，林浩曦，漆潇潇．面向国土空间优化的三生空间研究进展 [J]．地理科学进展，2017，36（3）：378-391.

[39] 王明喜，胡毅，汪寿阳．双碳视阈下"绿色消费－低碳生产"互补模型研究 [J]．系统工程理论与实践，2024（6）：1-2.

[40] 罗志勇．习近平生态文明思想中的生态民生观 [J]．南京林业大学学报（人文社会科学版），2021，21（6）：35-45.

[41] 马金保．中国特色社会主义民生理论研究 [D]．西安：西北大学，2022.

[42] 姚修杰．习近平生态文明思想的理论内涵与时代价值 [J]．理论探讨，2020（2）：33-39.

[43] OTT J. Happiness as a standard: Review of the handbook on wellbeing, happiness and the environment [J]. J Happiness Stud, 2022, 23: 327-331.

[44] McKinsey. Pathways to a Low-Carbon Economy[R]. Mckinsey & Company, 2009.

[45] 王锋，葛星. 低碳转型冲击就业吗——来自低碳城市试点的经验证据 [J]. 中国工业经济，2022（5）：81-99.

[46] 卢风. 绿色发展与生态文明建设的关键和根本 [J]. 中国地质大学学报（社会科学版），2017（1）：1-9.

[47] 卢婧. 中国低碳城市建设的经济学探索 [D]. 长春：吉林大学，2013.

[48] 杨静，周钊宇. 马克思恩格斯民生思想及其在当代中国的运用发展 [J]. 马克思主义研究，2019（2）：61-71.

[49] 生态环境部. 关于发布《中国公民生态环境与健康素养》的公告 [EB/OL]. 生态环境部，2020-07-23.

第四章

生态优先、绿色发展

本章从生态文明建设核心要素、绿色发展基本原则两个方面界定了绿色发展的概念与内涵，深入分析了传统发展模式的问题以及绿色经济的发展机遇，由此探讨了绿色发展与经济转型的相互作用，从国际绿色发展的趋势与实践、各国绿色发展的政策和措施两个方面综述了绿色发展的全球视角。接着，从山区到沿海、从城市到乡村两个视角总结了我国生态优先的实践探索，并深入探讨了我国西南地区、东北老工业基地、京津冀、长江经济带、粤港澳大湾区等五个重点区域的绿色发展战略，分析跨区域生态补偿机制和绿色发展的国际合作。最后提出创新生态优先、绿色发展的实现机制，并展望了绿色发展的未来，提出面向未来的绿色倡议。

教学PPT

第一节
绿色发展关乎可持续发展全局

一、绿色发展的概念与内涵

（一）生态文明建设的核心要素

生态文明建设是指将可持续发展提升到绿色发展高度，为后人"乘凉"而"种树"。生态文明建设在社会发展的各个方面，融入生态文明的理念，旨在实现经济发展、环境保护和社会进步的协调统一。为了达到这一目标，生态文明建设包含了多个核心要素，主要包括资源的节约与循环利用、环境的保护与修复、生态的平衡与多样性保护等。

资源的节约与循环利用。资源节约是生态文明建设的首要前提和基础。它要求我们在经济和社会活动中，实现资源的最大化效率和最小化浪费。节约资源包括水、能源、土地、材料等所有自然和人工资源。实现资源节约的策略包括提高资源利用效率、推广资源循环利用技术和优化资源配置。循环利用，又称为循环经济，是指在生产、流通和消费过程中，尽可能长时间地使用资源，通过再使用、再加工、回收和再制造等措施，形成闭环的物质流。例如，废旧塑料可以回收再利用制造新的塑料产品，废弃的电子产品可以拆解回收其中的贵重金属和稀有材料。

环境的保护与修复。环境保护是实现生态文明的重要环节，涉及空气、水、土壤的质量保护，以及对自然生态系统的保护。环境保护的目标是减少污染和其他人类活动对环境的负面影响，确保自然资源得到可持续利用。环境修复则是对已经遭受破坏的环境进行恢复，包括但不限于治理污染土地、恢复矿区生态、治理水体富营养化等。例如，采取生态修复技术恢复破坏的湿地，不仅能改善水质和增强生态系统的服务功能，同时也能提升生物多样性。

生态的平衡与多样性保护。生态平衡是指在一定区域内，生物群落与其生存环境保持相对稳定的动态平衡状态。保持生态平衡对于维护生物多样性、保证生态系统服务和防止自然灾害等具有重要意义。生物多样性保护不仅关乎物种的保护，还包括其生存的生态系统和自然习性的保护。生物多样性的丰富是地球生命力的重要标志，对维护生态系统的健康和功能至关重要。实施生物多样性保护的措施包括设立自然保护区、实施物种恢复计划和采取法律措施保护濒危物种。

（二）绿色发展的基本原则

绿色发展作为实现可持续发展的关键途径，要求在经济活动中同时考虑环境保护和社会进步。为了有效地推进绿色发展，须遵循的四大基本原则：可持续性、公平性、包容性和生态优先。这些原则不仅指导政策制定和企业行为，也影响个人的生活方式和消费模式。

可持续性是绿色发展的核心原则，要求当前的发展需求不应损害未来环境和利益来满足自身需求的能力。这意味着经济活动必须在自然资源的承载能力范围内进行，确保自然资源的长期稳定供应。可持续性原则不仅涉及环境保护，也包括经济效益和社会福祉的长远考量。实现可持续性的策略包括发展循环经济、推广绿色技术和产品、实施全面的环境影响评估等。政府可以通过制定严格的环境标准和推动绿色税制，激励企业和个人采取环保行动。此外，加强对可再生能源如太阳能和风能的投资，可以减少对化石燃料的依赖，降低环境污染，促进能源的可持续利用。

公平性原则强调绿色发展过程中资源和环境红利应公平分配，确保不同社会群体、地区和国家之间的公正。这包括解决由于环境问题而引起的不平等，如贫困地区更容易受到环境退化的影响。为了体现公平性，政策制定者需考虑到边缘群体和弱势群体的特殊需求，确保环境改善措施惠及所有社会成员。例如，政府可以提供财政补贴和技术支持，帮助低收入家庭安装太阳能板，降低能源费用，同时减少碳排放。

包容性原则要求绿色发展策略能广泛覆盖利益所有人，这意味着在推动绿色发展时，应充分听取并整合各方声音，尤其是直接受到环境变化影响的社区和群体。例如，政府在规划新的公园或保护区时，应通过社区会议和公开咨询活动，收集当地居民的意见和建议。这样的参与机制不仅能增加项目的透明度和公信力，还能确保政策更贴合地方需求，提高绿色发展项目的接受度和成功率。

生态优先原则认为，在所有发展决策中，生态考量应占有重要地位。这意味着在经济发展的每一个决策中，都应优先考虑生态系统的健康和完整性。通过实施这一原则，可以确保在追求经济增长的同时，不会牺牲环境质量。实施生态优先的具体措施包括加强生态系统服务的评估、保护关键生态区域、限制对生态敏感区域的商业开发等。

政府和企业应采用环境友好型设计和建设标准，减少对生态系统的破坏。

二、绿色发展与经济转型的相互作用

（一）传统发展模式的问题

传统发展模式，通常被称为"棕色发展"，长期以来一直是许多国家推动经济增长的主要途径。这种模式主要依赖于大规模工业化、高消耗和高排放的行业发展，以及对自然资源的无节制开采。虽然这种发展模式在短期内带来了经济的快速增长，但其长远影响已经开始显现，同时给环境和社会带来了一系列严重问题。

环境破坏是传统发展模式最直接也是最严重的问题之一。过度开采自然资源如矿产、森林、水资源等，导致生态环境的急剧退化。例如，过度的森林砍伐不仅导致生物多样性的丧失，还增加了土壤侵蚀和碳排放，进而加剧了全球气候变化。此外，工业化进程中产生的大量废水、废气和固体废物，未经处理或处理不当时，会严重污染空气、水体和土壤，进而影响人类健康和生态系统的稳定。

其次是资源枯竭，传统发展模式下的资源利用往往是线性的，"取-用-弃"模式导致了大量资源的一次性使用和浪费。如今，许多关键资源面临枯竭的威胁，如化石燃料和某些金属矿产。资源的过度开采和浪费不仅加剧了资源短缺的矛盾，也引发了全球范围内的经济和政治争端。

并且，传统发展模式会造成经济的不可持续性。长期依赖高碳、高能耗的经济增长模式，使得许多经济体面临转型的压力。随着全球对气候变化的关注增加和环保法规的严格，传统产业如煤炭、石油和重工业面临越来越多的限制和挑战。如果不能及时转型至更清洁、更高效的生产方式，这些产业和依赖它们的经济将面临衰退的风险。在快速的工业化进程中，许多国家的政策和技术更新未能跟上环境保护的需求。环保技术的研发和推广速度滞后于工业扩张的速度，导致环境治理和污染控制的不足。此外，缺乏有效的环境政策和执行力，加剧了环境破坏和资源浪费。

传统发展模式的问题不仅影响单个国家，也对全球环境和经济产生了影响。例如，碳排放和气候变化是全球性问题，需要国际社会共同应对。此外，资源的过度开采引起的全球资源紧张，可能导致国际冲突和贸易战，影响全球经济稳定。

总体来说，传统发展模式虽然在过去某个时期内支撑了全球经济的快速增长，但其带来的环境破坏、资源枯竭和经济的不可持续等问题，已经越来越受到全球关注。绿色转型发展不仅是环境的需要，也是全球经济和社会长远稳定的必然选择。

（二）绿色经济的发展机遇

随着全球对传统发展模式弊端认识的加深，绿色经济的概念逐渐成为国际社会关注的焦点。绿色经济指的是在保护环境质量和生态系统的前提下，实现经济增长和改善人类福祉的经济活动。这种经济模式不仅应对了传统发展模式中的问题，还为各国经济带来了新的增长机会。

首先是能源转型的经济潜力。能源产业是实现绿色经济转型的关键领域。随着可再生能源技术的成熟和成本的降低，太阳能、风能、生物能等可再生能源正在逐渐取代传统的化石能源。对新能源的利用不仅减少了对环境的污染和温室气体的排放，还带来了大量的就业和投资机会。根据国际可再生能源机构（IRENA）的报告，到 2050 年，全球可再生能源行业有望创造多达 4 200 万个就业机会。此外，投资可再生能源项目通常可以带来较高的经济回报和长期的稳定收入，吸引了越来越多的私人和公共资本投入。

其次是绿色技术创新与产业升级。绿色技术的发展和应用是推动绿色经济增长的另一个重要方面，环保技术、清洁生产技术、废物回收利用等技术，不仅有助于减少环境污染和资源消耗，也推动了新兴产业的发展。例如，电动汽车市场的快速扩张，不仅减少了交通领域的碳排放，还催生了一系列相关产业，如高性能电池制造、充电设施建设等。此外，绿色建筑的推广为建筑材料、设计、工程服务等领域带来了新的发展机遇。

再次，绿色经济同样会增加生态服务与自然资本的价值。生态系统服务，如空气和水的净化、碳捕获、土壤保持等，对经济活动至关重要。随着全球对生态服务价值认识的提升，保护和恢复生态系统已成为一项重要的经济活动。例如，通过实施红线政策保护重要的自然生态系统，不仅维护了生物多样性，也为旅游、休闲和教育等产业创造了价值。此外，碳交易市场的发展为森林保护等生态项目提供了经济激励，同时也为投资者提供了新的投资渠道。

然后，绿色发展也支撑了绿色金融的兴起。为了支持绿色经济的发展，绿色金融体系正在逐步建立和完善。绿色金融包括绿色债券、绿色基金、绿色银行贷款等金融产品，旨在为环境友好型项目和公司提供资金支持。全球绿色债券市场的快速增长，证明了市场对可持续投资的高度需求。金融创新不仅促进了环境项目的实施，也为金融市场带来了新的增长点。

最后，绿色发展也为全球合作提供市场机遇。随着全球对气候变化和可持续发展目标的关注，国际合作在绿色经济领域变得日益重要。多边机构和国家政府通过各种国际协议和合作项目，推动了绿色技术和经验的交流，不仅加速了绿色解决方案的全球普及，也为企业提供了进入新市场的机会。

三、绿色发展的全球视角

（一）国际绿色发展的趋势与实践

随着全球气候变化问题的日益严峻和环境保护意识的提高，国际绿色发展的趋势在不断加强。多个国家和地区已经开始实施一系列政策和措施，以推动经济和社会发展向更加可持续、环保的方向转变。这些努力涵盖了从能源生产和消费转型、发展绿色技术和产业、到建立绿色金融和市场机制等多个层面。

欧盟一直是全球绿色发展的领导者之一，其推出的欧洲绿色协议（European Green Deal）是一个全面的政策框架，旨在将欧洲转变成第一个气候中性大陆。欧洲绿色协议涵盖了碳排放交易系统的改革、可再生能源的大规模推广、交通和基础设施的绿色转型、生物多样性的保护等多个方面。例如，欧盟计划到 2050 年实现碳中和，要求成员国大幅度减少温室气体排放，并在能源、工业和交通等重要领域推行环保技术和解决方案。

美国在绿色发展方面经历了政策的波动，但近年来重新确立了对绿色经济的承诺。特别是在新政府的推动下，通过大规模的基础设施计划和联邦政策支持，重点推广了清洁能源项目和电动车的普及。美国的绿色发展还包括恢复和加强环保法规、扩大国家公园和自然保护区的范围，以及推动环保科技的研发和商业化。

中国将生态文明建设定为国家发展的重要战略，推出了一系列政策来实现绿色低碳发展。这包括加强污染防治、推广绿色建筑和低碳城市，以及扩大绿色交通系统。中国政府还积极发展绿色金融市场，推动绿色债券和绿色银行业务的发展，为环保项目提供资金支持。此外，中国在全球绿色能源投资和技术出口方面扮演着越来越重要的角色。

印度作为一个发展中大国，面临着巨大的环境挑战和发展需求。印度政府推出了国家太阳能计划、风能发展项目等一系列可再生能源发展计划。通过这些措施，印度不仅在减少依赖传统化石燃料方面取得了进展，还在国际市场中为自己的可再生能源技术找到了出口机会。

除了国家层面的努力，国际合作也是推动绿色发展的关键。联合国可持续发展目标（SDGs）提供了全球合作的框架，特别是在可持续城市、负责任消费和生产、气候行动等领域。多边机构如世界银行和国际货币基金组织也提供了金融和技术支持，帮助发展中国家实现绿色转型。

综上，国际绿色发展的趋势表明，越来越多的国家和地区正在认识到可持续发展的重要性，并采取实际行动来改变传统的发展模式。这些行动不仅是对环境和气候变化的直接回应，也是对经济和社会长远健康发展的投资。通过这些努力，全球社会正逐步向更加绿色、更加可持续的未来迈进。

（二）各国绿色发展的政策和措施

随着全球环境问题的加剧，越来越多的国家开始实施一系列绿色政策和措施，以促进经济、社会和环境的可持续发展。这些政策和措施涵盖了从能源、交通到农业和工业的多个领域，体现了不同国家在资源、环境和发展阶段上的多样性和特色。

德国的能源转型政策是其绿色发展战略的核心，旨在到 2050 年将可再生能源的比例提高到 80% 以上。德国政府通过提供税收优惠、财政补贴和研发资金支持，鼓励可再生能源技术的发展和应用。此外，德国还实施了严格的能效标准和环保法规，推动建筑和交通领域的绿色转型。

日本政府在 2020 年底发布了"绿色增长战略"，以支持国家到 2050 年实现碳中和目标。该战略强调了 14 个优先领域，包括可再生能源、电动汽车、下一代太阳能技术和碳回收利用技术等。日本政府承诺通过财政投资、税收优惠和市场创建措施，来促进这些领域的创新和成长。

加拿大实施了全国性的碳定价政策，以减少温室气体排放并推动经济向低碳方向转型。该政策包括碳税和碳排放交易系统，为排放温室气体的企业设定成本，激励企业减少碳排放。政府将碳税收入用于投资可再生能源项目、提高能效和支持家庭及企业的绿色转型。

巴西作为拥有全球最大雨林的国家之一，其绿色发展政策重点关注森林保护和可持续土地利用。巴西政府采取了一系列措施，包括法律保护、监管加强和与国际组织合作，以防止森林砍伐和土地退化。此外，巴西还推广生物经济模式，利用生物多样性创造经济价值，同时保护自然资源。

南非政府推出绿色经济计划，目标是通过支持可持续项目和技术来创造就业并促进经济增长。该计划涵盖了能源、水资源管理、废物管理和生物多样性保护等领域。政府通过提供资金支持和建立合作平台，鼓励私营部门和社会企业参与绿色项目。

中国是全球电动车使用率最高的国家之一，这得益于其一系列鼓励政策。中国政府实施了多项政策来推广新能源汽车（NEV），包括购车补贴、减免车辆购置税、建设充电基础设施等，显著降低了电动车的使用成本。这些政策已经有效地推动了新能源汽车的销售和使用，减少了交通领域的碳排放，促进了汽车产业的绿色转型。

总体来看，各国根据自身的经济结构、资源状况和环境挑战，设计并实施了多样化的绿色发展政策和措施，展示了国际社会在推进可持续发展方面的决心和创新，为全球绿色转型提供了宝贵的经验和启示。通过持续的政策创新和国际合作，全球绿色发展的趋势将继续向前推进。

第二节
推动重点区域生态优先、绿色发展

一、生态优先的实践探索

（一）从山区到沿海，注重生态保护与修复

习近平总书记多次强调，"生态兴则文明兴，生态衰则文明衰"。"人的命脉在田，田的命脉在水，水的命脉在山，山的命脉在土，土的命脉在林和草"。习近平总书记从生态文明建设整体视野提出"山水林田湖草沙是生命共同体"的重要论断。

在全国生态调查的基础上，我国制定了全国生态功能区划，将全国生态功能区划分为三个等级，如表4-1所示。根据生态系统的自然属性和所具有的主导服务功能类型，将全国划分为生态调节、产品提供与人居保障三类生态功能一级区。在生态功能一级区的基础上，依据生态功能重要性划分生态功能二级区。生态功能三级区是在二级区的基础上，按照生态系统与生态功能的空间特征、地形差异、土地利用的组合来划分生态功能三级区。

党的十九大报告明确提出要"实施重要生态系统保护和修复重大工程"，党的二十大报告进一步强调要"加快实施重要生态系统保护和修复重大工程"。2020年6月，国

表 4-1　全国生态功能区划体系

生态功能一级区	生态功能二级区	生态功能三级区举例
生态调节	水源涵养	大兴安岭北部落叶松林水源涵养
	防风固沙	呼伦贝尔典型草原防风固沙
	土壤保持	黄土高原西部土壤保持
	生物多样性保护	三江平原湿地生物多样性保护
	洪水调蓄	洞庭湖湿地洪水调蓄
产品提供	农产品提供	三江平原农业生产
	林产品提供	大兴安岭林区林产品
人居保障	大都市群	长三角大都市群
	重点城镇群	武汉城镇群

资料来源：《全国生态功能区划》

家发展改革委、自然资源部会同有关部门，共同研究编制了《全国重要生态系统保护和修复重大工程总体规划（2021—2035 年）》。

我国地形和海域的多样性造就了复杂多变的自然生态，其中包括茂盛的森林、广阔的草原、浩瀚的沙漠、湿润的湿地、众多的河湖以及深邃的海洋，这些共同构成了我国丰富的多样性。目前，整体来看，我国的生态环境趋于稳定并且正在改善，自然生态系统的恶化已经得到有效的抑制，生态稳定性正在逐步提升。重点生态工程区域的生态状况持续得到改善，国家关键生态功能区的服务功能也在不断上升，国家生态安全的基本架构已经初步形成。森林资源正在稳定增长，草原生态状况得到了改善，水土流失与沙漠化的控制效果日益明显，河湖和湿地的保护与修复项目也逐渐展现出其积极影响。同时，海洋生态的保护和修复工作也取得了明显的成果，生物多样性保护的进程也在不断加速。

尽管如此，我国自然生态系统的稳定性和恢复力仍受到考验，其承受力相对脆弱。虽然经济发展对生态的冲击已有减小，但仍有部分地区在推进发展的同时忽视了生态保护的重要性，从而使得生态与经济的冲突日益激烈。同时，在推进有关重点生态工程建设中，山水林田湖草沙系统治理的理念落实还不到位，也影响了治理工程整体效益的发挥。生态系统质量功能问题突出，生态保护压力依然较大，生态保护和修复系统性不足，水资源保障面临挑战，多元化投入机制尚未建立，科技支撑能力不强[1]。

我国正处在生态文明建设的紧要关头，既要应对各种挑战，也要努力提供高品质的生态产品，以满足人民对良好生态环境的渴望。随着生活水平的提升，公众对环境保护的关注日益增加，参与生态建设的积极性不断高涨，这为生态保护和修复工作创造了积极的社会环境。生态保护和修复是一个涉及全局、系统化、复杂且需长期执行的任务，我们必须跟上时代的步伐，把握历史赋予的机遇，全面规划和积极推动全国范围内的关键生态系统保护工作和修复工程。我们致力于加强国家生态安全屏障和重要生态系统的保护与修复，为基本实现社会主义现代化和建设美丽中国目标奠定坚实的生态基础。

专栏 4-1　河南小秦岭国家级自然保护区栖息地生态修复

河南小秦岭国家级自然保护区位于我国秦岭最东端，地处河南省三门峡市灵宝市境内，总面积 15 160 公顷，是我国野生动植物基因库，也是黄河中游地区重要的生态屏障。

河南小秦岭地区是我国著名的黄金产地，五十多年的黄金开采一度对自然保护区的生态环境造成严重破坏。经过强力整治和生态修复，自然保护区涅槃重生，重新回归山清水秀景美的自然环境。河南小秦岭国家级自然保护区内五条黄河一级支流由原来的污浊不堪变得清澈见底，水质常年稳定在国家地表水Ⅱ类标准以上，2 200 多亩满目疮痍的矿山渣坡变成了草木繁盛、郁郁葱葱的林地。自然保护区空气质量明显改善，负氧离子含量最高达到 49 890 个/cm³，为联合国卫生组织空气质量一级（2 100 个/cm³）标准的 24 倍。

2019 年，河南小秦岭国家级自然保护区被国家林草局授予"保护森林和野生动植物资源先进集体"；2021 年，"小秦岭保护区矿山环境生态修复治理实践"作为全国 18 个典型案例之一在联合国《生物多样性公约》缔约方大会上发布，2022 年，被全国绿化委、人力资源社会保障部、国家林草局评为"全国绿化先进集体"。

资料来源：生态环境部自然生态保护司网站，2022 年 12 月 18 日

1　国家发展改革委　自然资源部关于印发《全国重要生态系统保护和修复重大工程总体规划（2021—2035年）》的通知》（发改农经〔2020〕837号），2020 年 6 月 3 日。

（二）从城市到乡村，探索绿色发展新路径

2005年8月，时任浙江省委书记的习近平同志在安吉调研时，首次提出了"绿水青山就是金山银山"的科学论断。30多年前，时任宁德地委书记的习近平同志先后三次到周宁县黄振芳家庭林场调研，提出"森林是水库、钱库、粮库"的"三库"绿色生态理念。2022年3月30日，习近平总书记在参加首都义务植树活动时又指出，"森林是水库、钱库、粮库，现在应该再加上一个'碳库'。"

绿色发展战略契合全球发展大势，城乡发展作为推进绿色进程、塑造美丽中国的关键环节，正发挥着至关重要的作用。自党的十八大以来，中国的居民生活环境不断得到改善，居住质量有了明显的提升。但是，也存在一些亟待解决的问题，比如规划缺乏整体性、建设缺乏系统性、居住环境还需更加宜居、社会还需展现更大的包容性等。此外，我们尚未完全摆脱以大量建设、消耗和排放为特征的传统发展模式，绿色、可持续的发展道路仍需持续推进。

2021年，中共中央办公厅、国务院办公厅印发了《关于推动城乡建设绿色发展的意见》，提出总体目标为"到2035年，城乡建设全面实现绿色发展，碳减排水平快速提升，城市和乡村品质全面提升，人居环境更加美好，城乡建设领域治理体系和治理能力基本实现现代化，美丽中国建设目标基本实现。"[1]

为了实现这一目标，需要推进城乡建设一体化发展，促进区域和城市群绿色发展，建设人与自然和谐共生的美丽城市，打造绿色生态宜居的美丽乡村，提高城乡基础设施体系化水平，加强城乡历史文化保护传承，统筹城乡规划建设管理，建立城市体检评估制度，加大科技创新力度，推动城市智慧化建设，推动美好环境共建共治共享。

二、重点区域的绿色发展战略

（一）西南地区的水土保持与生物多样性

水是生命的根本，土壤是生存的基础，这两个要素是人类生存和发展的支柱，扮演着至关重要的角色。水土流失的治理对于改善国土状况、调节水系、减少洪涝、干旱和泥石流等自然灾害、保持生态平衡、推动生态农业发展以及改善居住环境至关重要，同时也能最大限度地发挥水土资源在生态、经济和社会方面的效益。

---

1 中共中央办公厅、国务院办公厅：《关于推动城乡建设绿色发展的意见》，2021年.

党中央、国务院对水土保持工作给予了极高的关注，并将其作为一项持续的国家战略。自新中国成立后，党组织引领民众开展了广泛的山区和水域的治理活动。1991年，我国颁布了《中华人民共和国水土保持法》，随后在 2010 年对其进行了修订，2015 年国务院批复了《全国水土保持规划（2015—2030 年）》。如今，水土保持工作已经形成了一个包含法律法规、规划和政策标准体系的框架，并探索出了一条符合中国特点的水土流失综合防治之路。

在党中央的坚定领导下，西南地区把水土保持作为推动经济社会发展的一项核心工作，广泛鼓励并积极组织民众积极参与到防止水土流失的行动中，一大批水土流失综合防治工程得以实施，"长江上游水土流失重点防治工程"（俗称"长治"）"珠江上游南北盘江石灰岩地区水土保持综合治理工程"（俗称"珠治"）"小流域综合治理""农业综合开发项目""坡耕地治理"。

生物多样性的存续对于人类的生存和发展至关重要，它构成了地球生命共同体的核心和灵魂。中国政府对生物多样性保护的重视由来已久，自 1992 年加入《生物多样性公约》起，便积极承担起履行公约的责任和国际义务，制定了《生物多样性保护战略与行动计划》。

2023 年，国际生物多样性日在中国昆明举行。这不仅彰显了我国西南地区在推进生态文明建设和生物多样性保护方面的成就，也向全球展示了西南地区在生物多样性领域的显著地位和贡献。西南地区在生物多样性保护方面做出了众多创新性贡献。其中，云南不仅是中国生物多样性最为丰富的省份，而且是最早制定并实施《生物多样性保护战略与行动计划》的省份，也是全国首个颁布生物多样性保护地方性法规——《云南生物多样性保护条例》的省份。在保护实践方面，云南构建了以自然保护区为核心的保护地系统，包括森林公园、湿地公园、草原公园和风景名胜区等多种类型。在自然保护地类型方面，云南最为齐全，尤其是在 21 世纪初，云南在中国大陆创建了第一个国家公园。

（二）东北老工业基地的绿色转型

党中央、国务院对东北地区发展历来高度重视，实施东北地区等老工业基地振兴战略，是党中央、国务院作出的重大决策。作为中国老工业基地，历史上东北地区却因严重的环境污染问题而备受瞩目，长期被贴上了"黑色"的标签。但是，自十八大以来，东北地区表现出了坚定的决心和强劲的改革力度，对环境污染现象进行了整治，生态环境因此持续得到改善。东北地区的产业发展模式逐步从以往的高消耗、低效益转变为低消耗、高效益的集约型模式，能源结构也在向清洁能源和低碳方向转变，对生态环境的保护意识也由单纯的经济开发转向了生态与经济的协调发展。东北地区深入理解和贯彻了党的二十大精神，全面推进产业结构的战略性调整、环境污染的系统治理、生态环境的保护以及积极应对气候变化的各项工作。

党的二十大报告指出，要加快发展方式绿色转型。推动经济社会发展绿色化、低碳化是实现高质量发展的关键环节。在东北老工业基地，一场产业革命正加速推进，推动实体制造业从传统机械加工迈向自动化生产线，进而迈向"绿电""零碳"智能工厂，实现转型升级与绿色发展。东北地区依托丰富的风光资源以及盐碱地、河滩地等未利用土地，大力发展新能源产业，促进风能和太阳能的规模化开发与高效利用，全力打造国家级清洁能源生产基地，并实施"陆上风光三峡"计划。在生物质能领域，东北地区鼓励多样化发展，涵盖生物质发电、清洁供暖和生物天然气等。在新能源产业链延伸方面，东北地区基于现有发电基础，计划利用风能、光能等清洁能源制氢，建设"绿电"产业园区。同时，该地区正在制定氢能产业发展规划，有序推进"北方氢谷"和"长春－松原－白城"氢能走廊建设，推动氢能在制备、储存、输送、应用等环节的全链条发展。此外，东北地区加速构建新型电力系统，打造涵盖技术研发、装备制造、资源开发和应用服务的完整储能产业链，推动储能设施建设。该地区还加快东部"山水蓄能三峡"工程的实施，打造千万千瓦级东北应急调峰调频保障基地。

绿色低碳发展的思路已经在东北大地扎根，东北地区促进了生态环境的保护、绿色产业的兴办和绿色环境的营造，为经济的稳定与复苏开辟了新径。东北老工业基地的转型因此迎来了一道绿色的风景线。东北的重点国有林区已经禁止商业性采伐，使得长白林海多年来的电锯噪音得以平息，采伐活动的终止催生了一系列绿色创业行动，包括对森林的系统保育、林下经济的探索和生态旅游的促进。吉林省等省份积极推动冰雪资源的生态价值实现，坚持在冰雪产业的发展过程中保护生态环境，根据生态安全红线优化产业布局，使得被誉为"无烟产业"的旅游产业迎来了快速成长。吉林省十三届人大常委会第二十九次会议通过了设立"吉林生态日"的决定，将每年的9月26日定为"吉林生态日"，以此不断强化绿色发展的理念。

伴随着东北老工业基地的转型与振兴的步伐加快，东北三省正满怀信心地迎接未来，演绎着"绿水青山就是金山银山"和"冰天雪地也是金山银山"的绿色发展战略。东北通过积极推动生态工业、生态旅游、生态农业的发展，开辟出一条通往绿色发展、高质量发展的康庄大道。

（三）京津冀协同发展中的绿色发展

京津冀协同发展是党中央作出的一项重大战略决策。2014年2月26日，习近平总书记在北京主持召开座谈会，听取了京津冀协同发展工作汇报。"京津冀如同一朵花上的花瓣，瓣瓣不同，却瓣瓣同心。"习近平总书记的话语重心长。中共中央政治局2015年4月30日召开会议，审议通过《京津冀协同发展规划纲要》。这个顶层设计开启了三地功能互补、错位发展、相辅相成的新征程。

得益于协同发展战略的推进，京津冀地区的合作与交流不断深化。近年来，区域内陆续实施了"京津冀协同发展生态环境保护率先突破合作框架协议"和"十四五时期京津冀生态环境联建联防联治框架协议"，为生态环境治理提供了坚实的政策基础。在此基础上，京津冀三地联合强化了多项生态环境协同工作机制，涵盖大气污染联防联控、重点流域联保联治、信息共享、执法联动、突发水环境事件联合应急演练、环评会商、信访举报和生态环境损害赔偿等。2024年，三地进一步完善了生态环境执法联动机制，围绕大气、水、固体废物等领域开展联合执法行动。2025年，京津冀生态协同重点从八方面发力：深入落实生态协同机制，推动"十四五"时期框架协议圆满收官；加强大气污染联防联控，深挖减排潜力；推进水环境联保共治，落实上下游横向生态保护补偿协议；推动绿色低碳发展；加强"两翼"生态环境建设；推进绿色屏障建设；做好森林草原防火防虫工作；深化林草重点领域联动发展。此外，京津冀生态协同专题工作组持续推动区域生态环境系统治理，统筹山水林田湖草沙一体化保护，生态环境、水务、园林绿化等部门携手联动，形成"大环保"治理格局。

京津冀地区通过深化合作，持续推动能源、产业和交通等关键领域的转型升级。三地协同颁布并落实了《机动车和非道路移动机械排放污染防治条例》，为移动源污染治理提供了坚实的法律保障。在大气污染防治方面，京津冀实施了联防联控机制，重点强化秋冬季污染治理，并通过信息共享机制实时监控空气质量。此外，津冀交界地区的街镇还建立了露天焚烧火情的联动响应机制，进一步提升了区域协同应对重污染事件的能力。在能源转型方面，京津冀出台多项政策支持绿色能源发展，加速可再生能源的广泛应用，同时稳定石油和天然气的生产规模，并推进煤炭的绿色开采，显著增强了区域清洁能源的供应能力。在水环境治理领域，京津冀签订了官厅水库、密云水库和于桥水库的横向生态保护补偿协议，完成了流域内重点河流排污口的排查与溯源，并对洋河、桑干河、永定河山峡段等河道实施了综合治理，同时加强了中亭河、蓟运河流域的保护与修复措施。

自京津冀协同发展战略启动以来，该地区的环境状况经历了巨大转变，由过去的空气污染突出变为现在的空气质量提升，三地的生态质量显著提升，成果让人喜悦，成就激发人心，成为绿色发展的榜样。在过去十多年的时间里，京津冀成功创建了多个国家生态文明建设示范区及"绿水青山就是金山银山"的实践创新基地，逐渐打造出了一个"绿林满溢、湿地环抱、碧海相拥"的生态格局，为建立绿色城市群提供了宝贵的经验，也为建设美丽中国树立了示范。

（四）长江经济带生态优先、绿色发展

长江被尊称为我们的母亲河，以其丰富多彩的生物种类和宝贵的生态资源著称。长江经济带是我国经济增长的核心区域之一，为国家经济总量的增长贡献了约一半的力量，在中国经济版图中占据着极其重要的位置，并显示出其强劲的发展势头和显著的优势。2016年1月5日，在重庆召开的推动长江经济带发展座谈会上，习近平总书记明确提出"共抓大保护，不搞大开发"，强调"推动长江经济带发展必须从中华民族长远利益考虑，走生态优先、绿色发展之路，使绿水青山产生巨大生态效益、经济效益、社会效益，使母亲河永葆生机活力"。

2023年10月12日，习近平在江西省南昌市主持召开进一步推动长江经济带高质量发展座谈会并发表重要讲话。他强调，要完整、准确、全面贯彻新发展理念，坚持共抓大保护、不搞大开发，坚持生态优先、绿色发展，以科技创新为引领，统筹推进生态环境保护和经济社会发展，加强政策协同和工作协同，谋长远之势、行长久之策、建久安之基，进一步推动长江经济带高质量发展，更好支撑和服务中国式现代化。中共中央政治局2023年11月27日召开会议，审议《关于进一步推动长江经济带高质量发展若干政策措施的意见》。会议指出，推动长江经济带高质量发展，根本上依赖于长江流域高质量的生态环境。要在高水平保护上下更大功夫，守住管住生态红线，协同推进降碳、减污、扩绿、增长。

沿江各省区坚决贯彻党中央的决策和安排，在长江流域的生态环境保护与修复方面实现了重要进展，促进了经济社会的绿色转型，推动了长江经济带的显著转变和发展。湖北洪湖，被誉为鱼米之乡，曾经却因大规模围网养殖遭受了生态破坏，湖面被渔网重重覆盖，生态环境严重受损。通过一系列的治理行动，之前的围网区域逐渐恢复了湖面，渔民们成为湿地的守护者，国家重点保护植物野莲的种植面积已经扩大到超过4万亩。湖北宜昌，曾以磷化工产业著称，但也带来了生态环境的持续恶化。宜昌市做出了果断的决定——自2017年起，对市内的化工企业进行关闭、改造、搬迁、整治和绿

化，同时通过建设精细磷化中心，推进化工产业向新能源电池材料产业的转型。重庆，多家新能源整车企业在多技术路线上进行全面布局，涵盖了纯电动、插电式、换电式、增程式和氢燃料等多个领域，新兴品牌正在快速崭露头角，智能网联新能源汽车产业集群逐步形成。

众多山水林田湖草沙的一体化保护与修复项目已启动，针对野生动植物保护及自然保护区建设的生态工程也正在进行，出台了长江保护法，实施长江流域"十年禁渔"，一场又一场旨在改善长江生态环境的战斗正在逐步展开。长江流域再次呈现出了"一江碧水向东流"的壮丽景色，这为长江经济带的高质量发展奠定了坚实的生态基础。秉承生态优先和绿色发展的理念，确保长江两岸的自然资源，能够持续释放出更大的生态、经济和社会效益，让后代能够继续享有长江带来的福祉。

（五）粤港澳大湾区绿色低碳发展

推进粤港澳大湾区建设，是以习近平同志为核心的党中央作出的重大决策，也是推动"一国两制"事业发展的新实践。2019 年 2 月，中共中央、国务院印发《粤港澳大湾区发展规划纲要》。

《粤港澳大湾区发展规划纲要》指出，要绿色发展，保护生态。其发展目标是，到2035 年，资源节约集约利用水平显著提高，生态环境得到有效保护，宜居宜业宜游的国际一流湾区全面建成 [1]。点"绿"成金，逐"绿"而行，向"绿"而兴。粤港澳大湾区正积极推进一条符合本地实际的绿色和低碳发展之路，正在有计划地发展绿色政策体系、绿色技术创新和绿色金融以实现碳中和的宏伟目标。为促进大湾区的绿色发展，广东省政府推出了多项政策，例如《广东省制造业数字化转型实施方案及若干政策措施》《广东省数字经济促进条例》，这些政策为能源、制造和交通等行业的绿色发展提供了明确的方向。2022 年 9 月，广州市出台了《关于金融支持企业碳账户体系建设的指导意见》，旨在推广企业碳账户系统。目前，大湾区内九个内地城市均已获得"国家森林城市"的荣誉，而深圳更是被联合国教科文组织认定为中国的首个、全球第六个"设计之都"。

粤港澳大湾区在 2003 至 2005 年间联合建立了中国首个遵循国际规范的区域空气质量自动监测网络——"粤港珠三角空气自动监控网"，部署了 16 个监测站。2014 年 9月，该网络得到进一步优化，粤港两地环保部门联同澳门特别行政区的环保和气象部门

1　　中共中央 国务院印发《粤港澳大湾区发展规划纲要》，2019 年.

将其升级，扩展监测区域至粤港澳全境，并将监测站数量提升至 23 个，网络名称亦更改为"粤港澳珠江三角洲区域空气监测网络"。在大湾区内，各城市正在积极打造新的经济增长极，形成了包括电子信息、汽车、机器人等在内的世界级产业集群，并推动制造业向智能化和绿色化方向发展。

三、区域合作与绿色发展

（一）跨区域生态补偿机制

生态补偿机制是以保护生态环境、促进人与自然和谐为目的，根据生态系统服务价值、生态保护成本、发展机会成本，综合运用行政和市场手段，调整生态环境保护和建设相关各方之间利益关系的一种制度安排。它主要针对区域性生态保护和污染防治领域，是一项具有经济激励作用、与"污染者付费"原则并存、基于"受益者付费和破坏者付费"原则的环境经济政策。当前人类活动造成的环境问题的影响往往跨越地区边界，为了提高生态环境的治理与保护成效，加强不同区域间的合作与配合显得尤为重要。

我国极为重视推动跨区域间的横向生态补偿，并已经制定和实施了一系列关键性的政策和措施。2014 年，全国人民代表大会通过了修订后的《中华人民共和国环境保护法》，该法首次以法律文本的形式确立了跨行政区域的环境污染与生态破坏联合防治协调机制。2024 年 2 月 23 日国务院第 26 次常务会议通过《生态保护补偿条例》，自 2024 年 6 月 1 日起施行。该条例指出，国家鼓励、指导、推动生态受益地区与生态保护地区人民政府通过协商等方式建立生态保护补偿机制，开展地区间横向生态保护补偿[1]。

实施跨地区生态补偿需要厘清"为什么补""谁补谁""补多少""如何补"等一系列问题，需要揭示不同地区之间的生态联系，并合理评估生态系统服务的外部效益。在探索构建跨区域生态补偿机制的道路上，有些地区一直处于全国领先地位。浙江省 2005 年出台了《关于进一步完善生态补偿机制的若干意见》、2006 年出台了《钱塘江源头地区生态环境保护省级财政专项补助暂行办法》，2008 年出台了《浙江省生态环保财力转移支付试行办法》，成为全国第一个实施省内全流域生态补偿的省份。首个全国性的跨省流域生态补偿机制试点，选择新安江流域作为实施区域，依照协议内容，如果

1　　具体内容见《生态保护补偿条例》（国令第 779 号）．

安徽省出境的水质符合预定的要求，浙江省将每年向安徽省支付 1 亿元作为生态补偿。

（二）国际合作和绿色发展

"环球同此凉热"，绿色发展亟需国际合作。"人与自然生命共同体""共建海洋命运共同体""共建地球生命共同体"是人类命运共同体理念在生态环境领域的体现，为人类文明的永续发展进步指出方向。

具有"六廊六路多国多港"主体框架的"一带一路"是目前规模最大的国际合作平台（见表 4-2）。它把绿色发展理念融入顶层设计、贯穿于各方面全过程。习近平总书记作出了一系列重要论述，"倡议建立'一带一路'绿色发展国际联盟""坚持开放、绿色、廉洁、合作理念，致力于高标准、惠民生、可持续的合作目标""支持发展中国家能源绿色低碳发展，推进绿色低碳发展信息共享和能力建设，深化生态环境和气候治理合作"。

表 4-2 "一带一路"的主体框架

六廊	新亚欧大陆桥、中蒙俄、中国－中亚－西亚、中国－中南半岛、中巴、孟中印缅经济走廊
六路	铁路、公路、航运、航空、管道和空间综合信息网络
多国	多个合作国家
多港	多个重要港口和节点城市

资料来源：中国一带一路网。

习近平总书记强调，要着力深化环保合作，践行绿色发展理念，加大生态环境保护力度，携手打造"绿色丝绸之路"。推动"一带一路"绿色发展策略，不仅符合我国推行绿色增长和强化生态环境保护的基本方针，而且是积极参与全球环境治理、保护地球生态安全的关键举措，也是促进"一带一路"倡议高质量发展、构建人与自然生命共同体的重要载体。

推动"一带一路"的绿色发展，中国有着决心和态度，也有具体措施和配套机制。我国先后发布《关于推进绿色"一带一路"建设的指导意见》《关于推进共建"一带一路"绿色发展的意见》等，提出了到 2030 年共建"一带一路"绿色发展格局基本形成的宏伟目标。2017 年出台了《"一带一路"生态环境保护合作规划》，2023 年发表了《中国－中亚峰会西安宣言》。我国已与联合国环境规划署达成一项谅解备忘录，旨在共同推动绿色"一带一路"项目的实施。此外，已与 30 多个国家和国际组织签订了环保合作协议，并共同提出了"一带一路"绿色发展伙伴关系倡议。我国还与 40 多个国家的超过 150 个合作伙伴建立了"一带一路"绿色发展国际联盟[1]。

"一带一路"倡议强调了绿色发展的重要性。各方在这一框架下积极合作，深化了绿色基础设施、绿色能源、绿色交通和绿色金融等领域的合作，共同构建了一个紧密的绿色发展伙伴关系网络，在实现碳达峰、碳中和和应对气候变化方面做出了显著贡献。然而，必须认识到，在推进"一带一路"绿色发展过程中，仍面临许多风险和挑战，生态环保的国际合作需要进一步加强，需进一步完善绿色发展的支持保障体系，为全球生态文明建设做出更大的贡献。

第三节
创新生态优先、绿色发展的实现机制

一、绿色技术创新与推广

（一）清洁能源技术的研发与应用

绿色技术创新是指以降低资源消耗、减少环境污染、提高生态效益为目标，通过技术发明、改良或集成，开发出具有环保、节能、低碳、循环等特点的新技术、新产品、新工艺。绿色技术创新涵盖了能源、交通、建筑、工业、农业等多个领域，是实现创新生态优先、绿色发展的重要手段，是推动可持续发展的重要力量。近年来，我国在绿色技术创新与推广方面取得了一定的成果，包括清洁能源技术的研发与应用、绿色建筑与智慧城市的建设等。

随着全球气候变化和环境问题的日益严峻，清洁能源技术的研发与应用成为了推动能源结构转型和实现可持续发展的关键。当前，清洁能源技术的研发包括太阳能技术、风能技术、生物质能技术、氢能技术、地热能技术等。太阳能技术的研发主要集中在提高太阳能电池的转换效率和降低材料成本。目前，薄膜太阳能电池和第三代太阳能电池（如钙钛矿太阳能电池）是研发的热点。风能技术的研发重点在于提高风力发电的

1　　　把"一带一路"建成绿色之路——推动共建"一带一路"高质量发展 [R]. 人民日报，2023 年 9 月 12 日 .

效率和可靠性，以及开发海上风力发电技术。大型化和智能化是风能技术的发展趋势。生物质能技术的研发主要涉及生物质转化、生物质燃烧和生物质气化等技术，目的是提高生物质能源的利用效率和实现商业化应用。氢能技术的研发包括氢的生产、储存和利用。绿色氢（通过可再生能源生产的氢）和氢燃料电池是当前研发的重点。地热能技术的研发致力于提高地热能的利用效率和开发深层地热资源，以及地热发电和地热供暖技术。

清洁能源技术的主要应用领域包括电力生产、交通领域、建筑领域、工业领域等。其中清洁能源技术在电力生产中的应用最为广泛，包括太阳能发电、风力发电、水力发电、生物质发电和地热发电等。在交通领域的应用主要体现在电动汽车、氢燃料电池汽车、液化天然气（LNG）船舶等方面。在建筑领域，被用于供暖、制冷和供电，如太阳能热水系统、地源热泵和太阳能光伏建筑一体化（BIPV）。工业领域通过使用清洁能源技术，如余热回收、生物质能替代化石燃料等，来减少能源消耗和污染物排放。

清洁能源技术发展和应用有助于减少对化石能源的依赖，推动能源结构向清洁、低碳方向转型，减少温室气体和污染物排放，改善环境质量，促进生态文明建设。同时通过发展清洁能源技术，可以减少对外部能源的依赖，增强国家的能源安全。清洁能源产业的发展也带动了相关产业链的发展，创造了新的就业机会，促进了经济增长。清洁能源技术的研发与应用是当前全球能源转型的重要方向。我国应继续加大研发投入，推动清洁能源技术的创新，扩大其在各领域的应用，以实现能源结构的优化、经济的持续增长和环境的可持续发展。

（二）绿色建筑与智慧城市

随着城市化进程的加快和环境保护意识的提升，绿色建筑与智慧城市的理念越来越受到重视。绿色建筑是指在建筑的设计、施工、运营和维护全过程中，以降低能耗、节约资源、减少污染、提高室内环境质量为目标，采用环保、节能、低碳、可持续的材料和技术，构建与自然和谐共生的建筑环境。智慧城市是指通过信息通信技术（ICT）的集成应用，实现城市管理的智能化、服务的便捷化、产业的现代化，提高城市运行效率，改善市民生活质量，促进经济社会可持续发展。

绿色建筑与智慧城市的融合发展具有重要意义，有助于优化资源配置，减少能源消耗和材料浪费，提高城市整体资源利用效率。通过绿色建筑和智慧城市管理，可以有效减少城市污染，保护和改善生态环境，提升城市居民的生活品质。可以带动相关产业的发展，如新能源、节能环保、信息通信等，促进了产业结构优化和升级。而且绿色智慧的城市形象和高效的城市管理能力，能够吸引更多的投资和人才，增强城市的综合竞争力。综合来看，绿色建筑与智慧城市的融合发展不仅有助于提高城市居住品质，还能促进资源节约和环境友好型社会的建设，是实现城市可持续发展的有效途径。

绿色建筑与智慧城市可以通过技术、规划、政策和社会全方位参与融合，构建更加宜居、高效、环保的现代城市，推动经济社会绿色发展、全面进步。技术融合是指将绿色建筑技术与智慧城市技术相结合，如利用物联网、大数据、云计算等技术，实现建筑能效管理、室内环境监测、资源循环利用等智能化操作。规划融合是指在城市规划和建筑设计阶段，充分考虑绿色建筑与智慧城市的融合，制定相应的规划标准和设计指南，确保新建或改造的建筑项目符合绿色智慧的要求。政策融合是指制定和完善相关政策，鼓励和引导绿色建筑与智慧城市的发展，如提供财政补贴、税收优惠、绿色金融支持等。除此之外，还要提高公众对绿色建筑与智慧城市认知度，鼓励市民参与绿色智慧社区的建设和管理，形成全社会共同推动的良好氛围。

二、政策创新与绿色治理

（一）生态环境法律法规的完善

"十三五"期间，中国先后修订了大气、水、土壤污染防治法等 13 部法律和 17 部行政法规，加强了生态环境法治建设，加强环境执法和刑事司法的衔接，加大对违法行为的惩戒力度。例如，《中华人民共和国环境保护法》在修订中增加了环境损害赔偿制度，有助于加大对环境违法行为的惩治力度；《中华人民共和国大气污染防治法》的修订则进一步强化了重点区域和重点行业的污染防治措施。这些法律法规的完善，为生态环境保护提供了更加有力的法治保障。其次，进一步健全环评制度、排污许可证制度、环境信息公开等配套法规。例如，排污许可制度的实施，有效规范了企业的排污行为，提高了环境监管的精准性。环保执法力度的加大，对违法行为的严惩不贷。例如，在"2019 年长江大保护百日会战"中，相关部门联合开展了集中执法行动，查处了一批偷排偷放、弄虚作假的环境违法案件，震慑了破坏生态环境不法分子。地方政府在法治轨道上不断推进生态环境保护和绿色发展工作。2023 年江苏省将《江苏省生态环境保护补偿条例》作为地方立法的正式项目列入立法计划，并于 2024 年经过审议，由省十四届人大常委会第八次会议全票通过，于 2024 年 6 月 5 日正式施行。

总的来说，生态环境法治建设为绿色发展夯实了法律基础，为各项环保政策的有效实施提供了重要支撑。进一步提高生态环境法律法规的执行力度，未来仍需政府、企业、公众、新闻媒体、社会组织、专业机构等各方主体的密切配合、各负其责，依法履行各自应尽的义务，才能为绿色发展提供有力的法治保障，生态环境法治建设的成效才能真正显现。

政府作为生态环境治理的重要主体，在健全法律法规体系、健全监管执法机制、完善责任追究机制、充分发挥地方积极性、加强社会监督和公众参与等方面要主动作为。首先，进一步健全生态环境保护法律法规体系。

其次，健全监管执法机制。进一步完善各级环保部门的监管职责，确保各级环保部门职责明确、协调配合；加强执法队伍建设，提高执法人员的专业能力和执法水平。建立常态化环境执法机制，强化日常巡查检查力度，加大对重点行业、重点区域的监管力度，确保发现问题及时查处，依法严厉打击各类环境违法行为。

第三，完善责任追究机制。对于环境违法行为，严格依法追究责任单位和责任人的法律责任，切实做到"违法必究"。对于监管执法不力行为，依法追究相关部门和人员的责任；完善环境损害赔偿制度，提高违法成本，增强威慑力。

第四，充分发挥地方积极性。支持各地因地制宜制定更加严格的地方性环保法规，对重点领域和薄弱环节进行专项规范，并将地方性法规与国家法律法规相衔接，确保法规体系的系统性和有效性；建立健全地方政府环境保护目标责任制和考核机制；加大对地方政府环保工作的督查问责力度，确保各项环保任务顺利完成。

第五，加强社会监督和公众参与。加大环保法规和知识的宣传教育力度，引导公众形成良好的环保行为习惯，鼓励企业自觉履行环保责任。进一步建立健全环境公益诉讼制度，为公众参与环境治理提供法律途径。健全环境信息公开制度，提高公众的参与度和监督力度，鼓励和支持公众、媒体、社会组织等力量积极参与环境保护；完善举报投诉机制，保护举报人的合法权益，营造良好的法治环境。而企业应自觉遵守环保法规，主动履行社会责任，投入资金和技术参与污染治理、生态修复等，主动公开环境信息，接受公众监督。公众应提高环保意识，养成绿色生活习惯，通过各种途径参与环境保护和监督，依法维护自身合法环境权益。新闻媒体应加大环保法规和知识的宣传报道，曝光重大环境违法案件，施加舆论压力，承担好环境信息公开的媒体监督职责。社会组织应积极开展环保教育和宣传活动，参与环境影响评估、环境调查等，对违法行为进行舆论监督和法律维权。专业机构应提供科学评估和专业咨询服务，开展环境监测和信息大数据分析，为政府决策和社会参与提供支撑。

（二）绿色财税与绿色金融政策

绿色财税和绿色金融政策的发展对于推动我国生态文明建设和绿色发展具有重要意义，绿色财税政策环境税制有助于遏制资源过度开发和环境污染，实现资源节约和循环利用，增加生态环境保护的财政投入，支持生态系统修复。税收优惠、绿色补贴等财税政策，可以引导企业和个人投向绿色产业和项目。绿色金融工具的开发为绿色项目融资提供渠道，促进绿色技术创新和应用绿色信贷、绿色债券等可引导资金向清洁能源、节能环保等领域集中，两者为推进生态文明建设和实现绿色发展的关键支撑，对于我国可持续发展目标的实现具有重要的战略意义。未来应进一步健全绿色财税和绿色金融政策体系，推动经济社会绿色转型。推动绿色财税与绿色金融政策的发展，主要从以下几个方面着手。

健全绿色财税政策体系，制定绿色税收政策，对清洁能源、节能环保等绿色产业和项目给予税收优惠；建立环境税制，对碳排放、资源消耗、污染排放等行为征收环境税；完善绿色政府采购制度，优先采购节能、环保、可再生能源等绿色产品和服务；设立绿色发展专项转移支付和补助资金，支持地方开展生态保护和修复工作。

推动绿色金融产品创新，鼓励金融机构开发绿色贷款、绿色债券、绿色保险等绿色金融产品；完善绿色金融标准体系，为绿色金融工具的规范化发展提供指引；支持绿色投融资平台和绿色指数基金的建立，吸引社会资本投向绿色领域；建立绿色项目信用评估体系，为绿色融资提供风险评估和定价依据。

优化绿色金融服务体系，引导金融机构加大对清洁能源、节能环保等绿色产业的信贷支持力度；鼓励地方政府设立绿色发展基金，为中小企业绿色转型提供资金支持；健全绿色金融信息披露制度，提高市场透明度和参与主体的责任意识；强化绿色金融监管，防范绿色领域的金融风险。

加强政策协同与配套改革，将绿色发展纳入宏观政策体系，建立财税、金融与产业政策的协调联动机制；深化国有企业、金融机构等关键领域的改革，增强绿色转型的内生动力；推进要素市场改革，为绿色发展营造出有利的市场环境和体制机制。

提升公众参与和社会意识，加强绿色金融知识和环保意识的公众教育，提高全社会的参与热情；鼓励金融机构、企业等主体加强绿色实践和信息披露，接受公众监督；发挥舆论引导作用，营造有利于绿色发展的社会氛围。

三、市场机制与绿色发展

（一）碳排放权交易与生态产品价值实现机制

碳排放权交易和生态产品交易通过资源要素的市场化配置，提高生态保护的经济效率，促进绿色产业发展，为实现生态保护和绿色发展注入了新动能，对于构建生态文明、促进绿色发展，推动美丽中国建设具有重要意义。未来我们需要进一步健全相关法规政策，完善交易机制，激发社会各方面的参与积极性，发挥好这两大市场化工具的作用。

第一，完善碳排放权交易是实现碳中和目标的重要抓手。通过健全法规、优化配额、创新交易、完善激励等系列举措，逐步构建覆盖各行业、运转高效的碳排放权交易市场，为实现碳中和目标贡献力量。

健全法律法规体系。制定全面系统的碳排放权交易法律法规，明确市场定位、交易规则、管理职责等；建立统一的碳排放权产权登记、登记结算和清算制度；建立覆盖各行业的碳排放权分配和交易制度，确保公平合理；完善碳排放信息披露、核查、违规惩罚等监管机制，提高市场透明度。

优化碳排放权配额分配。根据不同行业、企业的发展阶段和减排潜力，制定差异化的配额分配方案；适当保留一定比例的配额用于拍卖，增加配额的市场供给；健全配额调整机制，定期根据实际排放情况进行动态调整。

丰富交易品种和渠道。在现货交易基础上，拓展碳期货、碳期权等衍生工具；建立区域性和全国性碳排放权交易市场的互联互通；支持碳金融创新，如绿色债券、碳资产证券化等，开发绿色金融产品以满足多元化需求。

加强行业指导和服务。为重点行业企业提供碳排放核算、交易咨询等专业服务，针对重点行业和中小企业开展碳核算、交易培训等；编制并定期更新行业碳排放基准线和减排技术路线图，引导企业技术升级；建立覆盖全产业链的碳资产管理和交易服务体系，创新碳资产增值服务，帮助企业开发利用碳资产。

完善配套激励政策。建立碳排放权抵免、绿色供应链、税收优惠等激励政策体系；支持重点行业和中小企业参与碳交易；引导金融机构提高对碳资产的融资支持和绿色服务质量。

加强国际合作交流。学习借鉴国际先进经验，推动碳市场制度衔接；参与碳排放交易国际规则标准制定，提升话语权；促进区域碳市场互联互通和配额认证互认，形成全球碳定价体系。

第二，促进生态产品价值实现，不断健全生态产品价值评估、交易、补偿等制度，让生态保护和修复的成果得到充分体现和实现，从而为生态文明建设注入新动力，促进生态产品价值实现的关键措施包括：

建立生态产品价值评估体系。明确生态产品的概念，包括碳汇、水源涵养、生物多样性等；采用自然资源产出法、服务价值法等方法，科学评估生态产品的价值；建立生态产品价值评估的标准、方法和专业机构，提高评估的公信力。

完善生态产品权属和产权制度。明确生态产品的所有权和使用权，赋予其产权地位；建立生态产品权属登记制度，为后续交易提供权属依据；探索集体所有制、股份合作制等多元化的权属形式。

创新生态产品交易机制。在现有碳交易、生态补偿等基础上，发展多样化的交易品种和场景；建立公开透明的生态产品交易市场，完善定价、结算、风险管理等功能；建立不同层级、跨区域的生态产品交易市场，促进资源要素流动；鼓励金融机构提供生态资产抵押贷款、期货等金融工具支持，增加交易品种和场景；建设综合性的生态产品交易服务平台，提供交易、结算、登记等服务；培育生态资产评估、认证、管理等专业中介机构，提升服务能力。

健全生态利益补偿机制。制定相关法律法规，明确生态保护义务人和受益人的权利义务；建立政府引导、市场化运作的生态补偿标准和支付渠道；探索生态服务供给与社会效益获得的联动机制。

强化政策支持和激励引导。加强政府引导，发挥政府在价格形成、交易规则等方面的作用；出台财税、金融、产业、土地等优惠政策，支持生态产品价值实现；建立生态产品绩效考核和奖惩机制，激发各方主体参与积极性；加强公众教育引导，提高社会各界对生态产品价值的认知。

加强国际交流合作。参与国际生态产品交易规则和标准的制定，提升中国话语权；与其他国家和地区建立生态产品交易数据互认等合作机制；推动中国生态产品市场与国际市场的对接和互联互通。

（二）绿色消费与可持续发展

促进绿色消费需要政府、企业、消费者和社会各方共同努力，形成政策支持、企业带动、消费引领、社会广泛参与的良性互动，才能真正实现绿色消费和经济社会可持续发展的目标。

政府层面。健全法律法规体系，为可持续发展提供法治保障；制定并实施国家可持续发展战略和规划；出台鼓励绿色消费的政策，如绿色产品认证、绿色消费补贴等；在政府采购中优先选用节能环保产品，带动市场转型；加强绿色产品监管，规范市场秩序，打击虚假宣传；提高绿色公共服务供给，如绿色交通、绿色建筑、智慧能源网络等，开展绿色消费教育和引导，提升公众环保意识。

企业层面。主动转型升级，生产和提供更多绿色环保产品与服务；完善产品全生命周期管理，提高资源利用效率和可循环性，减少环境负荷；建立健全的绿色供应链管理体系，推行绿色营销，加强产品环保属性的透明度和可信度；开展员工绿色生活培训，鼓励员工参与绿色实践，带动企业内部绿色消费。

消费者层面。养成绿色消费意识和行为习惯；优先选购已认证的环保产品，注重产品全生命周期的可持续性，如可修复、可回收利用；积极参与环保公益活动，为政府和企业的绿色政策建言献策；促进社区绿色实践，通过自身行动带动身边亲朋好友向绿色生活方式进行转变。

社会层面。构建政府、企业、消费者、社会组织多方参与机制；建立健全的绿色产品认证体系，建立公开透明的绿色产品信息披露机制，为消费者提供可靠依据；完善绿色消费服务体系，提高绿色产品的可及性和便利性；加强舆论引导，营造全社会重视绿色消费的良好氛围；发展绿色金融，提供绿色消费的经济激励和支持。

四、未来展望与面向未来的绿色倡议

（一）绿色发展的未来展望

生态文明体制改革纵深推进。我国将继续深化生态文明体制改革，健全政府、市场、社会协同的生态文明治理体系。

法治保障更加完善。未来，我国将进一步健全生态环境保护的法律法规体系，不断完善执法机制，确保法治在绿色发展中发挥更加重要的保障作用。

绿色转型驱动产业升级。我国将以绿色发展理念深入推动各行业的绿色转型升级。重点支持清洁能源、节能环保、绿色制造等产业发展，推动产业绿色转型，带动相关产业链的升级发展。

绿色技术创新驱动加快。绿色技术创新是实现可持续发展的根本动力。我国将持续加大对清洁能源、节能减排、循环再利用、碳捕集利用、生态修复等领域绿色关键技术的投入和支持力度，推动人工智能、物联网等新兴技术与绿色领域的深度融合，促进绿色技术的突破和应用。

市场机制作用凸显。充分发挥市场在资源配置中的决定性作用，进一步完善绿色金融工具，健全碳排放权交易市场交易规则和监管体系，发展生态产品、排污权、水权、碳汇等多元化的绿色交易品种，建立绿色金融支持体系，引导社会资本投向绿色产业，为绿色发展提供强有力的经济激励。

全民参与意识增强。大规模建设绿色建筑、绿色交通等基础设施建设，公众践行绿色消费、绿色低碳生活，形成可持续消费模式，如共享经济、循环经济等。社会组织、志愿者参与到生态保护、环境治理等实践中来，企业发挥社会责任作用，带动更多企业主动参与绿色发展。

国际合作不断深化。积极参与应对气候变化、生物多样性保护等全球性环境治理，推动构建人类命运共同体，深化国际绿色合作，推动"一带一路"绿色发展，与共建国家分享中国绿色发展经验，加强与发达国家在清洁技术、绿色金融等领域的交流合作，为全球绿色转型做出贡献。

（二）面向未来的绿色倡议

绿色发展已经成为当前国际社会共识，是人类社会可持续发展的必由之路。未来，我国将在以下几个方面持续推进绿色倡议。

绿色能源转型。大力发展可再生能源，如风能、太阳能、水能等清洁能源，逐步减少对化石燃料的依赖。同时，大力提高能效水平，推动能源革命。

绿色生产方式。推动传统产业绿色化改造，提高资源利用效率和循环利用水平。大力发展绿色制造、绿色服务等新兴产业，培育绿色产业链。

绿色消费模式。倡导绿色消费理念，鼓励公众选择节能环保、可循环利用的产品和服务。同时，培育共享经济等新型绿色消费模式。

绿色基础设施。推动城乡基础设施的绿色化改造，如绿色建筑、绿色交通、海绵城市等，提高城乡居住环境品质。

生态系统保护。实施重点生态区域保护修复工程，维护生物多样性。推动国家公园建设，构建生态安全屏障。

绿色科技创新。大力支持绿色关键技术研发，加快绿色技术成果转化应用。鼓励企业和社会各界参与绿色科技创新。

全球生态治理。积极参与应对气候变化、生物多样性保护等全球性议题，推动构建人类命运共同体。分享中国绿色发展经验，为全球绿色转型贡献力量。

思考题
1. 绿色发展的概念与内涵有哪些？
2. 从可持续发展角度来看，传统发展模式存在的问题是什么？
3. 绿色经济面临什么样的发展机遇？
4. 东北老工业基地的绿色转型经历，对绿色发展有何启发？
5. 列举生活中遇到的跨区域生态补偿的事例。
6. 如何加强国际合作以推动绿色发展？
7. 如何促进政策创新与绿色治理？

参考文献

[1] 包思勤. 推动以生态优先、绿色发展为导向的高质量发展迈出重大步伐 [J]. 北方经济，2022（2）：6-7.

[2] 白雪. 十年协同"探"绿共享美丽成果 [N]. 中国改革报，2024-02-26（002）.

[3] 曹孟勤."生态优先，绿色发展"理念的深层价值 [J]. 江苏大学学报（社会科学版），2023，25（1）：11-21.

[4] 方文，杨勇兵. 习近平绿色发展思想探析 [J]. 社会主义研究，2018（4）：15-23.

[5] 冯之浚，周荣. 低碳经济：中国实现绿色发展的根本途径 [J]. 中国人口·资源与环境，2010，20（4）：1-7.

[6] 吉林省人民政府关于印发吉林省碳达峰实施方案的通知 [J]. 吉林省人民政府公报，2022（21）：3-14.

[7] 高红贵，何美璇. 生态优先、绿色低碳发展的理论逻辑、内涵特征与实践向度 [J]. 生态经济，2023，39（8）：13-18.

[8] 何爱平，安梦天. 习近平新时代中国特色社会主义绿色发展思想的科学内涵与理论创新 [J]. 西北大学学报（哲学社会科学版），2018，48（5）：84-93.

[9] 何爱平，李雪娇，邓金钱. 习近平新时代绿色发展的理论创新研究 [J]. 经济学家，2018（6）：5-12.

[10] 胡鞍钢，周绍杰. 绿色发展：功能界定、机制分析与发展战略 [J]. 中国人口·资源与环境，2014，24（1）：14-20.

[11] 黄娟."生态优先、绿色发展"新道路的提出依据与重大意义 [J]. 湖湘论坛，2020，33（4）：5-15.

[12] 黄克亮. 以生态优先绿色发展理念推进广州经济高质量发展 [J]. 探求，2019（5）：44-51.

[13] 黄茂兴，叶琪. 马克思主义绿色发展观与当代中国的绿色发展——兼评环境与发展不相容论 [J]. 经济研究，2017，52（6）：17-30.

[14] 李干杰. 坚持走生态优先、绿色发展之路扎实推进长江经济带生态环境保护工作 [J]. 环境保护，2016，44（11）：7-13.

[15] 李蕾 . 以人民为中心，探索以生态优先、绿色发展为先导的高质量发展新路子 [J]. 环境保护，2020，48（10）：39-44.

[16] 李嵩誉 . 生态优先理念下的环境法治体系完善 [J]. 中州学刊，2017（4）：62-65.

[17] 李悦昭，陈海洋，王红瑞，等 . 绿色发展与生态优先的组织技术与理论模式 [J]. 西北大学学报（自然科学版），2020，50（5）：771-778.

[18] 鲁政委 . 大湾区绿色金融发展大有可为 [J]. 现代商业银行，2019（7）：14-20.

[19] 南日平 . 把粤港澳大湾区建设抓紧抓实办好 [J]. 珠江水运，2019（4）：16-40.

[20] 秦书生，杨硕 . 习近平的绿色发展思想探析 [J]. 理论学刊，2015（6）：4-11.

[21] 《人民日报》评论部 . 把"一带一路"建成绿色之路 [N]. 人民日报，2023-09-12（005）.

[22] 生态保护补偿条例 [J]. 西宁市人民政府公报，2024（4）：3-7.

[23] 唐绍均，彭官正 . 论"生态优先、绿色发展"理念中的复合选择观 [J]. 青海社会科学，2020（1）：55-63.

[24] 唐绍均，王国平 . 论面向"生态优先、绿色发展"政策调适的困境与出路 [J]. 重庆理工大学学报（社会科学版），2021，35（12）：14-24.

[25] 肖金成，刘通 . 长江经济带：实现生态优先绿色发展的战略对策 [J]. 西部论坛，2017，27（1）：39-42.

[26] 朱东波 . 习近平绿色发展理念：思想基础、内涵体系与时代价值 [J]. 经济学家，2020（3）：5-15.

[27] 庄贵阳，薄凡 . 生态优先绿色发展的理论内涵和实现机制 [J]. 城市与环境研究，2017（1）：12-24.

[28] 杨晓萌 . 生态补偿机制的财政视角研究 [D]. 大连：东北财经大学，2009.

[29] 张全林 . 推动长江流域生态"颜值"与发展质量同步提升 [J]. 绿色视野，2023（12）：8-9.

第五章

促进人与自然和谐共生

党的二十大报告对"推动绿色发展，促进人与自然和谐共生"进行了部署，强调"尊重自然、顺应自然、保护自然，是全面建设社会主义现代化国家的内在要求。必须牢固树立和践行绿水青山就是金山银山的理念，站在人与自然和谐共生的高度谋划发展"。本章从促进人与自然和谐共生的重大意义、促进人与自然和谐共生的重点任务、努力建设人与自然和谐共生的现代化三方面来阐述促进人与自然和谐共生的理论和实践问题。

教学 PPT

第一节
生态文明建设需要具备生态系统观

一、社会－经济－自然复合生态系统观

（一）社会－经济－自然复合生态系统观概念

社会－经济－自然复合生态系统观是基于综合性的生态学视角，强调社会、经济和自然三者之间的相互作用和依存关系，以及它们共同构成的复杂生态系统。社会系统（包括人类社会和文化）、经济系统（包括生产、消费和分配）和自然系统（包括生物多样性、生态系统和地球物理过程）三者不是相互独立的，而是相互交织、相互影响的。它们的健康和稳定直接关系到整个地球生态系统的持续性和人类社会的可持续发展。

（二）社会－经济－自然复合生态系统观组成

社会－经济－自然复合生态系统观的组成主要包括以下几方面，它们相互作用、相互影响，共同构成一个复杂的生态系统。

1. 社会系统

社会系统是复合生态系统中的重要组成部分，涵盖了人类的社会结构、文化、制度等方面。具体包括：①人口结构。人口数量、人口密度、人口分布及其变化；②社会结构。社会组织、家庭结构、社区关系等；③文化因素。文化传统、价值观念、宗教信仰等；④社会制度。法律法规、政策措施、社会福利等。

2. 经济系统

经济系统是指与生产、分配、交换和消费相关的各个方面。具体包括：①资源利用：自然资源的开发和利用，包括土地、水、矿产、森林等；②生产活动：农业、工业、服务业等各种生产活动；③经济结构：产业结构、区域经济布局等；④经济政策：经济发展战略、产业政策、财政政策等。

3. 自然系统

自然系统是复合生态系统的基础，涵盖了自然界中的各种生态要素和过程。具体

包括：①土地资源：土地利用类型、土地覆盖变化、土壤质量等；②水资源：水体分布、地下水储量、水质状况等；③生物多样性：动植物种类、生态系统类型、生物群落结构等；④气候与环境：气候变化、空气质量、环境污染等。

（三）社会－经济－自然复合生态系统观内部联系

社会－经济－自然复合生态系统观是一种将社会、经济和自然环境相结合的系统观念，旨在实现人与自然和谐共生、经济可持续发展以及社会公平正义。社会、经济和自然系统之间存在着复杂的互动关系，这些互动关系是复合生态系统观的核心，三者之间存在如下作用关系：①相互依赖。社会和经济系统依赖于自然系统提供的资源和环境服务；自然系统也受到社会和经济活动的影响和调节。②相互影响。经济发展会影响自然环境，社会行为和文化价值观会影响资源利用和环境保护；自然环境的变化反过来也会影响社会稳定和经济发展。③相互调节。通过政策和管理手段，可以协调社会、经济和自然系统之间的关系，实现可持续发展目标。其作用关系主要体现在：

1. 社会与自然的关系

相互依存。自然环境提供了人类社会赖以生存和发展的基本资源，如水、空气、土壤和生物资源。社会活动依赖于自然资源的利用和环境的健康。

影响和反馈。社会活动（如工业化、城市化、农业等）会对自然环境产生影响，包括污染、资源消耗和生态破坏。自然环境的变化反过来也会影响社会，如气候变化引发的自然灾害和资源短缺对社会稳定的影响。

2. 经济与自然的关系

资源基础。经济活动依赖于自然资源的供给，如矿产资源、森林资源和渔业资源等。经济发展需要建立在资源的可持续利用基础上。

环境影响。经济活动会对自然环境产生压力，如工业排放、农业化学品使用和基础设施建设等。环境问题会制约经济的可持续发展，因此需要将环境成本纳入经济决策。

3. 社会与经济的关系

发展目标。社会发展和经济增长相辅相成，经济发展为社会提供就业机会和收入来源，促进社会福利的提升。社会发展为经济提供稳定的人力资源和消费市场。

公平与效率。经济发展的成果需要公平分配，才能促进社会的稳定与和谐。社会政策需要在追求经济效率的同时兼顾社会公平，减少贫富差距和社会矛盾。

4. 复合生态系统观的综合作用

系统性思维。复合生态系统观强调整体性和系统性，要求综合考虑社会、经济和自然环境的相互关系，避免单一视角导致的问题和片面性。

可持续发展。通过协调社会、经济和自然三者之间的关系，实现资源的可持续利用、经济的可持续增长和社会的可持续发展，确保当代和后代的共同利益。

政策制定与实施。复合生态系统观为政策制定提供了科学依据和指导，推动综合性政策的制定和实施，如生态保护与经济发展并重的政策，社会福利与环境保护结合的政策。

社会－经济－自然复合生态系统观强调多维度、多层次的系统思维，要求在发展过程中综合考虑社会、经济和自然环境的相互作用与影响。通过这一系统观，可以实现资源的可持续利用、经济的高质量发展和社会的和谐稳定，最终实现人与自然和谐共生的目标。这一观念为生态文明建设和可持续发展提供了重要的理论基础和实践指导。复合生态系统具有自我调节和适应能力，通过反馈机制不断调整和优化系统内部的关系，其适应与反馈机制主要包括：正反馈，某些因素的变化会引发连锁反应，放大系统内的变化。负反馈，系统内某些因素的变化会引起抵消反应，抑制系统内的变化，维持系统稳定。适应机制，通过调整政策、技术创新和管理策略，系统可以适应外部环境的变化，实现长期可持续发展。

社会－经济－自然复合生态系统观强调了社会、经济和自然系统的相互依存和互动关系，认为只有在统筹考虑这三者关系的基础上，才能实现可持续发展。这种观念需要多学科的综合研究和系统的管理策略，以应对复杂的生态环境问题，促进人类社会的长期繁荣和生态健康。

二、推进生态文明建设，实现保护和发展的双赢

（一）生态文明及其核心理念

"生态文明"是指在人类社会发展过程中，通过尊重自然规律、保护生态环境、实现可持续发展，建设和谐人与自然关系的一种文明形态。它不仅强调经济发展和社会进步，还注重生态环境的可持续性和保护，促进人与自然的和谐共生。生态文明的核心理念包括保护生态环境、节约资源、推动绿色发展、促进生态平衡、建设生态城市等。

（二）实现保护和发展双赢的意义

推进生态文明建设，实现保护和发展的双赢，具有深远的意义，不仅关乎环境的可持续性，还涉及社会和经济的全面协调发展。

1. 保护自然资源和环境

生态系统健康：通过推进生态文明建设，可以有效保护和恢复自然生态系统，维护生物多样性，提升生态系统的稳定性和恢复力。污染控制：减少空气、水、土壤等污染，改善环境质量，保障公众健康。资源可持续利用：通过合理规划和管理，实现自然资源的可持续利用，避免资源枯竭和环境恶化。

2. 促进经济可持续发展

绿色经济：发展低碳经济、循环经济和绿色经济，推动产业结构优化升级，提升经济增长的质量和效益。创新驱动：推动技术创新，发展绿色技术和环保产业，促进经济增长新动能的形成。成本节约：减少环境污染和生态破坏所带来的治理成本，提高资源利用效率，降低生产成本。

3. 改善社会福祉

提升生活质量：通过改善环境质量，提高居民的生活环境和健康水平，增强公众的获得感和幸福感。社会公平：确保自然资源和环境权益的公平分配，促进城乡区域协调发展，缩小社会差距。文化传承：弘扬生态文化，增强公众的生态文明意识和责任感，推动形成绿色生活方式和消费模式。

4. 增强生态安全

减灾防灾：通过生态保护和修复，增强自然生态系统的防灾减灾功能，如防风固沙、水源涵养、洪水调节等，提升区域生态安全。气候适应：通过推进生态文明建设，增强应对气候变化的能力，减少极端气候事件带来的损失。

5. 提升国际影响力

全球合作：积极参与全球生态环境治理，履行国际环境公约和协议，提升国际话语权和影响力。生态外交：通过生态文明建设的成功经验和模式，推动国际生态合作，展示负责任大国形象。

（三）实现保护和发展双赢的策略

在实践中，生态文明的建设涉及政策法律的制定、技术创新、社会意识的提升等多方面的努力。

第一，政策与法律支持。制定和实施符合生态文明建设要求的政策和法律法规，包括环境保护、资源管理、生态修复等方面的政策措施。政府在政策制定中需要考虑到社会经济发展的需求，同时保护生态环境，确保两者之间的平衡和协调。

第二，科技创新与应用。推动绿色技术的研发和应用，包括清洁能源技术、资源高效利用技术、环境监测和治理技术等，以降低对环境的影响，提升生产力和生活质量。

第三，公众参与与意识提升。增强公众对生态环境保护的认知和参与度，通过教育、宣传和社会参与活动，促进全社会形成保护环境、节约资源的意识和行动。

第四，产业转型与绿色发展。推动产业结构的转型升级，促进绿色、低碳、循环经济发展模式，减少对自然资源的消耗和环境的污染，实现经济增长与生态环境保护的双赢。

第五，国际合作与全球治理。加强国际合作与交流，共同应对全球性环境问题，推动建立和完善全球环境治理体系，共同维护全球生态安全和可持续发展。通过以上方面的综合努力，可以实现生态文明建设中保护和发展的双赢目标，即在保护生态环境的同时，促进经济社会的可持续发展，确保人与自然和谐共生，为子孙后代留下更美好的环境和生活条件。

专栏 5-1　北京市延庆区高质量打造绿色有机示范带

2023 年 11 月 21 日，北京市延庆区农业农村局联合北京市农林科学院蔬菜研究所组织开展"绿色有机蔬菜良种良法互学观摩交流活动"。来自延庆区农业技术人员和种植户 90 余人，观摩北京万德草莓示范园、北京银黄绿色农业生态园、朝来农艺园（朝阳区）等多个园区的绿色有机蔬菜基地。活动开设了田间课堂，组织了蔬菜种植技术互学交流活动。

延庆区农业农村局副局长郭红兵介绍，延庆区作为首都生态涵养区，多年来始终秉承生态立区理念，坚持循环发展、低碳发展、绿色发展战略，高质量打造康庄镇 - 张山营镇、沈家营镇 - 井庄镇 - 永宁镇 - 刘斌堡乡 - 香营乡 - 旧县镇、延庆镇 - 大榆树镇等 3 条绿色有机示范带。紧密围绕现代农业发展，坚持政府推动与市场拉动相结合的发展机制，以质量兴农、绿色兴农、品牌强农为核心，以典型引领、示范带动、以点带面、整体推进为原则，深入推进农业绿色化、特色化、品牌化，大力推进绿色有机农产品认证，稳步提升绿色有机农产品覆盖率，延庆区是北京市唯一一个"国家有机产品认证示范区"。截至目前，延庆区有绿色有机农产品认证基地 64 家，认证面积 1.36 万亩、绿色有机农产品总产量 1.83 万吨。其中绿色食品认证基地 4 家、有机农产品认证基地 60 家。

北京市农林科学院蔬菜研究所博士梁浩介绍，近年来，北京农科院蔬菜所科技服务团队，在延庆区多个园区示范包括辣椒、生菜、番茄、特菜等 4 大类 200 余个蔬菜新品种，示范规模 120 余亩，辐射带动 1 000 余亩品种技术更新；配套良种对应的栽培技术规程，从装备水平提升、全程质量控制、资源环境保护及产销对接方面提供服务。同时，组织开展"品质蔬菜研讨会""绿色有机蔬菜培训班"，带动北京市绿色有机蔬菜技术交流与科技提升；推动了北京市设施蔬菜产业集群示范、北京市种业联合攻关等一批重点项目在延庆区落地实施。

资料来源：《北京市延庆区高质量打造绿色有机示范带》，2023 年 11 月 22 日，科技日报。

第二节
尊重自然、顺应自然、保护自然

一、构建人与自然和谐共生的生态观和自然观

（一）人与自然的关系演化

在人类社会的发展过程中，人与自然的关系始终是人类永恒的主题。历史地看，人与自然关系理念的演进可以大致分为"人制于天""人定胜天"以及"人与自然和谐共生"三个阶段。

一是"人制于天"阶段。主要存在于原始社会和农业社会时期。在远古时期，人类依赖自然环境的恩赐生存。人类既不能科学认识也没有力量应对自然现象，人类的狩猎、采集和早期农业活动都深受自然条件的影响。人们崇拜自然力量，形成了各种自然崇拜和图腾文化，认为自然界的万物都有灵。进入农业文明时期，人类学会了用火，学会了制作工具，在自然界中求生存的能力逐步增强。这个时期，人类开始学会利用自然，将提供生存必需品的自然资源作为财富。

二是"人定胜天"阶段。人类进入了工业文明时代，向自然索取的能力迅速增强。工业革命后，人类对自然资源的需求急剧增加；采矿、伐木、开垦荒地等活动对自然环

境造成了巨大破坏；城市化进程加快，工厂的排放和废弃物使环境污染问题日益严重。

三是"人与自然和谐共生"阶段。随着人类活动对自然环境的影响日益显著，人们逐渐意识到"人定胜天"理念给地球带来的灾难，开始觉醒并重视生态平衡与可持续发展的重要性。人们逐渐认识到人与自然之间不应是对立的关系，而是应该建立起一种和谐共生、相互依存的和谐局面。同时，可持续发展的理念也在全球范围内得到广泛传播和实施。许多政府和国际组织积极响应，制定和执行了一系列保护环境的法律法规和政策措施，以确保环境保护成为国家战略的核心内容之一。习近平深刻指出，生态环境对于人类社会发展以及人自身生存具有不可或缺性与不可替代性。生态文明建设正逐步取代传统的工业文明，成为新时代发展的重要特征。这不仅关乎未来世代的福祉，也是人类社会走向更加美好生活的必经之路。

（二）中国历史和传统生态文化进程

在远古时代，人类对自然界的大规模改造活动，常常被人们赋予了神秘而又富有传奇色彩的思想。例如，中国古代流传的神话故事中，大禹治水和愚公移山的故事体现了古人面对巨大困难时不屈不挠的精神，展现出对自然的崇拜与依赖。这些神话人物不仅是智慧的象征，更是人与自然之间和谐关系的象征。《易经》作为中华传统哲学的经典，其中所蕴含的"天人合一"思想，强调了人与自然一体的理念，倡导人们应当顺应自然规律，与自然和谐共处，这种思想贯穿了中国古代社会的各个方面，影响深远。

在秦汉之际，农业文明开始崭露头角。随着灌溉技术和耕作方法的进步，汉代的农业体系逐渐成熟，形成了一套严密的农耕规范和生态理念。这些思想观念不仅指导了农业生产，也影响了社会经济的发展模式。《泛胜之书》与《齐民要术》等古籍，便是那个时代智慧结晶的反映。此外，水利工程在秦汉的繁荣时期得到了广泛的应用和发展。通过这些工程项目，人们不仅能够应对自然的挑战，还能确保粮食的丰收，进而推动了整个社会的和谐与繁荣。

唐宋时期，中国的文学和艺术呈现出一种对自然的深切热爱和敬畏。当时涌现出了众多诗人画家，他们通过自己的作品传达了对自然界美景的赞美和对自然力的尊重。道家哲学在这个时期也产生了深远影响，强调了"道法自然"的原则，倡导人们与自然万物和谐共处，从而达到与宇宙万物合一的境界。

清代，随着社会的发展和科学技术的进步，学者们开始更多地关注环境保护和可持续发展。徐光启等杰出人物提倡科学利用自然资源，并致力于改善农业生产技术，这些努力显著提高了生产力的水平。然而，农业和手工业技术的迅猛发展，虽然促进了生产力的快速增长，同时也带来局部的环境破坏问题。这一时期，人们逐渐意识到传统生产方式中存在的缺陷，并寻求新的解决方案来适应日益增长的人口需求和资源约束。

近代，在经济高速增长的同时，现代化浪潮使生态环境遭受到前所未有的压力。自19世纪末起，中国政府开始重视生态平衡的重要性，并着手实施一系列旨在保护环境和促进可持续发展的政策。在这一过程中，传统生态文化得到了重新审视与传承，而现代环保理念也被积极采纳和实践。这种文化的交融不仅体现在政策制定上，更深刻地影响着人们对人与自然和谐共处的理解。

纵观中华文明的历史发展，中华民族在与大自然互动中形成的维护生存发展与天地万物和谐共生的"生生之道"，是维护中华民族和中华文明长盛不衰的重要法宝。中华民族自古倡导"天人合一"，古代先贤的"人法地，地法天，天法道，道法自然""顺天时，量地利，则用力少而成功多"等诸多智慧，为推进人与自然和谐共生提供了思想启迪。中华民族独特的生态智慧和文化基因，可以概括为天人合一、道法自然、众生平等。党的十八大要求树立尊重自然，顺应自然，保护自然的生态文明理念，是对道法自然的思想的传承，发展和应用。以习近平同志为核心的党中央着眼中华民族永续发展，提出中国式现代化是人与自然和谐共生的现代化，这是对中华优秀传统文化的重大理论创新。

二、推进经济社会的绿色低碳发展

（一）强化高质量发展的绿色成色

推动经济社会步入绿色低碳的发展道路，不仅是顺应时代潮流、响应国际社会对可持续发展要求的关键所在。它也是我们在全球化背景下，确保经济健康、稳定发展的重要策略。面对日益严峻的全球气候变化挑战，通过实施绿色科技和创新驱动的方法，可以有效地减少温室气体排放，保护生态环境，从而提升人民生活质量。同时，这一战略举措对于实现产业结构优化升级、提高资源利用效率以及增强经济增长的可持续性具有至关重要的作用。因此，大力推进绿色低碳发展，已经成为国家和地区谋求长远利益的必然选择。

一是，促进经济社会发展全面绿色转型。《中共中央关于制定国民经济和社会发展第十四个五年规划和二〇三五年远景目标的建议》提出，促进经济社会发展全面绿色转型，体现了我国在新发展阶段对绿色发展的高度重视和坚定决心。构建新发展格局、推动高质量发展、实现中华民族永续发展，迫切需要用绿色倒逼升级，彻底改变大量生产、大量消耗、大量排放的生产模式和消费模式，使资源、生产、消费等相匹配相适应，推动我国经济社会发展全面绿色转型，推动实现经济社会发展和生态环境保护协调统一、相互促进，推进人与自然和谐共生的现代化。实质上，促进经济社会发展全面绿色转型，本身就是建设人与自然和谐共生的现代化的重要内容；人与自然和谐共生的现代化不断推进，又会进一步促进经济社会发展全面绿色转型。

二是，强化高质量发展的绿色成色。高质量发展是实现中国式现代化的必由之路，与生态环境保护、促进人与自然和谐共生紧密关联。首先，良好的生态环境条件，是经济社会高质量发展的重要支撑；其次，良好的生态环境是高质量发展的必然结果和重要组成部分；第三，良好的生态环境是检验高质量发展的重要标准，人民群众对美好生态环境的需求，也是高质量发展的最终目的之一。以高水平的生态环境保护来促进经济社会高质量发展，是实现高质量发展的必然要求，也是实现中华民族永续发展的基本战略。增强高质量发展的绿色成色，既是可持续发展的必然选择，又是提高人民生活质量和保护生态环境的必然选择。通过政策引导、技术创新、产业转型、社会参与和国际合作，我们能够构建一个资源节约、环境友好、经济高效的绿色发展体系，为实现高质量发展提供强有力的支撑。每个人都应积极参与，共同为建设美丽中国、实现绿色发展贡献力量。因此，必须要正确处理生态环境保护与经济社会发展的关系，坚持发展和保护一体化，构建绿色产业体系和空间格局，努力拓展绿水青山向金山银山的转化路径。

（二）构建并形成绿色的生产生活方式

生态环境问题归根结底是人类的发展模式、人的生存方式。从本质上讲，与生态文明思想相适应的生态文化系统的建立与健全，是人类文明新型形态的一个重要特征。我们要坚持"绿水就是金山银山"理念，大力发展绿色低碳产业，加速发展方式的绿色转变，把重点放在环境污染物和碳排放量的主要来源上，突出重点领域、重点行业和重点环节，在工业、交通运输、城乡建设、农业农村、生态建设等方面推进减污降碳的协同增效作用，加快形成绿色低碳的生产方式。推动形成节约资源和保护环境的空间格局、产业结构、生产方式、生活方式。这意味着要大力发展循环经济、清洁生产和绿色制造，推动传统产业转型升级，同时培育壮大节能环保、清洁能源等绿色新兴产业，实现产业生态化。在能源领域，加快能源生产和消费革命，大力发展风能、太阳能等可再生能源，降低化石能源比重，促进能源绿色化转型。交通领域则应推广新能源汽车，优化交通网络布局，提高公共交通和绿色出行比例，实现交通低碳化。

贯彻综合节约策略，提倡绿色消费，促进绿色低碳的生活模式的形成，生态优先、节约集约、绿色低碳发展持续推进。通过宣传教育、政策引导和市场机制，鼓励人们选择绿色产品、绿色服务，减少对环境的负面影响。同时，大力发展绿色旅游、有机农业、绿色建筑等绿色产业，推动绿色产品和服务的供给，满足人民群众对美好生活的向往。此外，加大绿色低碳技术攻关力度也是推动绿色发展的关键。我们要加强创新能力建设，鼓励和支持企业、高校、科研机构等开展绿色低碳技术研发和推广应用。建立完善绿色低碳技术评估、交易体系，促进技术成果的转化和产业化应用。通过技术创新引领绿色发展方式变革，为实现碳达峰、碳中和目标提供有力支撑。在生活方式上，要倡导绿色低碳的生活理念。节约用电、用水，减少一次性塑料制品的使用，鼓励公共交通和绿色出行，都是我们在日常生活中可以践行的环保行为。此外，通过垃圾分类、废物回收等措施，将资源循环利用，降低环境负担。

专栏 5-2　包装饮用水行业的绿色消费

2024 年，杭州水务集团的千岛湖原水公司创新性地推出了全国首个包装饮用水产品碳标签——"杭水"碳标签。这一举措旨在量化评估产品全生命周期中的温室气体排放量，并通过标签向消费者透明展示，从而引导绿色消费，推动包装饮用水行业的低碳发展。"杭水"碳标签主要采用国际碳足迹评价准则，对上游原材料提取加工、原材料运输、产品生产、产品运输、产品使用和产品废弃回收等 6 个环节进行核算，对 300 毫升、500 毫升和 5 升这 3 个规格的瓶装水进行碳标签认证。以 500 毫升瓶装水为例，其全生命周期的温室气体排放量为 0.18 千克二氧化碳当量（一种度量温室效应的基本单位），相比传统生产模式，每瓶减排约 0.1 千克二氧化碳当量。将评估结果以碳标签的形式直观展示在包装上，让消费者在购买时就能了解产品的碳排放情况，从而做出更加环保的消费选择。

"杭水"碳标签的推出增强了消费者的环保意识，使他们能够在日常消费中更加关注产品的碳排放情况，从而促进了绿色消费行为的形成。这一举措为包装饮用水行业树立了低碳发展的标杆，鼓励更多企业加入低碳生产和绿色消费的行列中来。通过减少碳排放和推动绿色消费，该案例对于实现碳达峰碳中和目标、建设新型能源体系具有积极的推动作用。

资料来源：《千岛湖的水有了碳标签》，2024 年 5 月 16 日，浙江日报。

三、面向生态的环境保护与自然修复

（一）坚持山水林田湖草沙一体化保护和系统化治理

坚持山水林田湖草沙一体化保护和系统化治理，是推动生态文明建设的重要理念和实践路径。它强调从生态系统整体性出发，统筹考虑自然生态各要素之间的相互关系，打破传统的单一要素保护模式，实现全方位、全过程的生态保护与修复。这一理念要求我们遵循自然规律，尊重生态系统的内在联系，通过系统化的治理措施，提升生态系统的稳定性和服务功能，为经济社会可持续发展提供坚实的生态支撑。

党的二十大报告指出，要推进美丽中国建设，坚持山水林田湖草沙一体化保护和系统治理。统筹山水林田湖草沙系统治理，深刻揭示了生态系统的整体性、系统性及其内在发展规律，为全方位、全地域、全过程加强生态环境保护提供了方法论指导。同时，人与自然共同组成了一个高度复杂的复合生态系统，生命共同体各要素之间是普遍联系和相互影响的，不能实施分割式管理；人类必须处理好人与自然、局部与整体、发展与保护的关系；要运用系统论的思想方法管理自然资源和生态系统。要从系统工程和全局角度寻求新的生态环境治理之道，更加注重综合治理、系统治理、源头治理。以系统性、整体性的治理和修复为基础，统筹产业结构调整、污染治理、生态保护、应对气候变化，协同推进降碳、减污、扩绿、增长，统筹保护、治理和发展，努力达成环境保护和生态修复的良性循环大格局。

新时代新征程，满足经济社会高质量发展的新需求、回应人民群众对生态环境改善的新期待，必须尊重自然、顺应自然、保护自然，把握生态系统的整体性、系统性及其内在规律，坚持山水林田湖草沙一体化保护和系统治理，着力提高生态系统自我修复能力，增强生态系统稳定性，促进自然生态系统质量的整体改善和生态产品供给能力的全面增强。高质量实施生态系统保护修复工程，提升国家生态安全屏障体系质量，以高品质生态环境支撑高质量发展。

（二）坚持以自然恢复为主，人工干预为辅的治理和修复方式

坚持以自然恢复为主，人工干预为辅的治理和修复方式，其核心在于充分利用生态系统的自我恢复能力，减少人为干预可能给自然环境带来的不确定影响，让生态系统根据自我的调适能力及环境改变的现状，进行调适性恢复。

第一，以生物自然修复为主，人工干预修复予以辅助支撑。生物自然修复赋予生态系统更强的自我恢复能力和维持能力来应对外界干扰和重大破坏。自然恢复具有高度

不确定性，这意味着生态环境动态的随机性能够让某种生物在某一区域大量聚集却从另一区域毫无踪迹，这种随机过程让生态系统具有了更高水平的异质性。在"适者生存"原则下，自然修复后的生态系统往往表现出较强的适应能力，使其能够在本地找到自己的"位置"，并将其伴生、共生种带入，从而形成种间交互的层级结构，使群落的稳定性逐步提高，从而进一步提升了对环境的自我修复与可持续能力。

第二，坚持系统思维导向，开展立体式一体化的修复保护规划。大自然中各生态要素之间的关系要求我们必须从全局角度统筹山水林田湖草沙系统治理，开展一体化生态修复规划。在同一个生态系统中，山水林田湖草沙是一个相互依存、相互耦合的生命共同体。若本地区的森林被毁，则其覆盖度下降，原本的荒山就会变为光秃秃的小山，容易发生山崩；土壤侵蚀和水环境质量恶化；山区水土流失严重，植被恢复困难；河水的含沙量增加，使河床抬高，使两岸的耕地受到洪水的影响。所以，我们要从系统的角度来看待问题，而不是对各个生态因素进行单独的治理。在区域尺度上，不同生态系统中相同的元素相互关联，生态系统中各元素间的相互关联，导致区域内的不适当的人为活动，将对区域生态环境产生跨区域、跨部门的影响。

第三，生态系统的保护制度与补偿机制并行，激发社会力量参与的可持续性。以国家或有关环保团体为实施主体的生态补偿制度，是解决当前生态与经济发展之间的矛盾的一项重大措施。为维持河流全流域的生态平衡，亟需构建以全流域为核心的多元生态补偿体系，拓宽生态补偿筹资渠道，构建以中央与下游地方政府为主导，社会各方可持续参与的生态补偿体系。同时，生态补偿机制还能够有效促进产业结构优化升级。生态补偿机制可以促使企业对要素结构、产品结构、技术等进行优化，从而提升资源的利用效率和产出率，在降低企业生产过程中产生的污染的同时，也可以通过使用环境保护技术对其进行中和，从而降低环境污染所造成的额外成本。

尊重自然，顺应自然，保护自然，三者是密不可分的，必须用系统规划的全局性观点，用马克思主义的基本原则来理解这三个方面的辩证关系。要把这三个方面有机地结合起来，在保护和发展中形成一种良性的互动关系。尊重自然，是顺应自然、保护自然的最根本的生态观，它是建立绿色的生产生活模式的关键依据，唯有树立起尊重自然、敬畏自然的生态观，才能使顺应自然、保护自然的人们能够自觉地采取行动。顺应自然，就是要处理好发展与保护之间的根本关系，要以遵循自然规律为前提，以可持续发展为前提，以保护自然为前提。而保护自然又要与人类社会的发展相结合，人类的社会和文化的发展偏离了自然的生态，给自然造成了损害，从而对人类的生存造成了严重的危害，这就是对自然进行保护的一个重要根源，而人类也只能通过顺应自然的发展来实现对自然的保护。

第三节
统筹山水林田湖草沙系统治理

一、山水林田湖草沙生命共同体

（一）山水林田湖草沙生命共同体概念

"生命共同体"指的是地球上所有生物体系的总称，强调各种生物之间及其与环境之间的相互依存和共生关系。这个概念源自生态学，表达了生物多样性的重要性以及生态系统中各种生物的互动和相互依赖。生命共同体的理念说明地球上的生物并不是孤立存在的，而是相互联系、相互作用的一部分。每个生物种群的存在和健康都依赖于其他生物种群的存在和生态系统的稳定。因此，保护生物多样性、维护生态平衡和促进生物共存是保护地球生命共同体的关键。这个概念也促使人们意识到，人类活动对生命共同体的影响，从而引发了生态保护、可持续发展和环境治理等问题的重要讨论和行动。

（二）山水林田湖草沙生命共同体组成

"山水林田湖草沙生命共同体"这个概念源于中国传统哲学和生态文明理念，它强调了自然界中各种元素的相互依存和共生关系，表达了人与自然和谐共生的理念。具体来说，它包括以下几个要素：①山水。山脉和河流，代表地理环境中的高地和水域，是自然界中重要的地貌元素。②林田。森林和田野，代表植被和耕地，是生态系统中的重要生物多样性保护和农业生产的基础。③湖泊。自然形成的水体，为生态系统提供了重要的水资源，并且对地方气候具有影响。④沙。沙漠或沙地，作为自然生态系统中的一个重要部分。沙漠是陆地生态系统中独特而脆弱的生态类型，具有独特的植被和动物适应策略，对于全球的气候和生物多样性具有重要的影响。⑤草。草地或草原，是重要的生态屏障，能够防风固沙、保持水土。

二、实施整体保护、系统修复、综合治理

实施整体保护、系统修复、综合治理是推动生态文明建设的重要策略，可以有效保护和恢复生态环境的健康状态，具体包括以下几个方面。

1. 整体保护

一是，生态保护区网络。设立和完善生态保护区网络，包括自然保护区、野生动植物保护区等，保护珍稀物种和生态系统完整性。二是，生态红线。制定和实施生态保护红线政策，明确生态系统保护的基本线和底线，严格控制开发建设活动。

2. 系统修复

一是，生态修复工程。开展生态系统修复工程，包括水土保持工程、湿地恢复、荒漠化治理等，恢复生态系统的功能和服务。二是，生物多样性恢复。采取措施保护和恢复生物多样性，包括引种保护、栖息地恢复、保护濒危物种等。

3. 综合治理

一是，污染治理。加强对水、土壤和空气污染的治理，实施严格的环境监测和污染源控制措施。二是，资源综合利用。提倡资源循环利用和节约利用，推广绿色技术和清洁生产，减少资源消耗和废弃物排放。

三、建设山水林田湖草沙一体化的美丽家园

（一）建设山水林田湖草沙一体化的美丽家园意义

通过建设山水林田湖草沙一体化的美丽家园，不仅可以实现生态环境的保护和恢复，还可以推动经济、社会、文化等方面的全面发展，最终实现人与自然的和谐共处。建设山水林田湖草沙一体化的美丽家园有以下几方面的重要意义。

1. 生态平衡和环境保护

保护生物多样性：通过保护和恢复各种生态系统，可以维护和提升生物多样性，确保生态系统的稳定和健康。改善环境质量：森林、湿地等生态系统具有净化空气和水的功能，有助于改善环境质量，减少污染。

2. 应对气候变化

碳汇功能：森林和草地等生态系统能够吸收和储存二氧化碳，有助于减缓气候

变化的影响。调节气候：多样化的生态系统可以调节局部气候，减少极端天气的发生频率和强度。

3. 促进可持续发展

提高资源利用效率：通过合理规划和管理，能够提高土地和水资源的利用效率，实现资源的可持续利用。经济发展：生态农业、生态旅游等绿色产业的发展可以促进经济增长，同时减少对环境的负面影响。

4. 提升居民生活质量

健康益处：良好的生态环境有助于提升居民的身体健康和生活质量，减少疾病的发生。美丽景观：优美的自然景观不仅提供了良好的生活环境，还可以成为旅游资源，增加居民的幸福感和归属感。

5. 文化和社会效益

保护传统文化：生态保护与传统文化息息相关，通过保护生态环境可以同时保护和传承传统文化。增强社区凝聚力：社区共同参与生态建设活动，可以增强社区凝聚力，促进社会和谐。

6. 科学研究和教育

科研价值：多样化的生态系统为科学研究提供了丰富的资源，有助于推动生态学和环境科学的发展。环境教育：生态建设项目可以作为环境教育的实践基地，提高公众的环保意识和生态素养。

（二）建设山水林田湖草沙一体化的美丽家园的策略

建设山林田湖草沙一体化的美丽家园是一个复杂而综合的任务，涉及环境保护、生态恢复、土地利用规划、可持续发展等多个方面。通过以下这些措施，可以逐步实现山、水、林、田、湖、草、沙一体化发展的美丽家园建设目标。

1. 生态保护与恢复

保护现有生态系统：确保现有的山、林、湖、草、沙等生态系统不受破坏。生态修复：通过植树造林、草地恢复、湿地保护等措施恢复受损的生态系统。

2. 综合规划与管理

土地利用规划：合理规划土地利用，避免过度开发，确保各生态系统的协调发展。综合管理：采用综合管理模式，协调各部门的工作，确保各项措施的有效实施。

3. 可持续发展

可持续农业发展：推广生态农业和有机农业，减少化肥和农药的使用，保护土壤和水源。可再生能源：推广太阳能、风能等可再生能源，减少对化石能源的依赖。

4. 水资源管理

水源保护：加强对水源地的保护，防止水污染。节约用水：推广节水技术和节水措施，提高水资源利用效率。

5. 社区参与与教育

社区参与：鼓励社区居民参与到生态保护和恢复工作中，提高他们的环保意识。环境教育：开展环境教育活动，提高公众的环保意识和生态素养。

6. 政策支持与资金投入

政策支持：制定和实施有利于生态保护和可持续发展的政策法规。资金投入：增加对生态保护和恢复工作的资金投入，确保各项工作的顺利进行。

7. 科研与技术支持

科研支持：加强生态保护和恢复的科研工作，为各项措施的实施提供科学依据。技术支持：推广先进的生态保护和恢复技术，提高各项工作的效率和效果。

专栏 5-3　防沙治沙，久久为功

塞罕坝机械林场位于河北省承德市北部，地处内蒙古高原的南缘，原本是风沙肆虐的不毛之地。20 世纪 60 年代初，塞罕坝地区的生态环境极其恶劣，土地严重荒漠化，水土流失严重。为改善生态环境，1962 年开始，国家组织一支由 369 人组成的队伍，开始在塞罕坝进行大规模的植树造林工程。他们克服了极端气候条件、地形复杂、资源匮乏等多重困难，开展了系统的生态修复工作。

党的十八大以来，习近平总书记先后到内蒙古马鞍山林场、河北塞罕坝机械林场、甘肃八步沙林场、巴彦淖尔新华林场等地实地考察防沙治沙情况，多次对荒漠化防治、推进"三北"工程建设等作出明确要求。远离干旱风沙，是萦绕在治沙人心头的梦想，更是习近平总书记深切的牵挂。

在习近平生态文明思想指引下，我国已成功遏制荒漠化扩展态势。从漫天飞舞的黄沙到一望无际的绿荫，从"沙进人退"到"绿进沙退"的历史性转变，中国正成为全球荒漠生态治理新标杆。

人不负青山，青山定不负人。今天是第 30 个世界防治荒漠化和干旱日，防沙治沙，久久为功。沙海中铺展的绿色，正谱写人与自然和谐共生的壮美诗篇。

资料来源：《防沙治沙，久久为功》，2024 年 6 月 17 日，央视新闻。

第四节
建设人与自然和谐共生的现代化

一、积极稳妥推进碳达峰碳中和

（一）碳达峰碳中和的提出背景

随着全球气候变化问题日益严峻，国际社会对温室气体减排的重视程度不断提高。1990年，联合国政府间气候变化专门委员会（IPCC）发布第一份评估报告，引发了全球对气候变化问题的关注。此后，国际社会相继达成了《联合国气候变化框架公约》（1992年）、《京都议定书》（1997年）和《巴黎协定》（2015年），为各国应对气候变化提供了政策和法律框架。

在此背景下，中国作为全球最大的发展中国家，积极参与全球气候治理，提出碳达峰和碳中和目标，展现了大国责任。碳达峰和碳中和目标的提出，既是应对全球气候变化的国际责任，也是中国实现高质量发展和生态文明建设的内在需求。一方面，中国经济进入高质量发展阶段，需要通过绿色低碳转型实现可持续发展。另一方面，能源结构调整和产业升级的压力也促使中国加快向清洁能源转型。

为了履行全球增温不超过2℃目标的责任和改善生态环境质量，我国提交国家自主贡献（Nationally Determined Contributions，NDCs）中确认了二氧化碳排放量在2030年和2060年前分别达到碳峰值和碳中和的"双碳"目标，并且努力逐步实现二氧化碳净零排放。

（二）碳达峰、碳中和的概念界定

碳达峰是指某个地区或行业在某一年份或时期内二氧化碳排放量达到历史最高值，随后进入平台期并逐步下降的过程。它是碳排放量由增长转向下降的拐点，标志着碳排放进入平稳下降阶段。碳中和是指在一定时期内，国家、企业、产品或个人通过植树造林、节能减排、碳捕集与封存等措施，抵消自身直接或间接产生的二氧化碳或温室气体排放量，实现二氧化碳的"净零排放"。碳达峰的时间和峰值水平不仅决定了碳达峰的具体状态，还会直接影响碳中和目标的实现难度。碳达峰是碳中和的基础和前提，只有实现碳达峰，才能实现碳中和。碳达峰的时间早晚和峰值高低直接影响碳中和实现的时长和实现的难度。碳达峰的时间越早、峰值越低，实现碳中和的空间和灵活性越大，难度越小。碳达峰的时间越晚、峰值越高，实现碳中和所要求的技术进步和发展模式转变的速度就越快、难度就越大。碳达峰是手段，碳中和是最终目的。碳中和是对碳达峰的紧约束，碳达峰时间与峰值水平应在碳中和愿景约束下确定。

（三）推进碳达峰、碳中和的实现策略

减少碳源和增加碳汇是实现碳达峰、碳中和的主要策略，如图 5-1 所示。碳源是指来自自然和人类的生产和生活过程的二氧化碳排放。森林、草原、灌木、流域和湿地对二氧化碳的吸收和储存称为碳汇。前者的实现路径主要通过扩大可再生能源开发利

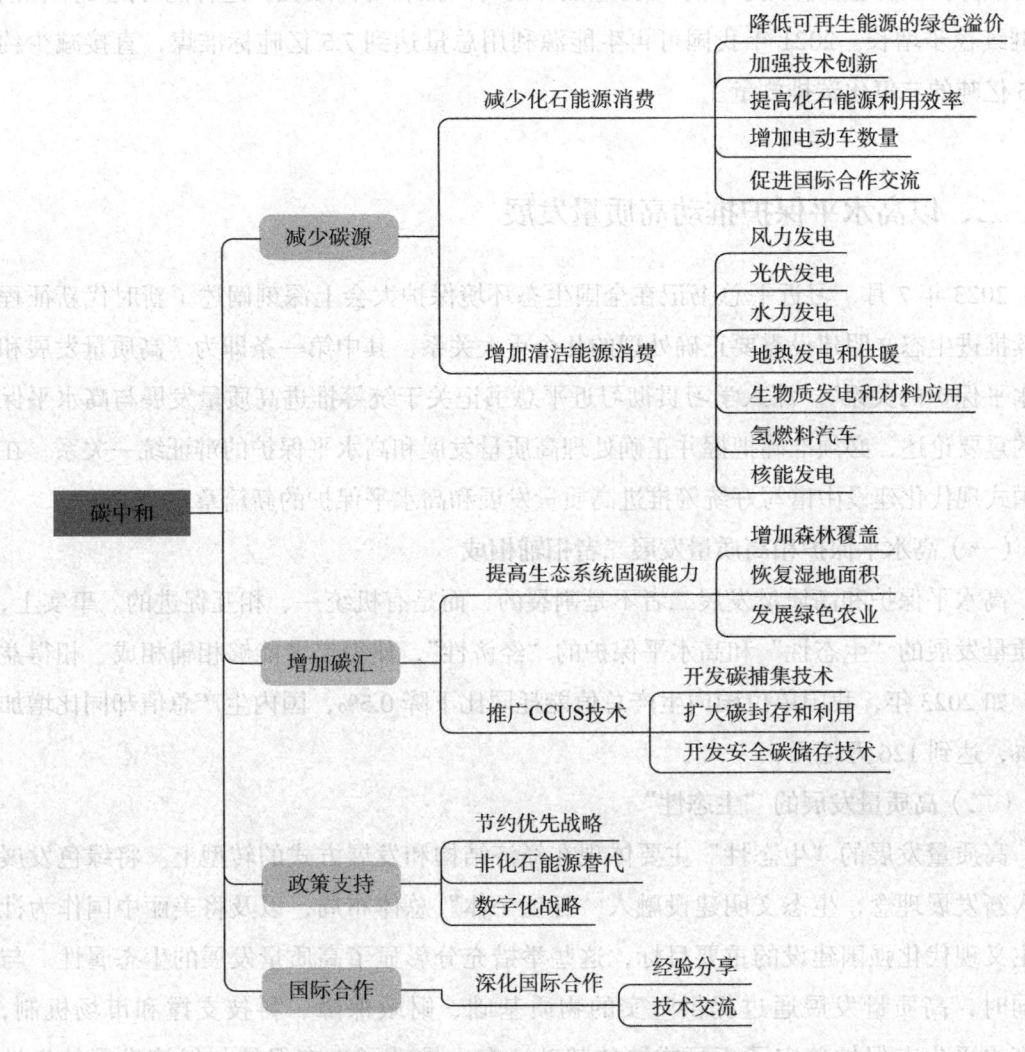

图 5-1　促进 2060 年碳中和目标实现的主要策略

用，减少化石能源消费；后者重点关注植树造林，恢复湿地生态系统，开发碳捕获利用储存（Carbon Capture，Utilization and Storage，CCUS）技术等从大气中清除二氧化碳。目前 CCUS 技术整体处于示范验证阶段，在捕集、输送、封存和利用等关键环节仍存在技术性、安全性、经济性等难题。当前碳排放的减少和吸收主要取决于生态系统的固碳能力，如森林植被、土壤、海洋、湿地等。在碳汇增加不能有效抑制净碳排放量增长的情况下，中国可以通过提高可再生能源消费和替代化石能源实现碳达峰和碳中和。风能、光能和水能等可再生能源相对来说是无碳的，具有通过替代化石燃料减少二氧化碳排放的巨大潜力；同时，主要由可再生能源驱动的大规模电力运输转型也将在减少城市碳排放方面发挥重要作用。由于可再生能源的可用性和可持续性，这种能源的使用在国内继续稳步增长。2021 年我国可再生能源利用总量达到 7.5 亿吨标准煤，直接减少约19.5 亿吨的二氧化碳排放量。

二、以高水平保护推动高质量发展

2023 年 7 月，习近平总书记在全国生态环境保护大会上深刻阐述了新时代新征程继续推进生态文明建设需要正确处理的几个重大关系，其中第一条即为"高质量发展和高水平保护的关系"。深入学习贯彻习近平总书记关于统筹推进高质量发展与高水平保护的重要论述，必须准确把握并正确处理高质量发展和高水平保护的辩证统一关系，在中国式现代化建设中谱写好统筹推进高质量发展和高水平保护的新篇章。

（一）高水平保护和高质量发展二者相辅相成

高水平保护和高质量发展二者不是割裂的，而是有机统一、相互促进的。事实上，高质量发展的"生态性"和高水平保护的"经济性"，使得二者能够相辅相成、相得益彰。如 2023 年，我国单位国内生产总值能耗同比下降 0.5%，国内生产总值却同比增加5.2%，达到 126 万亿元。

（二）高质量发展的"生态性"

高质量发展的"生态性"主要体现在经济结构和发展方式的转型上。将绿色发展纳入新发展理念，生态文明建设融入"五位一体"总体布局，以及将美丽中国作为社会主义现代化强国建设的重要目标，这些举措充分彰显了高质量发展的生态属性。与此同时，高质量发展通过提供坚实的物质基础、财政保障、科技支撑和市场机制，为高水平生态保护奠定了不可或缺的基础，有力推动了生态保护与经济发展的良性互动。

（三）高水平保护的"经济性"

高水平保护的"经济性"核心在于为高质量发展提供优质的生态产品，并打通"绿水青山"与"金山银山"的转化通道。一方面，高水平保护通过直接改善生态环境质量，提升高质量发展的整体品质；另一方面，保护生态环境本质上是保护生产力，而改善生态环境则是发展生产力的重要途径。通过完善生态产品价值实现机制和横向生态保护补偿机制，加快绿色科技创新与先进绿色技术的推广应用，打造高效生态绿色产业集群，能够进一步凸显良好生态环境所蕴含的巨大经济价值。

统筹推进高质量发展和高水平保护，既是生态环境保护工作面临的重要挑战，也是推进中国式现代化需要正确把握的重大关系，进一步拓展了中国式现代化的生态文明意蕴。在中国式现代化建设过程中，我们始终要把握好高质量发展和高水平保护的辩证统一关系，完整、准确、全面贯彻新发展理念，坚定不移地走人与自然和谐共生的中国式现代化道路，站在高水平保护的高度谋划高质量发展，通过高水平保护为高质量发展蓄积新动能和新优势，在中国式现代化建设中谱写好统筹推进高质量发展和高水平保护的新篇章。

三、提升生态系统多样性、稳定性、持续性

（一）生态系统多样性对人类生存发展至关重要

生态系统多样性（Ecosystem Diversity）是指生物圈内生境、生物群落和生态系统的多样性以及生态系统内生境差异、生态过程变化的多样性。多样性越高，生态系统就越稳定，能够更好地适应外部环境变化，抵御疾病和灾害的侵袭。多样性还可以促进食物链的平衡，维持生态系统的正常功能。

专栏 5-4　生物多样性对人类生存发展至关重要

澳大利亚大堡礁海洋公园管理局主席伊恩·波因纳博士日前表示，生物多样性对于人类的生存和发展起着至关重要的作用，希望联合国《生物多样性公约》第十五次缔约方大会（COP15）第二阶段会议能推动国际社会采取行动，遏制生物多样性丧失。

波因纳在接受新华社记者书面专访时说，人类需要依靠生态系统提供的各项服务功能而生存，包括淡水、授粉、土壤的肥力和稳定性等，而生态系统的健康和恢复能力

与生物多样性直接相关。如果因生物多样性丧失导致生态系统受损，同时考虑到全球不断增长的人口带来的需求上升，生态系统提供服务功能的能力就会大幅下降。一个健康的自然生态系统有助于缓解气候变化。例如，森林、湿地以及红树林和海草床等海洋栖息地，在从大气中吸收二氧化碳方面都发挥着关键作用。因此，保护和恢复陆地和水域中的自然空间对于适应已经发生的气候变化至关重要。

大堡礁是澳大利亚东北海岸外一系列珊瑚岛礁的总称。它全长2 300多公里，约占全球珊瑚礁生态系统的10%，是世界上最大的珊瑚礁群，也是地球上最复杂的自然生态系统之一。大堡礁海洋公园管理局数据显示，大堡礁生态系统内生活着种类繁多的生物，包括约600种珊瑚、100多种水母、约3 000种软体动物、约500种蠕虫、1 600多种鱼类、30多种鲸鱼和海豚。

1981年，大堡礁被联合国教科文组织列入世界遗产名录。澳大利亚联邦政府和昆士兰州政府于2015年共同出台《大堡礁2050长期可持续计划》，提出从生态系统健康、生态多样性、遗产、水质、社区益处、经济益处、治理7个方面保护和管理大堡礁。

为更好保护大堡礁，澳大利亚于1975年建立大堡礁海洋公园。该公园占地面积约34.4万平方公里，包括约3 000个珊瑚礁、600个大陆性岛屿、300个珊瑚岩和150个近岸红树林岛屿。大堡礁管理局负责人波因纳介绍说，大堡礁海洋公园管理局对大堡礁采取多用途分区管理方式，其中包括一个被称为"绿色区域"的禁止捕捞海洋保护区，约占整个海洋公园面积的三分之一。此外，管理局还通过立法、制定管理计划、与土著居民达成协议、实施许可证等做法进行管理，并开展一系列教育、科普和研究工作。

资料来源：《专访：生物多样性对人类生存发展至关重要——访大堡礁管理局负责人波因纳》，2022年12月11日，新华网。

（二）提升生态系统多样性、稳定性、持续性刻不容缓

生态系统的稳定性是指面对外部干扰时，系统能够保持其结构和功能的能力。提升生态系统的稳定性需要采取综合性措施，包括增加物种多样性、恢复生态平衡和减少人为干扰等。

生态系统的持续性指的是系统能够长期稳定运行，同时满足人类需求和保护自然环境。为了实现生态系统的持续性，需要采取可持续发展的理念，平衡经济增长和环境

保护，实现生态、经济和社会的协调发展。

专栏 5-5　实践中全方位提升生态系统多样性、稳定性、持续性

党的十八大以来，我国生态保护修复力度持续加大，建立实施一系列生态保护修复制度和工程，生态系统多样性、稳定性、持续性得到稳步提升。2016 年以来，全国实施 5 批次 44 个山水林田湖草沙一体化保护和修复工程，整体提升了三区四带等重点生态地区和国家战略区域的生态系统质量。2020 年，《全国重要生态系统保护和修复重大工程总体规划（2021—2035 年）》正式印发实施，从全局角度统筹谋划生态系统保护与修复总体布局，实施全国重要生态系统保护和修复重大工程总体规划和 9 个专项规划，促进自然生态系统整体保护、系统修复和综合治理。如今，各地对生态环境保护高度重视，生态修复、生态建设工程日益增多，取得显著成效。一系列实践表明，自然要素之间不是孤立的，而是相互依存、相互联系的，应以增强生态系统多样性、稳定性、持续性为目标，科学认识生态系统的内在规律，统筹考虑各自然生态要素，坚持山水林田湖草沙一体化保护和系统治理，在理念、制度、工程等方面协同发力，不断增强各项措施的关联性和耦合性，促进自然生态系统质量的整体改善和优质生态产品供给能力的全面增强。

资料来源：《科学实施生态保护修复，提升生态系统多样性稳定性持续性》，日期：2023 年 6 月 20 日，中国环境报。

四、守住自然生态安全底线

（一）自然生态安全底线的重要性

生态安全是国家安全体系的重要组成，也是生态文明建设的重要基础。建设生态文明，功在当代，利在千秋。党的十八大以来，习近平总书记反复强调生态文明建设的重要性，要为自然守住安全边界和底线，形成人与自然和谐共生的格局。自然生态安全底线是指生态系统的稳定和功能的基本保障线，是确保生态环境持续健康的关键。守住自然生态安全底线意味着保护生物多样性，维护水源地和生态系统的稳定，防止自然灾害等。

　　云南三江并流自然保护区位于中国云南省怒江傈僳族自治州，是中国最大的国家级自然保护区之一，也是全球生物多样性最为丰富的地区之一。这一地区拥有雄伟的山脉、清澈的河流、茂密的森林和丰富的野生动植物资源，被誉为"东方的阿尔卑斯"。

　　由于长期的过度开发和人类活动，三江并流自然保护区的生态环境遭受了严重的破坏，水源减少、野生动植物数量锐减、生态平衡失衡等问题严重威胁着当地生态系统的健康和稳定。

　　为了守住自然生态安全底线，当地政府和居民共同努力，采取了一系列积极的保护措施。他们加强了对非法砍伐和开发的监管力度，推动生态修复和恢复工程，开展环境教育和宣传活动，建立了生态补偿机制，鼓励居民参与生态保护。

　　经过多年的努力，三江并流自然保护区的生态环境逐渐得到改善，很多濒危物种的数量得以恢复，森林覆盖率逐渐提高，水源水质得到明显改善。

　　资料来源：《为了人与自然和谐共生——云南"三江并流"地区决战精准脱贫的"生态画卷"》，2019 年 10 月 12 日，中华人民共和国中央人民政府网。

（二）守住自然生态安全底线的措施

1. 加强环境监测和评估体系

通过建立完善的监测网络，及时获取环境数据，可以更好地了解生态系统的状况，并及时发现问题。相关案例如下。

中国环境监测体系的改进。中国政府近年来不断完善环境监测体系，通过建立更多的监测站点、引入先进技术设备以及提高数据采集与分析的频率和准确性来加强对大气、水质、土壤等环境因素的监测。例如，中国在全国范围内建设了大量自动监测站点，并推广使用遥感技术监测环境变化，以提高监测数据的全面性和及时性。

日本核泄漏事故后的监测与评估。2011 年福岛核泄漏事故后，日本政府实施了广泛的环境监测与评估工作，通过在事故周边地区建设监测站点、对空气、水源、土壤等进行持续监测，并公开监测数据，以及制定应对措施来保障公众健康和环境安全。

欧盟的环境监测与评估体系。欧盟成员国通过建立共同的环境监测和评估体系，如欧洲环境署（EEA），对空气质量、水质、生物多样性等进行跨国监测与评估，为制定环境政策和管理提供科学依据，促进环境可持续发展。

以上案例说明了加强环境监测和评估体系的重要性，有效的监测与评估不仅有助于及时发现环境问题，还能为环境保护政策的制定和实施提供科学支撑。

2. 推动生态修复和恢复工作

许多地区的生态系统受到人类活动的破坏，需要进行生态修复，恢复原本的生态功能。2021年，自然资源部国土空间生态修复司发布了《中国生态修复典型案例集》（含18个案例），向全球推介生态与发展共赢的"中国方案"。

纳入《中国生态修复典型案例集》的18个典型案例包括：塞罕坝机械林场治沙止漠筑牢绿色生态屏障，华北河湖生态补水，上海青西郊野公园生态修复，绿金湖矿山地质环境生态修复，长汀县水土流失综合治理与生态修复，右玉县荒漠化防治，温州洞头蓝色海湾整治行动，云南滇金丝猴全境保护，厦门市筼筜湖生态修复，重庆市渝北区铜锣山矿区生态修复，广东湛江红树林造林项目，河南小秦岭国家级自然保护区矿山环境生态修复治理，浙江杭州西湖区双浦镇全域土地综合整治与生态修复，古浪八步沙林场荒漠化防治，娄底冷水江锑煤矿区山水林田湖草系统治理，锡林浩特退化草原生态修复，寻乌县废弃矿山综合治理，广阳岛生态修复实践创新。

这些案例分布在我国东、中、西部不同地区，涉及自然、农业、城市等多种生态类型，采取各具特色的保护修复措施，对我国乃至全球基于自然的解决方案本地化应用具有示范和借鉴作用。

3. 加强生态保护法律法规建设

通过立法、加强执法力度，明确环境保护责任，严惩违法行为，可以规范人们的行为，营造良好的生态环境。政府应当根据实际情况制定和修改相关法律法规，确保法律体系科学完备、具有针对性和可操作性。例如，修订环境保护法、森林法等，加大对环境污染和资源浪费行为的惩罚力度，建立健全生态文明法治体系。

同时，加强监督执法力度。建立健全监督机制，加强对法律法规执行情况的监督，提高执法效率和水平。同时，加强环保部门的执法能力和技术水平培训，确保执法公正、严格、高效。

此外，加强生态保护法律法规建设还需要增强公众参与意识。通过加强宣传教育，提高公众对生态环境保护的认识和意识，引导广大市民积极参与到生态环保工作中来。促进社会各界的共同参与和合作，形成推动生态环保的良好氛围。

　1.　为什么生态文明建设在现代社会中显得尤为重要？

2.　在进行环境管理和政策制定时，为什么需要采用社会－经济－自然复合生态系统观？

3.　请以一个实际案例阐释社会－经济－自然复合生态系统观在环境保护中的应用。

4.　促进人与自然和谐共生的重点任务是什么？

5.　推进生态文明建设过程中如何处理好"自然恢复和人工修复的关系"？

6.　请举例说明"山水林田湖草沙"各要素之间的相互关系及其治理措施。

7.　请列举一个实际案例，说明建设山水林田湖草沙一体化美丽家园建设的成功经验。

参考文献　[1]　左玉辉. 环境学 [M]. 北京：高等教育出版社，2010.

[2]　潘岳. 生态文明：概念、理论与实践 [M]. 北京：人民出版社，2015.

[3]　贾康. 绿色发展：理念、政策与路径 [M]. 北京：经济科学出版社，2018.

[4]　郭湛. 绿色发展：理念、政策与路径 [M]. 北京：中国环境科学出版社，2016.

[5]　李子. 塞罕坝：从荒漠到绿洲的生态奇迹 [M]. 北京：人民出版社，2017.

[6]　李强. 山水林田湖草系统治理理论与实践 [M]. 北京：中国环境科学出版社，2019.

[7]　张华. 生态系统管理与保护 [M]. 北京：科学出版社，2018.

[8]　王伟. 生态文明与综合治理 [M]. 北京：人民出版社，2020.

[9]　刘华，王强. 中国山水林田湖草沙系统治理的进展与展望 [J]. 环境管理学报，2018，10（3）：15-25.

[10]　张伟，李丽. 统筹山水林田湖草沙系统治理的理论与实践探讨 [J]. 生态学报，40（2），45-54，2020.

[11]　LIU Y，WANG S. Integrated management of mountain, water, forest, farmland, lake, grass, and sand systems in China: Progress and perspectives [J]. Journal of Environmental Management，2018，213：558-567.

[12]　ZHANG J，LI Y. Systematic governance of mountain-river-forest-farmland-lake-grassland-desert complex ecosystems in China [J]. Environmental Science & Policy，2020，105：123-130.

[13]　CHEN H，ZHAO L. Holistic management approaches for mountain, water, forest, farmland, lake, grass, and sand systems in China [J]. Land Use Policy，2019，87：104047.

[14] 李祖扬，邢子政.从原始文明到生态文明——关于人与自然关系的回顾和反思[J].南开学报，1999（3）：37-44.

[15] 叶文虎.论人类文明的演变与演替[J].中国人口.资源与环境，2010，20（4）：106-109.

[16] 齐晔，蔡琴.可持续发展理论三项进展[J].中国人口·资源与环境，2010，20（4）：110-116.

[17] 赵伟，姚秉轩，顾慧卿.马克思主义生态观同中华优秀传统生态文化相结合的内在机理与话语创新[J].决策与信息，2024（5）：26-34.

[18] 潘家华.生态文明建设的理论构建与实践探索[M].北京：中国社会科学出版社，2019.

[19] 张晔.加快生产生活方式绿色转型[N].人民日报，2024-02-22.

[20] 陈帅，黄娟."双碳"目标赋能绿色生产生活方式的机理、路径及保障机制[J].哈尔滨工业大学学报（社会科学版），2024，26（1）：129-135.

[21] 胡静，闫湖，张宁，等.绿色低碳的生产方式和生活方式的认知体系及关键问题[J].中国电力，2023，56（11）：246-254.

[22] 徐嘉祺，佘升翔，刘雯."双碳目标"引领生产生活方式绿色转型研究[J].理论探讨，2021（6）：132-137.

[23] 习近平.坚持山水林田湖草沙一体化保护和系统治理[J].资源导刊，2022（12）：4.

[24] 张云飞，李娜.坚持山水林田湖草沙冰系统治理[J].城市与环境研究，2022（1）：12-30.

[25] 成金华，尤喆."山水林田湖草是生命共同体"原则的科学内涵与实践路径[J].中国人口·资源与环境，2019，29（2）：1-6.

[26] 王夏晖，何军，饶胜，等.山水林田湖草生态保护修复思路与实践[J].环境保护，2018，46（Z1）：17-20.

[27] 孙金龙，黄润秋.新时代新征程建设人与自然和谐共生现代化的根本遵循[J].环境与可持续发展，2023，48（4）：8-11.

[28] CHU ZM, CHENG M, YU NN. A smart city is a less polluted city [J]. Technological Forecasting and Social Change, 2021, 172: 121037.

[29] ZHAO X, MA X, CHEN B, et al. Challenges toward carbon neutrality in China: Strategies and countermeasures [J]. Resources, Conservation and Recycling, 2022, 176: 105959.

[30] SALVIA M, RECKIEN D, PIETRAPERTOSA F, et al. Will climate mitigation ambitions lead to carbon neutrality? An analysis of the local-level plans of 327 cities in the EU [J]. Renewable & Sustainable Energy Reviews, 2021, 135: 110253.

[31] LIN B，ZHU J. Impact of energy saving and emission reduction policy on urban sustainable development：Empirical evidence from China [J]. Applied Energy，2019，239：12-22.

[32] SHAO S，CHEN Y，LI K，et al. Market segmentation and urban CO_2 emissions in China：Evidence from the Yangtze River Delta region [J]. Journal of Environmental Management，2019，248：109324.

[33] YU Y，YANG X，LI K. Effects of the terms and characteristics of cadres on environmental pollution：Evidence from 230 cities in China [J]. Journal of Environmental Management，2019，232：179-187.

[34] ZHU B，JIANG M，WANG K，et al. On the road to China's 2020 carbon intensity target from the perspective of "double control" [J]. Energy policy，2018，119：377-387.

[35] IPCC. Special Report on Global Warming of 1.5℃ [R]. UK. https：//www.ipcc.ch/sr15/，2018.

[36] CHI Y，LIU Z，WANG X，et al. Provincial CO_2 Emission Measurement and Analysis of the Construction Industry under China's Carbon Neutrality Target [J]. Sustainability，2021，13：1876.

[37] FANG J，YU G，LIU L，et al. Climate change，human impacts，and carbon sequestration in China [J]. Proceedings of the National Academy of Sciences，2018，115：4015-4020.

[38] PACALA SW，HURTT GC，BAKER DJ，et al. Consistent Land- and Atmosphere-Based U.S. Carbon Sink Estimates [J]. Science，2001，292：2316-2320.

[39] 张轩硕. 习近平关于生态文明建设重要论述研究 [D]. 喀什：喀什大学，2020.

[40] 刘杰. 我国可再生能源效率的测度、收敛性及对碳中和的影响研究 [D]. 武汉：中国地质大学，2022.

[41] 郇庆治. 建设人与自然和谐共生的现代化 [J]. 学习月刊，2021（1）：9-11.

[42] 中共中央关于制定国民经济和社会发展第十四个五年规划和二〇三五年远景目标的建议 [J]. 中国民政，2020（21）：8-21.

[43] 周兴会. 正确处理高质量发展和高水平保护的关系 [J]. 新型城镇化，2024（8）：13.

[44] 王丛霞. 统筹推进高质量发展和高水平保护 [J]. 红旗文稿，2024（20）：45-48.

[45] 中国可再生能源发展报告 2021.

[46] 中华人民共和国 2023 年国民经济和社会发展统计公报.

第六章

法治和制度保障

本章深入剖析了生态文明建设在新时代中国特色社会主义法治体系中的核心地位，强调了习近平法治思想对于生态文明法治化的引领作用。文中阐述了法治精神对于实行最严格的生态环境保护制度的重要性，并从法律的规范、引导和保护三个维度，具体分析了其在生态文明建设中的关键作用。通过一系列具体法律实例，展示了法律如何有效规范环境行为、激励环保行动以及保护自然资源和生物多样性。此外，本章还探讨了生态文明建设的法律框架和制度保障，包括国家层面的法律法规、地方性法规与政策以及国际法和国际合作，旨在构建一个系统完备、科学规范、运行有效的生态文明法治体系。最后，本章强调了加强生态文明制度体系建设的必要性，以及推动实现人与自然和谐共生的社会目标。

教学 PPT

第一节
以法治精神实行最严格的生态环境保护制度

习近平在全国生态环境保护大会上指出："用最严格制度最严密法治保护生态环境"。这为新时代中国的生态文明法治建设提供了科学的指导 [1]。法治精神的贯彻实施是确保生态环境保护得以严格开展的关键。法律在生态文明建设中发挥着至关重要的作用，它通过确立规范性约束、引导社会各界参与，以及提供保护机制，为生态环境保护提供了坚实的基础。生态文明建设的法律框架和制度保障是实现可持续发展目标的基石，以法治实行最严格的生态环境制度是推进生态文明建设的必然要求。

一、法律在生态文明建设中的作用

法律在生态文明建设中扮演着多重作用。首先，法律通过设定清晰的环境保护标准和资源利用规范，发挥着不可或缺的规范作用。其次，法律通过激励政策、公共参与和教育，以及促进绿色采购与消费等手段，有效引导社会各界积极参与生态文明建设。最后，法律通过确保自然资源的合理利用、生物多样性的保护和已破坏环境的修复，提供了至关重要的保护作用。

（一）法律对生态文明建设的规范作用

在生态文明建设中，法律的规范作用是核心和基石，它通过制定明确的环境保护与资源利用标准，对个体及集体行为进行规范。法律对生态文明的规范作用体现在以下三个方面。

1. 限制性规定

限制性规定是指法律中明确规定的禁止或限制性行为，如排放标准和资源开采限额。《中华人民共和国大气污染防治法》和《中华人民共和国水污染防治法》中严格规

1　　吕忠梅. 习近平生态文明思想的"最严法治"论 [J]. 法学，2024（5）：3-20.

定了企业的排放标准，违反这些标准的个人或企业将受到罚款、停产整顿等处罚。例如，2018 年修订后的《中华人民共和国大气污染防治法》规定了重点污染物排放总量控制和排放许可制度，超标排放的单位和个人将面临重罚。在实践操作中，北京市环保局就曾对多家违反大气排放标准的企业进行了处罚，有效减少了污染物的排放。

2. 强制性措施

强制性措施主要指法律要求在进行某些活动前必须达到的环境保护标准，如环境影响评估和排污许可证制度。《中华人民共和国环境影响评价法》规定，任何可能对环境产生重大影响的项目都必须进行环境影响评价，未经审批不得开工建设。这一机制在实际操作中发挥了重要作用，如 2017 年某地因未进行环境影响评价而擅自建设化工厂，被当地环保部门叫停并处以罚款，有效避免了可能的环境污染。

3. 监管机制

法律建立的环境监管机构和制度，如环保部门的定期检查和环境监测，保证了法规的严格执行。在中国，环保部门定期对污染源进行监控和检查，确保各项环保法规得到落实。采用遥感技术对企业排放进行实时监控已成为常态，一旦发现违规排放立即进行处理。例如，2018 年江苏省生态环境厅利用遥感监测发现某化工园区存在大面积超标排放问题，立即组织执法力量进行了整治，极大提升了环境治理的效率和效果。

法律在生态文明建设中的规范作用是多维度的。限制性规定直接限定了行为标准，强制性措施保障了预防为主的原则得以实现，而监管机制则确保了这些规定和措施不是空文。这种法律的规范作用是维护生态平衡、促进可持续发展不可或缺的，它要求政府、企业和公民必须共同遵守和执行，以确保生态文明的建设目标能够实现。通过法律的规范，可以有效地引导、约束并改变社会各界的行为方式，推动生态文明建设向更深层次、更高水平发展。

（二）法律对生态文明建设的引导作用

法律在引导社会各界积极参与生态文明建设方面扮演着重要角色。除了通过硬性规定直接规范行为外，它还通过激励政策、公共参与和教育以及促进绿色采购与消费等方式，间接推动环保意识的提升和环保行动的实施。

1. 激励政策

激励政策是利用经济手段来鼓励企业和个体实施环保措施的有效策略。在中国，政府通过提供税收减免、补贴等激励措施，刺激企业和个人投资于绿色技术的研发和应用。例如，根据《中华人民共和国节能减排税法》，对符合条件的节能减排项目给予税收优惠，这包括对使用新能源和可再生能源的项目减免所得税。这种政策不仅减轻了企业的财务负担，还提高了企业采用环保技术的积极性。

2. 公共参与和教育

环境法律的制定和实施要重视公众的参与和环境教育。通过法律确立的信息公开机制，比如环境信息公开办法，保障了公众获取环境信息的权益，增加了透明度，使公众能够参与到环境保护的监督和决策过程中。此外，环境教育法的规定促进了环境知识的普及，提升了公民的环保意识。在学校和社区开展的环境教育活动，使公众更加认识到生态环境保护的重要性，并鼓励他们在日常生活中采取环保行动。

3. 绿色采购与消费

引导政府和社会进行绿色采购是推动生态文明进程的又一法律手段。政府部门被要求在采购中优先考虑绿色、低碳的产品和服务，以示范效应引领社会公众的消费取向。《政府采购法》中加入了绿色环保的条款，规定政府应当优先购买节能、环保产品。这不仅能减少公共资源的浪费，还能促使市场向更环保的产品和服务转变。进一步地，通过宣传教育和政策引导，法律也倡导企业及公众采取低碳生活方式，如使用公共交通、减少一次性产品使用等，共同推动消费模式的绿色转型。

法律在引导社会各界积极参与生态文明建设方面起到了桥梁和推动器的作用。通过激励政策激发企业及个人在环保方面的积极性，通过公共参与和教育提升公众环保意识和能力，以及通过绿色采购与消费引导市场和生活实践向环保方向转变，这些举措共同作用，有助于形成全社会的生态文明建设合力。这不仅表明了法律在生态问题上的权威性和普遍影响力，也展示了其在现代社会中引导和教育公众的重要功能。通过这种方式，法律不仅规范行为，更塑造了公民的环保责任感和行动力，为生态文明的长远发展打下坚实的基础。

（三）法律对生态文明建设的保护作用

法律在生态文明建设中的保护作用是其最核心的功能之一，涉及资源的合理利用和生态环境的保护。通过具体的法律条款，法律确保自然资源得到保护、生物多样性得以维持，同时促进已被破坏环境的恢复。

1. 资源保护法

在中国，特定的法律如《中华人民共和国水法》和《中华人民共和国森林法》等都是为了确保自然资源得到有效保护和合理利用而制定。《中华人民共和国水法》规定了全国水资源的保护、开发和管理策略，强调水资源的节约使用和保护水源区，禁止任何单位和个人污染水源。《中华人民共和国森林法》则旨在保护和管理森林资源，防止滥伐森林，并推广植树造林，恢复和增强森林生态系统的质量和服务功能。这些法律规定不仅明确了资源利用的限制，还提供了监管和管理资源的框架。

2. 生物多样性保护

生物多样性的保护是全球性的议题，中国通过《中华人民共和国野生动物保护法》《中华人民共和国野生植物保护条例》和设立自然保护区的措施来应对这一挑战。《中华人民共和国野生动物保护法》《中华人民共和国野生植物保护条例》提供了保护和拯救珍稀濒危野生动植物的法律依据，严格限制和控制相关的开发和贸易活动。此外，中国的自然保护区制度覆盖了众多生态类型，从湿地到森林再到草原，各类保护区不仅为野生生物提供栖息地，也为科研和公众教育提供了基地。

3. 环境恢复法律

对于那些已经遭到破坏的环境和生态系统，中国法律体系中也明确规定了环境恢复的责任和方式。例如，根据《中华人民共和国土地管理法》和《中华人民共和国环境保护法》，对于因开发等活动被破坏的土地，相关责任者必须进行土地复垦和生态修复。这包括恢复土壤质量、重新植被以及修复受损的水系等措施。这些法律条款确保了责任人不能逃避对环境造成的负面影响，同时鼓励采用先进的科技和方法以实现环境的可持续恢复。

法律在生态文明建设中起到了至关重要的保护作用。从确保水资源和森林资源的合理利用，到保护生物多样性，再到推动已破坏环境的有效恢复，法律为生态文明的建设提供了坚实的保障基础。这些法律不仅体现了国家对环境保护的重视，也反映了全社会对可持续发展责任的认知和承担。通过这种方式，法律不仅保护了自然资源和生态系统，也维护了人类自身的生存和发展利益。

二、生态文明建设的法律框架与制度保障

（一）生态文明建设的法律框架

中国在生态文明建设方面的法律框架，涵盖国家层面的法律法规、地方性法规与政策以及国际法和国际合作。

1. 国家层面的法律法规

中国的生态文明建设法律体系以《中华人民共和国宪法》为基础，明确规定了国

家推动可持续发展和环境保护的责任。此外，具体法律如《中华人民共和国环境保护法》《中华人民共和国水法》《中华人民共和国森林法》等，为资源保护和环境管理提供了明确的规范和指导。

《中华人民共和国环境保护法》：作为环境保护的基本法，规定了环境保护的基本原则、监督管理体系及污染防治措施。该法律确立了"预防为主、防治结合"的原则，要求各级政府及其相关部门负责实施并监管环境质量。自1989年首次颁布以来，该法律经历了数次修订，2014年修订增加了对公众参与和透明度的要求，规定了环境保护税和环境损害赔偿制度。

《中华人民共和国水法》：此法规定了水资源的保护、开发和管理策略，强调水资源的节约使用和保护水源区，禁止任何单位和个人污染水源。自1988年首次颁布以来，该法在2002年、2009年和2016年进行了修订，以更有效地管理水资源并保护水质。这部法律规定了水资源的所有权和使用权，建立了水资源费征收机制，并强化了对水污染的处罚。

《中华人民共和国森林法》：旨在保护和管理森林资源，防止滥伐森林，并推广植树造林，恢复和增强森林生态系统的质量和服务功能。自1984年首次颁布以来，该法在1998年和2009年进行了修订。修订增加了对生态公益林的保护，强化了森林生态保护和恢复的措施。

2. 地方性法规与政策

在中国，地方政府根据本地实际情况，制定了一系列与生态文明建设相关的地方性法规和政策。这些法规和政策在实现国家环保目标的同时，也考虑到了地方特色和需求。例如，京津冀地区为了应对严重的空气污染问题，制定了比国家标准更严格的大气污染防治措施。包括限制高排放车辆的使用、优化工业结构、推广使用新能源等措施。长江经济带也实施了一系列生态环境保护规划，强调生态修复、污染防治与绿色发展理念。

3. 国际法与国际合作

中国政府积极参与国际环保法律体系的构建和国际合作，批准了多项国际环保协议，如《巴黎协定》和《生物多样性公约》。这些协议反映了中国在全球气候治理和生物多样性保护方面的承诺与行动。《巴黎协定》旨在控制全球变暖温度上升幅度，中国承诺到2030年前将二氧化碳排放强度较2005年下降60%～65%。《生物多样性公约》则旨在保护全球生物多样性，到2030年遏制生物多样性丧失趋势。中国不仅在国内执行这些协议的规定，还积极推动国际合作项目的实施。

中国已建立一套相对完善的生态文明建设法律框架。从国家到地方，再到国际社会，形成了立体的、多层次的生态环境保护法律体系。这不仅体现了中国对生态文明建设的重视，也展示了其在全球环保事务中扮演的积极角色。然而，法律的有效性还需依赖于严格的执法和广泛的公众参与，未来应继续强化法律执行力度并提高公众环保意识，共同推进生态文明建设进程。

（二）生态文明建设的制度保障

生态文明建设中的四个关键制度保障，包括资源管理制度、环境保护制度、生态补偿机制和绿色经济政策。这些制度保障共同构成了中国推进生态文明建设的法律和政策基础，确保了自然资源的合理利用、环境质量的提升和生态系统的恢复与保护。

1. 资源管理制度

资源管理制度旨在实现资源的可持续利用和长期保护。这包括水资源管理、土地使用规划和矿产资源开发等方面的规定。例如，《中华人民共和国水法》通过建立全面的水资源管理体系来保护和合理利用水资源。该法律促进了水资源的节约和保护，规定了水资源的所有权和使用权，建立了水资源费征收机制。此外，《中华人民共和国土地管理法》严格规定了土地的合理利用和保护方针，推广节约集约用地，防止不合理的土地使用导致的生态破坏。

2. 环境保护制度

环境保护制度通过制定严格的环境保护法规来减少污染和改善环境质量。具体措施包括环境影响评估制度和污染物排放许可制度。环境影响评估制度要求所有新项目在启动前进行环境影响评估，以预测和缓解可能对环境造成的负面影响。污染物排放许可制度通过排污许可证制度控制污染源的排放量和种类，企业必须遵守国家或地方规定的排污标准，违者将面临罚款或其他法律责任。

3. 生态补偿机制

生态补偿机制是通过经济激励来促进生态保护和恢复的行为。具体包括生态转移支付和环境服务支付。生态转移支付是政府为那些在生态保护方面作出贡献但牺牲了部分经济发展机会的地区提供财政支持。环境服务支付是指建立市场机制，允许环保成果（如碳信用、水质信用）的买卖，激励更多的投资流向环境保护和生态恢复项目。

4. 绿色经济政策

绿色经济政策推动传统经济向低碳、环保和可持续方向转型。具体政策包括绿色税收和绿色金融。绿色税收引入环保税和资源税，调整能源价格，以反映其环境成本，并激励资源的有效使用。绿色金融发展绿色债券、绿色银行贷款等金融产品，为绿色产业提供资金支持，促进环保技术的研发和应用。

这些制度保障构成了中国生态文明建设的法律和政策基础，通过综合施策确保自然资源的合理利用、环境质量的提升和生态系统的恢复与保护。随着制度的不断完善和执行力度的加强，可以进一步有效推动中国乃至全球的生态文明建设和可持续发展。

三、以法治精神推进生态文明建设

法治精神是生态文明建设的基础，确保所有环境保护措施都有法律依据，增强政策的连续性和稳定性，它通过正式立法程序，将环保理念转化为实际可执行的法律条文。以法治精神推进生态文明建设的过程中，科学立法、严格执法、公正司法和全民守法构成了生态文明建设的四大支柱。

（一）科学立法是生态文明建设的前提

生态文明的科学立法是确保环境法规与社会发展需求相适应的基础。习近平总书记指出："推进科学立法、民主立法，是提高立法质量的根本途径"。科学立法要求立法者将生态规律作为制定法律的准则，推动环境法向生态法的方向发展，并在各相关法律中体现生态文明的理念。此外，科学立法和民主立法的推进是提高立法质量的根本途径，需要完善立法机制，创新公众参与方式，广泛听取意见与建议。习近平总书记的指示强调了立法工作的持续性和重要性。生态文明立法需适应生态环境保护和建设的迫切需要，解决理念陈旧、立法空白、法规配套不及时、法律适时性不足、法律衔接不一致及操作性不强等问题。可以从以下几个方向着手：第一，理念更新。生态立法必须以尊重、保护和顺应自然为核心，受生态规律的约束，确保立法活动与自然法则相协调。第二，立法重心转变。由"经济优先"向"生态与经济相协调"转变，倡导人口与生态、经济与生态相适应。第三，公众参与。推进科学立法、民主立法，完善立法机制，创新公众参与方式，广泛听取意见与建议。

（二）严格执法是生态文明建设的关键

法律的生命力和权威在于实施。习近平总书记强调"天下之事，不难于立法，而难于法之必行。"当前，我国环境执法面临诸多挑战，包括地方领导环境保护意识不足、地方保护主义、环境监管不力等问题。这些问题导致环境立法难以有效执行，环境安全得不到保障。因此，加强环境执法力度，确保法律得到严格执行，是维护生态环境安全的关键。可以从以下几个方向着手：第一，提升执法能力。加强执法人员专业培训，提高环境法律知识和执法技能。第二，技术辅助执法。利用信息技术提高执法效率和准确性。第三，社会监督。鼓励公众参与环境监督，增强执法的社会支持。严格环境执法，依法严厉打击生态环境破坏行为。要根据国家有关规定，完善配套制度措施，加强对违法排污行为的监管执法。对造成重大环境污染事故、引发群体性事件、造成恶劣社会影响的单位和个人，依法追究法律责任。要加强对环境违法典型案例的曝光，强化社会监督和舆论监督。

专栏6-1　滇池沿岸违规违建案

　　滇池沿岸违规违建问题是中国生态环境保护的一个典型警示案例。滇池，位于云南省昆明市，是中国西南地区的重要淡水湖泊。然而，近年来，滇池沿岸的违规建设活动严重破坏了湖泊的生态环境。滇池沿岸以旅游休闲、健康养老等名义，涉嫌违规建设高尔夫球场、房地产等项目。其中，铭真高尔夫球场在未获得国务院办公厅批准的情况下，以户外旅游休闲公园名义取得立项和建设许可，2015年5月被曝违规运营。球场侵占了滇池一级保护区的大量土地，且长期违法运营，尽管多次被要求整改，但整改措施往往敷衍了事，未能真正解决问题。长腰山，滇池的重要自然景观，也未能幸免于违规开发。昆明诺仕达企业（集团）有限公司自2016年起在长腰山建设养生养老度假区，实际上却进行高档房地产项目开发，导致长腰山90%以上的表面积遭到破坏。这一乱象背后，反映了地方政府在滇池保护方面的不担当、不作为和形式主义。督察组发现，昆明市相关部门在审核把关、监管执法等方面存在严重不足，甚至存在对违规项目的默许和保护。此外，地方政府在处理发展与保护的关系上存在误区，未能像保护眼睛一样保护滇池。面对中央生态环境保护督察组的介入，云南省委、省政府迅速响应，对滇池保护治理工作进行现场督办，提出整改措施。目前，违规建筑已被拆除，绿化修复工作也在进行中。这一事件提醒我们，生态环境保护需要地方政府的积极作为和全社会的共同努力，以确保自然资源的可持续利用和生态环境的长期健康。

　　资料来源：《聚焦中央生态环保督察｜滇池沿岸：整改糊弄十余年，长腰山90%以上表面积遭破坏……》，2021年5月10日，新华网。

（三）公正司法是生态文明建设的保障

司法公正是维护社会公平正义的重要防线。环境司法作为司法活动的一部分，面临案件取证难、诉讼时效认定难、法律适用难和裁决执行难等问题。此外，环境司法鉴定机构、资质、程序需要规范，环境资源主管部门与司法部门之间缺乏有效配合。习近平总书记引用英国哲学家培根的话说："一次不公正的裁判，其恶果甚至超过十次犯罪"。因此，增强人民法院对环境司法保护的意识，加强审判力量，规范案件处理流程，是保障生态文明建设的重要措施。可以从以下几个方向着手：第一，专业化审判。建立环境法庭或专业审判团队，提高环境案件审理的专业性和公正性。第二，司法透明度。加强司法公开，接受社会监督。第三，司法救济。完善环境公益诉讼制度，为环境保护提供司法救济途径。

（四）全民守法是生态文明建设的基础

全民守法是法律权威得到人民内心拥护和真诚信仰的体现。习近平总书记指出："弘扬社会主义法治精神，传承中华优秀传统法律文化，引导全体人民做社会主义法治的忠实崇尚者、自觉遵守者、坚定捍卫者"。中华文化中，生态文化始终是传统文化的核心，体现了中华文明的主流精神。儒家的"天人合一"和道家的"道法自然"等思想，都是生态意识的体现。全民守法与全民建设生态文明相辅相成，每个公民都应成为生态文明建设的参与者和推动者。可以从以下几个方向着手：第一，教育普及。通过教育普及环境法律知识，提高公民的环境法治意识。第二，文化引导。结合中华文化中的生态智慧，引导公民形成尊重自然、保护环境的行为习惯。第三，社区参与。鼓励社区组织和公民参与环境治理，通过社区行动实践生态文明理念。

生态文明建设是一项系统工程，需要科学立法作为前提，严格执法作为关键，公正司法作为保障，以及全民守法作为基础。这四者相互支撑，共同构建起生态文明建设的法治框架（图6-1）。科学立法要求我们不断更新法律体系，以适应生态文明建设的新需求；严格执法确保法律得到有效实施，维护生态环境安全；公正司法保障环境案件得到公正处理，维护社会公平正义；全民守法则是生态文明建设的根基，需要每个公民的

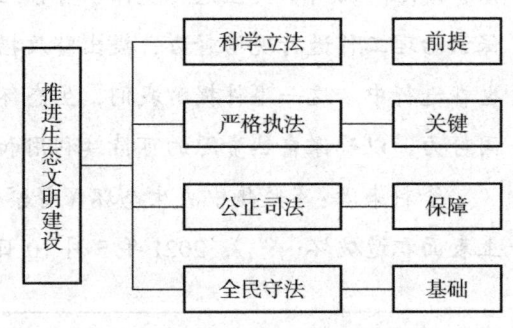

图6-1　以法治精神推进生态文明建设

参与和贡献。通过这四大支柱的共同努力，可以推动生态文明建设不断向前发展，实现人与自然和谐共生的美好愿景。

第二节
加强生态文明制度体系建设

党的十八届三中全会通过的《中共中央关于全面深化改革若干重大问题的决定》提出："建立生态文明制度体系，实行最严格的生态环境保护制度"。这是对习近平总书记关于生态文明建设重要论述的进一步丰富和发展，是我们党关于生态文明建设理论和实践的重大创新，为我国推进生态文明建设提供了根本遵循和行动指南。新时代加强生态文明制度体系建设，要以习近平生态文明思想为指导，坚持系统观念，强化制度建设，统筹推进国土空间开发保护、资源高效利用、生态环境治理、自然保护地体系建设、碳汇能力建设等领域制度创新，全面构建源头严防、过程严管、后果严惩的制度体系，持续推进生态文明建设。

一、加快构建国土空间开发保护新格局

我国幅员辽阔、人口众多，形成了以陆地国土空间和海洋国土空间为主体的国土空间开发保护格局。党的十八大以来，我国深入推进生态文明建设，加快构建国土空间开发保护制度，按照主体功能区定位推动区域协调发展，将主体功能区作为资源环境承载能力和国土空间开发适宜性评价的基本依据，探索编制了全国和省级主体功能区规划。《中共中央、国务院关于建立国土空间规划体系并监督实施的若干意见》提出，建立国土空间规划体系，实现"多规合一"。要以主体功能区规划为基础，统筹各类空间性规划，整合各类相关规划，推进多规合一，协调好各类自然保护地、生态保护红线、永久基本农田、城镇开发边界等空间管控边界以及资源环境承载能力、国土空间开发适宜性等评价。要在统一的国土空间规划基础上，统筹推动各类专项规划在空间上相互融合、相互协调。要实现国土空间开发保护"一张图"，在统一的国土空间规划基础上开

展详细规划及相关工作。要建立国土空间信息平台，健全国土空间用途管制制度。要严格管控建设占用自然保护地，全面落实永久基本农田特殊保护制度。要建立全域全类型用途管制制度。要强化实施监管。对违反国土空间规划的行为，要按照"谁审批、谁监管"的原则追究审批主体和监管部门责任；对违法违规开发利用自然保护地的行为，依法严肃处理。《中华人民共和国国民经济和社会发展第十四个五年规划和二〇三五年远景目标纲要》中提出构建国土空间开发保护新格局的战略任务，目的是形成主体功能明显、优势互补、高质量发展的国土空间布局。

（一）提高国土开发质量是实现高质量发展的基础

首先，推动国土修复，要尊重自然法则，充分利用大自然的自愈能力，加强对生态环境的科学治理，同时加大科学治理力度，系统梳理生态问题，分区分类施策。其次，要实现发展方式的转型，实现人口、资源、环境的平衡发展，走上绿色、低碳的发展道路，推动绿色发展全面覆盖城乡经济体系。最后，提升城市化地区发展效率，聚焦城市化地区，推动区域一体化和高质量发展，实现城市群发展的协同性。

（二）增强国土保护内生动力是构建新格局的关键

实施差异化考核方式，结合各地区的功能定位与发展目标，建立新型的评价体系，探索新的绿色GDP、生态系统生产总值（GEP）等评价指标。在此基础上，构建一个国家统一的生态产品价值计量与评估系统，规范化核算过程，提供科学依据，鼓励市场化、多样化、产业化发展路径。

（三）确保国土开发与保护相互支撑是新格局构建的核心

强化国土空间规划的引领性，建立"多规合一"的国土空间规划体系，明确不同区域发展定位和功能属性。加强对土地利用控制的限制，确保各种类型的国土空间都能根据各自的功能进行发展，利用先进技术提升监测能力。强化利益补偿政策的融合性，建立区域间利益补偿机制，健全纵向与横向生态保护补偿体系，探讨非货币补偿方式下的合作模式。

二、建立统一规范高效的自然资源资产管理体制

建立统一规范高效的自然资源资产管理体制是中国深化生态文明体制改革、推进国家治理体系和治理能力现代化的重要内容。我国幅员辽阔，自然资源丰富，但资源开发利用不尽合理，存在着浪费严重、效益不高的问题。为应对这些问题，建立统一规范

高效的自然资源资产管理体制显得尤为迫切。

自然资源资产管理体制是指国家对自然资源的所有权、使用权、收益权等实行统一管理的制度安排。这一体制旨在实现资源的合理开发、有效保护和可持续利用。建立统一的自然资源资产管理体制。第一，整合管理职能。将分散在不同部门的自然资源管理职能进行整合，建立统一的管理机构，实现资源管理的统筹协调；第二，明确资源产权。清晰界定各类自然资源的所有权和使用权，确立资源产权的法律地位，保障资源所有者的权益；第三，完善法律法规。制定和完善自然资源资产管理的法律法规，为资源管理提供法律依据和规范。

建立规范的自然资源资产管理体制。第一，制定标准规范，建立自然资源资产的分类、评估、登记、交易等标准规范，提高资源管理的标准化水平；第二，加强监督管理，加强对自然资源开发利用的监督管理，严格执行资源开发利用的规划和标准，防止资源浪费和环境破坏；第三，推进信息公开，建立自然资源资产管理信息公开制度，提高资源管理的透明度，接受社会监督。

建立高效的自然资源资产管理体制。第一，优化资源配置，通过市场机制优化资源配置，提高资源利用效率，促进资源向更高效率的用途和区域流动；第二，创新管理方式，运用现代信息技术，如大数据、云计算、物联网等，提高资源管理的智能化、精准化水平；第三，强化激励约束，建立资源开发利用的激励和约束机制，鼓励节约集约利用资源，惩罚违法违规行为。

党的十八届三中全会通过了《中共中央关于全面深化改革若干重大问题的决定》，明确提出要建立自然资源资产产权制度，实行资源有偿使用和生态补偿制度，完善自然资源监督管理制度，推进资源总量管理，科学配置资源，全面节约资源，循环利用。这对建立统一、规范、高效的自然资源资产管理体制具有重要意义。在自然资源资产产权制度方面，要积极探索和推进自然资源资产所有权和使用权分离，对全民所有的土地、矿产、森林、草原、湿地、海洋等资源，按照不同自然资源类别和用途，分别采取不同的所有权主体行使所有权。在自然资源资产用途管制方面，要建立国土空间开发保护制度，完善国家公园等自然保护地体系，建立统一规范高效的自然资源资产管理体制。在资源有偿使用方面，要加快建立资源有偿使用制度和生态补偿制度，探索实施矿产资源开发利用中环境治理成本社会化分担机制。在资源循环利用方面，要实行最严格的节约用地和耕地保护制度。

三、健全生态环境治理体系

党的十八大以来，我们党围绕生态文明建设进行了一系列改革，取得了重要进展。但是，我国生态环境保护形势依然严峻。习近平总书记指出："生态是统一的自然系统，是相互依存、紧密联系的有机链条"[1]。要完善生态环境治理体系，要做到事前、事中和事后有机结合，从源头防范到过程控制、损失补偿到责任追究等一系列配套措施，保证各种制度之间的协调配合，形成强有力的联动效应。这将促进我国生态文明制度走向成熟和完善，提高制度的有效性和实用性。

（一）充分发挥制度和政策制度的合力作用

生态环境保护制度体系需要实现系统集成，以追求最优的整体效果。一方面，需要同步加强生态环境保护与自然资源监管，平衡生态、经济和社会效益，合理处理开发与保护的关系。另一方面，根据生态系统的自然规律，打破地域和行政界限，实施跨区域的联合执法和防控措施，统筹考虑山水林田湖草沙的治理，提高环境治理的整体效能。同时，深化排污口管理改革，构建一个覆盖水陆、陆地与海洋的综合性水污染治理体系。

（二）形成环境与经济的内在协同机制

强化从源头上的预防措施，充分发挥生态环境保护在推动经济发展中的积极性，引导经济向绿色转型，实现可持续的绿色增长，并促进生态与产业的深度结合。建立和完善"三线一单"的生态环境分区管控框架，包括划定生态保护红线、设定环境质量底线、确定资源利用上限，以及制定生态环境准入清单。推行对技术经济政策进行环境影响分析的做法，确保新政策在促进经济发展的同时，不会对生态环境造成负面影响。此外，加强监管以保障协调发展，扩大中央生态环境保护督察的范围，提高监管力度，确保经济社会发展与生态环境保护相协调，避免单纯追求经济增长而牺牲环境质量。

（三）打造全过程全方位污染防治体系

实现从源头到末端的全过程污染防治，关键在于以排污许可制度为基础。该制度构成了生态环境保护法律法规的桥梁，有助于促进信息共享和数据整合，提高对固定污染源的监管效率。进一步发展排污许可证，将固体废物、噪声污染、入河入海排污口以及海洋污染源等纳入排污许可管理范畴，将排污许可制度与温室气体排放管理相结合，

1　郇庆治. 开辟马克思主义人与自然关系理论新境界 [R]. 人民日报，2022 年 7 月 18 日第 11 版。

推动实现全面的污染防治。

四、完善以国家公园为主体的自然保护地体系

习近平总书记在福建视察时指出，要构建以国家公园为主的自然保护区，其目标是要遵循"山水林田湖草沙是一个生命共同体"的思想，维护自然生态系统的原貌和完整性，对生物多样性进行保护。建立自然保护地体系，是实现自然生态系统原真性、完整性保护的重要制度保障。尽管我国拥有世界上面积较大的陆地自然保护地，但是，我国仍存在自然保护地体系不完善、交叉重叠、多头管理等问题。完善以国家公园为主体的自然保护地体系，这是解决上述问题、推进生态文明建设的重大制度创新。

我国是世界上生物多样性最丰富的国家之一。完善以国家公园为主体的自然保护地体系，要坚持保护第一、生态优先、空间均衡、绿色发展的原则；要健全自然保护地管理体制机制；制定实施统一规范的国家公园管理政策；开展自然保护地整合优化试点工作；建立健全以国家公园为主体的自然保护地体系法律法规体系和监管制度。

（一）坚持生态优先、空间均衡、绿色发展原则

在建立以国家公园为主体的自然保护地体系中，我们必须坚持生态优先的原则，确保所有决策和行动都以保护和恢复自然生态系统为核心。这意味着在进行土地利用规划、资源开发和经济活动时，必须首先评估其对生态系统的潜在影响，并采取措施以最小化负面影响。空间均衡强调在不同区域之间合理分配保护和发展任务，确保生态保护与经济社会发展相协调。绿色发展则要求我们在保护的基础上，探索可持续的经济发展模式，促进生态与经济的双赢。为了加强自然生态系统的保护和系统修复，我们需要制定科学的保护计划，包括生物多样性监测、生态廊道建设、退化生态系统恢复等措施。同时，通过持续的科研技术投入，提升生态系统质量和稳定性，确保生态系统服务功能得到充分发挥。具体采取的措施包括：制定和实施生态保护红线，明确禁止开发和限制开发的区域；推动生态修复项目，如湿地恢复、森林再生和退化土地治理；支持绿色技术创新，鼓励采用节能减排的生产方式；加强环境教育，提高公众对生物多样性保护的意识等。

（二）健全自然保护地管理体制机制

为了提高自然保护地的管理效率和效果，需要建立一个清晰的管理体制和机制。这包括明确各级政府的责任，确保从中央到地方的各级政府都能有效地参与到自然保护

地的建设和管理中。同时，需要完善国家公园等自然保护地的管理机构设置，确保它们具备足够的资源和能力来执行保护任务有效地管理是自然保护地体系成功的关键。各类自然保护地，如国家公园、自然保护区、风景名胜区、地质公园等，都需要明确管理机构及其职责，以避免职责不清和管理混乱。这包括制定具体的管理计划、监督实施情况、评估保护效果，并根据评估结果调整管理策略。

（三）制定实施统一规范的国家公园管理政策

统一的国家公园管理政策对于确保资源的合理利用和有效保护至关重要。需要制定一套全面的管理政策，涵盖资源管理、环境保护、社区参与、旅游开发等方面。这些政策应当确保在统一行使所有者责任的同时，将国土空间使用管制与生态保护恢复相结合。此外，政策还应包括对生态保护红线的划定和管理，明确禁止或限制开发活动的区域，以及对生态敏感区域的特别保护措施。具体措施包括：制定国家公园管理法规，明确管理权限和责任；建立国家公园资源监测和评估体系，定期评估保护效果；推动社区参与和利益共享，让各方都能参与进来，对协作管理方式进行创新，让民众积极参与进来。

（四）开展自然保护地整合优化试点工作

为了解决现有自然保护地体系中存在的问题，如交叉重叠和多头管理，需要开展整合优化试点工作。这包括按照国家生态文明试验区等建设要求，对现有自然保护地的布局、规模和结构进行改革和优化。试点工作应探索创新的管理模式和机制，如跨区域的联合管理、社区参与的共管模式等。具体的措施包括：评估现有自然保护地的保护效果，识别需要改进的地方；推动自然保护地之间的整合，减少管理上的重叠和冲突；探索创新管理模式，如社区共管、生态补偿等。

（五）建立健全以国家公园为主体的自然保护地体系法律法规体系和监管制度

建立健全法律法规体系和监管制度，为自然保护地的长期管理和保护提供法律保障。这包括制定相关的法律法规，明确保护地的管理原则、责任主体、管理程序和监督机制，确保自然保护地的管理工作规范有序进行。为了确保自然保护地体系的长期稳定发展，可以采取的措施包括：建立健全法律法规体系，为自然保护地的管理提供法律依据；明确保护地的管理原则、责任主体、管理程序和监督机制；加强监管力度，确保各项法律法规得到有效执行。

五、推动经济社会发展全面绿色转型

绿色是发展的底色，也是人类可持续发展的必然要求。习近平总书记指出，"推动经济社会发展全面绿色转型，是破解资源、环境和生态问题的根本途径。要坚持全面转型、协同转型、创新转型、安全转型，在'双碳'工作的指导下，协同推进降碳、减污、扩绿、增长，把绿色发展的思想贯穿到整个经济社会发展的全过程。"[1]在新的历史时期，要在习近平生态文明思想的指导下，以减污降碳协同增效为主线，积极推进产业结构、能源结构、交通运输结构、用地结构，在发展中保护，在保护中发展，坚持全面转型、协同转型、创新转型、安全转型，推动生态优先、节约集约、绿色低碳发展，持续提升人民群众的生态环境获得感、幸福感、安全感。

（一）坚持全面转型，探索生态优势转化为经济价值的新途径

要明确绿色转型发展的目标，聚焦关键领域，并制定相应的支持政策；促进经济、社会、人口与生态的协调发展，形成良性循环；推动生产和生活方式向绿色低碳方向转变，实现全链条的绿色化。例如构建全面的绿色制造体系，推进产业的绿色化改造，发展绿色产业，建立以产业生态化和生态产业化为核心的生态经济体系。在规划、设计、投资、建设、生产、流通、消费、贸易和生活等各个环节，全面实施绿色策略；推行绿色化全过程，从源头到终端，确保产品和服务的绿色化，包括绿色规划、设计、投资、建设、生产、流通、生活和消费的全过程。

（二）坚持整体转型，平衡关键突破与综合管理

在推动绿色转型的过程中，需要正确处理重点问题攻坚与整体环境治理之间的关系。一方面，坚持系统思维，识别并解决主要矛盾及其关键方面，对生态环境中的突出问题采取坚决和有效的措施；另一方面，加强不同目标、污染物、部门、区域和政策之间的协同，增强工作的系统性、整体性、协调性。

（三）坚持创新驱动，推进绿色低碳科技自立自强

科技创新是实现绿色低碳高质量发展的关键。要将应对气候变化和新污染物治理作为国家基础研究与科技创新的核心任务，集中力量突破关键核心技术。实施重大生态环境科技创新计划，聚焦能源领域的前沿需求，加强核心技术联合研发，推动能源技术成为产业升级的新引擎，催生新的生产力。同时，强化绿色创新的主体力量，鼓励社会

1　《中共中央　国务院关于加快经济社会发展全面绿色转型的意见》，新华网，2024 年 8 月 11 日.

资本投入绿色技术研发与推广。构建以企业为主导、市场为导向、产学研深度融合的创新体系，促进形成多样化、因地制宜的绿色发展模式。推动绿色科技在基础研究、共性技术、前沿技术领域的深入发展，培养高水平生态环境科技人才。此外，深化数字技术和人工智能在生态环境治理中的应用，建立数字化治理体系，打造绿色智能的数字生态文明。

（四）坚守安全底线，稳步推进美丽中国建设的绿色转型

在推进绿色低碳转型的进程中，风险防控是不可忽视的环节。必须秉持"预防为主，防患于未然"的理念，确保在面对重大风险时能够稳健应对。作为全球重要的经济体，中国的绿色转型不仅影响国内发展，也对全球经济格局产生深远影响。在复杂多变的国际形势下，我们既要坚定不移地推进碳达峰、碳中和目标，又要坚持总体国家安全观，切实保障生态安全、新能源发展安全、国家能源安全以及核与辐射安全，守护生存环境免受威胁。这需要立足我国能源国情，统筹处理好发展与减排、整体与局部、短期与长期的关系。将长期目标与现实条件相结合，避免极端化、简单化的减排方式，确保发展与安全的有机统一。在新的征程中，以经济社会全面绿色转型为引领，以能源绿色低碳发展为核心，加快构建节约资源、保护环境的产业结构、生产模式、生活方式和空间格局。将绿色发展理念贯穿经济社会发展的各个领域，推动人与自然和谐共生的现代化建设，为美丽中国建设奠定坚实基础。

第三节
推进生态环境治理体系和治理能力现代化

国家的治理体系和治理能力是对其制度和执行效能的综合表现。两者相辅相成，优秀的国家治理体系有助于提升国家的治理能力，增强国家治理能力，可以发挥国家治理体系的功效。生态环境管理体系和管理水平现代化是实现国家治理体系与运行效率现代化不可或缺的组成部分。

一、生态环境治理体系和治理能力现代化水平的内涵与意义

（一）国家治理能力与生态治理能力现代化

学术界一直以来对国家治理能力的概念存在多种不同解读。最初，人们通过国家权力推导出了国家能力。迈克尔·曼（Michael Mann）对国家能力进行了分类，将其分为两种：专制性权力和基础性权力。在治理角度上可以进一步探讨多元主体能力的概念。根据该视角，国家治理是各种多元主体共同展现出的集合效果。Peter Evans 认为有效的国家治理需要实现国家机构和商业集团之间相互渗透融合，以建立一种协同关系，从而促进双方各自的发展。他指出了政府与市场在社会经济运行中紧密合作、共同决策并达成良好结果所需具备的背景条件和基础要素。所谓国家治理能力是指运用该国制度来有效管理社会各个领域事务的才华。俞可平认为的"一个国家实施制度的执行能力"也可以概括这种思想。

生态环境治理体系和治理能力的现代化是国家治理体系与治理能力现代化的关键组成部分。实现生态治理的现代化意味着需要对国家生态管理机制进行创新性调整，重塑其组织结构等方面，达到更加完善且高效的状态。

（二）生态环境治理体系和治理能力现代化的发展历程

环境治理的概念起源于西方，并在国际上引发了一系列争议。根据世界资源研究所的观点，全球治理主要包括三个核心要素：政府间国际组织的协作、国际环境法律以及资金机制。类似此观点，联合国环境规划署也给出了相关定义，在全球环境治理方面达成共识。通过比较多个观点可以进一步深化对于全球环境治理概念的认知。通过长期的探索和实践，中国对环境治理有了深入的认识。经过漫长而持续不断的努力，在环境治理方面取得了显著成果。

党的第十七次全国代表大会首次将"生态文明"列入了报告，这标志着生态治理取得了重要进展。党的五中全会对绿色发展思想进行了全面阐述，标志着中国共产党在顶层设计和各个层面都进行了重大变革与创新，将生态文明建设置于核心位置。这一举措意味着在中国共产党的领导下，我们正积极推动环境保护与经济社会发展相互促进、协调可持续发展的理念。通过深入分析生态文明建设对国家整体战略和长远利益带来的影响，提出了针对性政策措施并推动实践落地。党的十九大进一步凸显了环境保护和生态文明建设的重要性，并提出了丰富治理体系和能力、坚持人与自然和谐共生的呼吁。这次会议首次强调"绿水青山就是金山银山"，重申打赢蓝天保卫战的紧迫性，并倡导

供应更多优质生态产品以满足不断增长对良好生态环境需求。

党的十九届四中全会重点阐述了坚持和完善中国特色社会主义制度以及推进国家治理体系和治理能力现代化的明确观点要求。通过上述指导思想的升华和新发展纲领的出台，使得内涵变得更加丰富。在此背景下，新发展纲领突出规定了具体制度安排，并将其运用到各个方面。这种制度化的方式为问题解决提供了清晰而可操作性强的框架。同时，也促进了不同层级间工作流程与组织结构之间更好地连接与协调。

（三）生态环境治理现代化的内涵

从生态治理现代化的概念来看，在狭义的定义中，可以将生态治理视为一种针对危害性生物与资源进行整体规划与干预的方法。这个过程考虑了自然系统内部各项因素之间相互作用以及外界对该系统产生的干扰影响。从更广阔的意义上说，生态治理还包括各个参与主体的思想建设、行为习惯塑造以及制度和决策构建等多个方面，是生态文明建设的全过程。

对于现代化治理而言，与传统的管理相比，"治理"具有一些本质上的不同之处。一是责任主体发生转变。目前，在生态治理领域，政府已经不再单独承担全部责任，而是涉及政府、企业、公民以及社会组织等多个参与方的共同努力和协作，构建了一个多元化的治理主体结构。二是引擎机制的变化。生态治理除政府权力的强制性动力以外，更有效的推动引擎是沟通、协商与合作形成的联合作用。三是权力运行方向的变化。生态治理的权力运行向度是自下而上的，甚至可以是平行运行的。四是作用外延的边界变化。不再是以政府权力所能够达到的领域为边界，而以全部社会公共生活领域为边界。

从国家生态治理现代化的内容来看，生态治理现代化主要包含两个层次：一方面，要推进现代化生态治理体系的构建，达到对多个层次、多个范畴以及多种形式的多元治理统筹协调；另一方面，要实现现代化生态治理能力的提升，不断提高政府治理水平，调整相关的政治制度、政策框架，做到对生态现代化建设各个领域的有效管理。

综上，国家生态治理现代化就是在不断完善国家生态制度体系的构建和运作过程中，构建科学合理制度，达成多元共治结构，并使生态公平、生态民主等理念逐步落实到生态治理的现实中，以引起社会生态理念、政府治理方式、公民行为习惯等方面的深刻转变，最终实现国家生态环境治理能力的提高和推进。

（四）健全生态环境治理体系的重要意义

党的二十届三中全会通过的《中共中央关于进一步深化改革、推进中国式现代化的决定》提出了"健全生态环境治理体系"，彰显了我国在生态环境保护方面由简单的"管理"向更为综合系统的"治理"转变。生态环境从"治理"到"治理体系"的变化是重大的进步，生态环境治理体系从"初建"到"健全"的变化又是一个重大进步。生态环境管理向生态环境治理的转变是大势所趋。所以，党的十八大以来一直强调生态环境治理体系和治理能力的现代化。

一是从"人治"到"法治"的转变。生态环境治理体系中最核心的是制度，尤其是法律制度。生态环境法典将成为我国第二部法典，必将大大促进我国生态环境治理的法治化、体系化、规范化进程。二是从"被动"到"主动"的转变。生态环境管理往往是以政府为代表的管理者对以企业和居民为代表的被管理者、上级对下级的命令—服从关系，而生态环境治理则体现的是平等主体之间的关系。三是从"单干"到"协同"的转变。生态环境管理往往是"单中心"，是"中心"对"周围"的管理和强制；而生态环境治理则是"多中心"，强调不同主体之间的平等关系，是一种多主体的合作、协同和制衡的关系，人人都是主人、人人都是主体。四是从"短效"到"长效"的转变。体制化、体系化、协同化的制度安排往往是一种长效机制。这种机制虽然也可以不断优化，但是不需颠覆性变革，而是可以自动修复、自动完善、迭代升级，从而可以节省制度设计成本。

二、我国生态治理现代化的科学经验

在全面推进社会主义现代化建设的过程中，生态治理的现代化呈现出两个显著特点：共时性和历时性。这两者相互交织、紧密联系。通过科学总结以往的生态治理实践经验能够为当前工作提供有力支持，并且对未来发展起到积极引领作用，在促进我国生态环境与经济社会发展耦合互动方面做出更加深远和富有成效的贡献。

（一）坚持党的领导，保证生态治理现代化行稳致远

在我国推进生态治理现代化过程中，坚持以习近平新时代中国特色社会主义思想为指导具有重要意义。党委担负起组织协调、统筹规划等职责，并注重加强法律法规建设和监督执纪问责工作。各级政府秉持人民至上、生态优先的原则，在实践中探索出一系列行之有效的解决办法。在实现这个目标的过程中，必须将其提升到党和国家意志高度来更好地推进。就宏观角度看，在生态治理中，"坚持党总揽全局"的核心定位不断凸显出了极其重要的作用，并且在未来相关工作发展中应当继续加以强调。中国共

产党通过不断改善和增强自身的领导能力，在推动社会主义生态文明建设中扮演着重要角色。

（二）遵循系统观念，赋予生态治理现代化以可持续性意蕴

西方资本主义国家凭借资本所创造出的巨大生产力使现代化成为可能。现代性呈现出一种反面倾向，正是因为资本无止境的欲望驱动下过度强调主体性作用。在这个背景下，对于投入成分不再重视，只关注经济发展却忽略了环境保护，并将利益放在首位而对修复问题置之不顾。这种态度进一步导致生态环境负荷远超其承受能力。中国共产党生态治理现代化的历史过程是对传统西方现代化发展模式的理性反思和实践超越，是具有社会主义政治底色和特质的现代化，具有亲生态的先天优势。

中国共产党始终坚持系统观念，以整体推进和重点突破为内在遵循，以生态化与现代化统一为重点突破，赋予现代化以切实生态意蕴。习近平总书记提出了关于生态文明建设的重要论断："山水林田湖草沙是生命共同体"。这一理念强调了各个方面相互联系、相互依赖，并呼吁我们必须有效保护和良好治理自然资源。这意味着我们需要全面认识并实践绿色发展观，推动构建人与自然和谐共处的美丽中国。党的十九大强调了对山水林田湖草沙系统治理的进一步加强，并提出了统筹思想，为生态环境治理提供科学方法和原则。该举措旨在通过综合管理措施切实解决我国当前面临的众多环境问题。同时会议特别明确指出，"坚持系统观念"应成为引导我国经济社会发展、相关政策制定等方面工作所遵循和落实的重要准则。这一战略性决策意味着我们必须深入认识到自然界各个要素相互依存、共同影响，把握整体性与协同性，在保障生态安全和促进可持续发展间取得平衡。此次党代会倡导加强对山水林田湖草沙系统治理是基于现阶段我国面临不容忽视并急需解决的环境挑战而采取行动。"坚持系统观念"的具体含义就在于将其纳入经济社会发展及有关政策制定中来，并贯彻执行起来。

（三）坚持人民立场，凸显生态治理现代化的主体向度

在经济快速发展的同时忽略了对环境的保护，导致大量生态环境问题堆积，影响了人民群众的幸福感，生态环境问题也成为人民群众反映强烈的突出问题。民有所盼、政有所为，生态治理现代化正是对人民群众所想、所急、所盼的积极回应，展现出对中国人民美好生活追求的深度体悟。生态文明建设中环境问题对民众福祉产生深远影响备受中国共产党关注。马克思主义群众观点是推动生态文明发展核心价值准则，国家繁荣富强和人民幸福安康是经济发展与现代化建设最根本目标。因此，在这个背景下环境保护成为事关公众福利及子孙后代利益考虑的巨大工程。在我国的人口、资源和环境工作

中，我们进一步应用了这一思想，并明显展现出我国生态环境保护具有社会主义属性的特点。为了满足人民对生态需求的政策支柱，要积极推动社会主义生态治理。在不断满足人民需求的过程中，优美生态环境方面的需要，我们致力于保障和改善自然环境。同时，人民是中国式生态治理现代化建设成果的目标主体，人民的美好生活是生态治理的最终落脚点。生态治理现代化必须秉持生态共享、生态共富的原则理念，确保全体人民都能享受良好生态环境。

（四）运用法治思维，营造生态文明建设法治氛围

法治在国家发展中扮演着重要的守护角色，是施行治理和政策的基本手段。生态文明的建设与完善依赖于健全的法律体系，并且当代法治最核心之处在于约束权力行使。相对个人及其他社会组织所带来破坏与对权益损害方面，行政权限滥用造成了更为深远的影响。法治的核心是确保各项权利得到充分保障。为推动权益保护并促进法制进步，科学立法等方法被视为至关重要的手段。这些手段意味着我们需要积极运用立法权来针对生态文明建设做出相关规定，并创制适应社会发展和满足广大群众需求的合适性律例。2023 年 7 月，习近平总书记强调，"统筹推进生态环境、资源能源等领域相关法律制修订"。这一重要论述，为完善生态文明建设立法指明了方向，并成为社会主义生态文明立法的基础。这个基础包括通过惩罚违反生态法律行为来实现目标，并制定相关法律法规来支持这一措施。优化生态立法不仅意味着健全确保生态保护的物质性法律框架，还需要填补现有法律中存在的空白部分，并进一步完善与程序合规性有关的条款。为了推进生态文明建设，我们需要建立高效且执行力度强大的执法体系。要完善相应配套措施，并加强对制度的落地执行力度，以确保各项机制具备约束力并形成"高压线"。在这一使命中，每个人都是生态环境的建设者和保护者，要引导广泛群众积极参与其中，倡导全国民众担当社会主义法治的坚定忠实追随者，并主动遵循相关规定和准则，自觉捍卫生态文明建设成果。

三、推进生态环境治理体系现代化建设的路径思考

（一）转变生态环境治理思路和理念

在当今新的社会环境下，必须毫不动摇地坚守并倡导生态文明建设核心价值观。从构筑人类与自然相互融洽共处的基本原则到全面贯彻落实此种主张之间，务必转变管理方法论及引领思维方式；此外还需着力于通过系统性改革来推进相关控制机制。首

先，需要转变关注重点，从减少排放数字到改善生态环境质量，并着力加强治理措施以取得实际成效。其次，则需将管理方式由末端处理转变为全过程管理，同时加强风险防控。通过多元环境治理主体能共同参与环境决策，树立生态环境全方位、链条式管理。借助大数据及多元化治理主体，及时研判环境风险的演化机理，做到环境治理事前的精准预测；借助大数据技术，实现环境监管由现场监查向在线监控转变，实现环境治理事中的高效施策；多元化社会主体可以借助数字技术，及时对政策实施效果进行监督，倒逼地方政府对环境治理效果进行反思和总结，主动对环境治理中的违法行为追责，实现环境治理事后的监督落实。积极推动资源集约利用，并采取统筹措施促进水、大气、土壤等环境要素治理。此外，在减少温室气体排放方面，要积极促进产业结构和生产方式向环保友好型、低碳环保方向转变。通过各方努力，实现减污降碳协同发展的目标。

（二）持续完善法律制度建设

行之有效的生态治理实践离不开完善的生态治理制度。在中国式生态治理现代化进程中，要注重制度建设，保障制度执行，以制度之治彰显生态治理的显著优势。积极推进生态环境法典编纂，统筹做好生态环境、应对气候变化等领域法律法规及标准制修订。持续提升生态环境监管执法效能，加强多部门协调联动，坚决打击各类生态环境违法行为特别是弄虚作假行为。加强生态环境领域司法保护，不断完善公益诉讼制度，统筹推进生态环境损害赔偿。完善生态保护修复监管制度，切实加强对所有者、开发者乃至监管者的外部监管，规范和约束各类开发利用自然资源的行为，完善生态环境保护督察常态长效机制，推动督察工作不断深入。

（三）大力推动技术创新

科学技术是推动生态治理创新发展的核心动力，生态文明建设的突破从根本上依赖于科技与生态治理的深度融合。在新的发展阶段，如何实现科技与生态治理从"浅层次"到"深层次"的融合，成为决定中国生态治理能否实现新飞跃的关键问题。因此，必须将智慧生态技术全面融入生态保护与修复的全过程。一方面，要进一步拓展科技创新在生产、分配、交换、消费四个环节的有效应用。在生产环节，加速科技与去污染、去高耗能等绿色产业转型的深度融合，推动传统产业的绿色升级；在分配环节，提升智慧生态技术在初次分配和再分配中的应用便捷性，优化生态产品在第三次分配中的供给质量和效率；在交换环节，借助科技手段疏通生态产权和绿色资本的变现渠道，提升用水权、排污权、碳排放权等生态产品的交易效率；在消费环节，以满足人民对优质生态产品和服务的需求为核心，加大科技投入，提升生态产品供给的精准度和满意度。另一方面，要构建"生态技术—生态文明建设"的实践框架，明确多元主体的治理模式，搭建多元主体参与生态治理的平台，拓宽生态治理的共享、反馈、访问等全过程路径。通过科技赋能，推动生态治理的智能化、精细化和高效化，为实现人与自然和谐共生的现代化注入强大动力。

（四）促进生态治理的公众参与和各种力量的协同

为了推进生态治理体系和治理能力的现代化，需要在党委领导和政府主导的基础上加强社会力量的参与，并建立协同共治机制。政府在生态治理中扮演着举足轻重的主导角色，应当切实担负起保护生态环境和防止污染的责任。政府在这一过程中应该充分认识到自身责任，不断完善相关制度和法律条款，激励并引导社会力量参与到保护生态文明建设当中。在资源配置方面，需要实现合理平衡。不能过度依赖行政手段来介入自然资源分配的决策，并且也不能对环境造成损害或面对危害生态而袖手旁观。为了保护和有效利用自然资源，需要采取综合措施。这包括建立科学、公正和透明的制度框架，以确保资源的可持续管理和使用。同时，在决策过程中要考虑社会经济发展需求与生态环境保护之间的平衡关系。通过加强法律法规来约束各类商业活动，防止滥用和破坏自然资源。可以推进技术创新与绿色发展相结合，提高能源效率并减少污染排放量。在市场机制引导下鼓励投资者参与可再生能源等清洁产业领域也十分重要。这将促进新兴产业发展并减轻传统行业对有限资源的压力。尤其是环保组织，在这方面发挥着关键作用，可开展一系列工作来推进生态修复与保护以及普及生态观念等。借助这些举措，不仅能成为政府进行生态治理时得力的合作者，也能代表公众发声并借助合法渠道捍卫公民对于生态利益诉求的权益。企业应在遵循市场规律和自然规律的前提下开展生产活动，严格遵守国家环保标准和环评指标，积极开展绿色创新活动，追求经济效益、社会效益和环境效益相统一。公民个人作为社会一部分，同样应该从自身做起，在日常消费中积极践行绿色消费理念，积极参加各类公益环保活动。此外，个人还可以主动发挥主人翁意识，自觉参与到环境监督事业中。

（五）推动生态保护国际合作

生态文明建设是中国式现代化道路的价值遵循和正义性标准，是人类文明新形态的发展方向，需要世界各国人民以全人类共同价值为基本遵循和美好愿景才能实现。中国已经成为全球生态文明建设的中流砥柱，积极扮演着参与者、贡献者和引领者的角色。在生态环境问题上，中国率先发出了重要号召，并致力于实现这一目标。中国坚定地追求可持续发展道路，在促进经济增长的同时保护自然资源和改善环境质量方面取得了显著成就。中国提倡构建生态文明体系，注重平衡人类社会发展与自然环境保护之间的关系。中国积极倡导世界各国加强绿色国际合作，共谋全球生态蓝图，展现了中国负责任的大国形象，也体现了世界各国生态治理走合作共赢道路的发展趋势。

专栏 6-2　谱写新时代生态文明建设新篇章

"四川是长江上游重要的水源涵养地、黄河上游重要的水源补给区，也是全球生物多样性保护重点地区，要把生态文明建设这篇大文章做好。"全国生态环境保护大会召开后不久，习近平总书记赴四川考察并于返京途中在陕西汉中考察，再次发出了加强生态文明建设的号召。

雨后，广元市剑阁县剑门关镇五里坡至翠云廊段生态护林员王世银，与同伴一起开展巡护，及时查看树木是否有断枝、倾倒等情况。持续深入打好蓝天、碧水、净土保卫战，加快推动生态优势向经济优势转化，开展生态产品价值实现机制试点，筑牢嘉陵江上游生态屏障……"我们要牢记嘱托，巩固发展新时代生态文明建设成果，让好山、好水、好生态成为广元的亮丽名片，以高品质生态环境支撑高质量发展。"广元市委副书记、市长董里说。

我国经济社会发展已进入加快绿色化、低碳化的高质量发展阶段，生态文明建设仍处于压力叠加、负重前行的关键期。"建设美丽中国是全面建设社会主义现代化国家的重要目标""必须以更高站位、更宽视野、更大力度来谋划和推进新征程生态环境保护工作，谱写新时代生态文明建设新篇章"。

资料来源：中央网络安全和信息化委员会办公室网页。

思考题　　1.　法治精神在生态文明建设中扮演什么角色？

2.　描述法律在生态文明建设中的三种作用，并给出每种作用的一个具体实例。

3.　科学立法在生态文明建设中的重要性体现在哪些方面？

4.　如何理解严格执法是生态文明建设的关键？

5.　我国在生态环境治理中有哪些重要经验？

6.　如何理解国家治理能力与生态治理能力现代化二者之间的联系。

参考文献

[1] 吕忠梅.习近平生态文明思想的"最严法治"论[J].法学，2024（5）：3-20.

[2] 张文显.习近平法治思想的理论体系[J].法制与社会发展，2021，27（1）：5-54.

[3] 巩固.人与自然和谐共生的理论阐释与法治图景[J].法制与社会发展，2024，30（3）：5-27.

[4] 吕忠梅.习近平生态环境法治理论的实践内涵[J].中国政法大学学报，2021（6）：5-16.

[5] 蒋淼，丁国峰.新时代我国生态文明建设法治化的困境与出路[J].学术探索，2024（8）：136-146.

[6] 魏胜强.习近平关于生态文明法治建设重要论述的时代价值[J].学术交流，2023（5）：22-36.

[7] 徐慧，刘希，刘嗣明.推动绿色发展，促进人与自然和谐共生——习近平生态文明思想的形成发展及在二十大的创新[J].宁夏社会科学，2022（6）：5-19.

[8] 谷树忠，胡咏君，周洪.生态文明建设的科学内涵与基本路径[J].资源科学，2013，35（1）：2-13.

[9] 王树义.论生态文明建设与环境司法改革[J].中国法学，2014（3）：54-71.

[10] 段海风，王娟.习近平生态法治思想探析[J].时代法学，2021，19（3）：1-10.

[11] 郑言，李猛.推进国家治理体系与国家治理能力现代化[J].吉林大学社会科学学报，2014，54（2）：5-12+171.

[12] 李兴锋.推进生态文明建设法治化的制度进路[J].中南民族大学学报（人文社会科学版），2021，41（6）：113-122.

[13] 本报评论员."中国之制"成就"中国之治"[N].经济日报，2024-07-11（001）.

[14] 本报编辑部.为中国式现代化注入强劲动力[N].经济日报，2024-06-27（001）.

[15] 陈家刚.国家治理视域中的基层直接民主制度体系：内涵、结构与功能[J].社会主义研究，2024（3）：81-89.

[16] 涂小雨.习近平法治思想的理论框架与体系建构[J].求知，2024（5）：10-13.

[17] 朱宁宁.在法治轨道推进国家治理体系和治理能力现代化[N].法治日报，2024-03-06（003）.

[18] 金太军，鹿斌.论国家治理能力及其现代化[J].西华师范大学学报（哲学社会科学版），2022（5）：1-9.

[19] 罗智芸.国家治理能力研究：文献综述与研究进路[J].社会主义研究，2020（5）：156-163.

[20] 谷欣萍，吴家华 . 习近平生态文明思想的理论始基、核心内蕴与价值旨归 [J]. 佳木斯大学社会科学学报，2020，38（3）：7-11.

[21] 王志刚 . 以科技创新支撑国家治理体系和治理能力现代化 [J]. 机关党建研究，2020（2）：16-18.

[22] 魏玥，叶政 . 中国共产党生态治理现代化的理论演进及经验总结 [J]. 求知，2023（12）：21-24.

[23] 李臻 . 国家治理现代化背景下生态治理现代化的路径探析 [J]. 领导科学论坛，2018（5）：22-23.

[24] 刘毅，寇江泽，李红梅，等 . 以高品质生态环境支撑高质量发展 [N]. 人民日报，2023-08-14（001）.

[25] 沈满洪 . 深化生态文明体制改革：出台背景、框架体系及保障机制 [J]. 治理研究，2024，40（5）：16-20+157.

[26] 任铃 . 我国生态治理现代化的历程、创新及经验研究 [J]. 马克思主义研究，2021（6）：93-100.

[27] 韩升，李越 . 中国式生态治理现代化的认知突破、核心理念与实践进路 [J]. 思想教育研究，2023（10）：68-75.

[28] 黄润秋 . 深化改革提升生态环境治理体系和治理能力现代化水平 [J]. 中国环保产业，2024（8）：7-9.

[29] 黄润秋 . 深化生态环境领域改革提升生态环境治理体系和治理能力现代化水平 [J]. 民主与科学，2024（4）：20-23.

第七章

建设美丽中国

建设美丽中国是党的十八次全国代表大会上首次提出的重要论述。党的十八大以来，以习近平同志为核心的党中央把生态文明建设摆在全局工作的突出位置，美丽中国建设迈出重大步伐。本章重点介绍了建设美丽中国的主要措施，包括筑牢共建美丽中国的广泛认同，厚植人与自然和谐共生的环境意识和建立具有约束力的环境义务规范三部分。首先系统介绍了美丽中国的内涵，建设美丽中国的重要意义及筑牢共建美丽中国的广泛认同的主要措施；其次重点介绍了环境意识的概念，厚植人与自然和谐共生的环境意识的现状、问题、基本原则及主要措施；最后介绍了环境义务的定义和特征，环境义务规范的主要内容，建立具有约束力的环境义务规范存在的问题以及实现路径。

教学 PPT

第一节
筑牢共建美丽中国的广泛认同

一、美丽中国的内涵

美丽中国是在中国共产党第十八次全国代表大会上首次提出的重要论述。美丽中国的内涵是多维度、多层次的，它涵盖了自然生态、社会经济、文化传承等多个方面，体现了人与自然和谐共生的重要理念。深刻理解美丽中国的内涵，就必须要理解美丽中国提出的现实背景，美丽中国建设的根本遵循以及建设美丽中国的最终目标。

（一）美丽中国提出的现实背景

随着全球经济的日益增长，工业化、城镇化带来的环境问题逐渐显现。发达国家开始意识到环境问题带来的恶劣影响，气候变暖、生物多样性锐减、灾害频发、水体污染严重阻碍了经济发展，人类的健康受到极大威胁。为了应对生态环境危机，各国都采取了积极的措施，实施可持续发展战略，保护生态环境，推进绿色发展。中国作为负责任的大国，对改革开放以来的生态环境状况进行深刻反思，为避免重蹈发达国家覆辙，在经济增长与环境保护的两难选择中，坚定地将生态文明建设摆在了突出的位置。虽然我国经济增长由"高速度"向"高质量"转变，生态环境质量稳中向好，但我们国家的人民对物质生活资料的需求日益增长，建设美丽中国不仅是应对全球生态危机的战略选择，也是解决我国社会主要矛盾的现实需求[1]。

（二）建设美丽中国的根本遵循

十八大报告指出，"必须树立尊重自然、顺应自然、保护自然的生态文明理念，把生态文明建设放在突出地位，融入经济建设、政治建设、文化建设、社会建设各方面和全过程，努力建设美丽中国，实现中华民族永续发展"，明确给出了美丽中国的核心要义。在中共十八届一中全会后的记者见面会上，习近平总书记指出："我们的人民热爱

1　　王宇.习近平建设美丽中国重要论述的内涵阐析[J].中国人口·资源与环境，2022，32（3）：151-158.

生活，期盼有更好的教育、更稳定的工作、更满意的收入、更可靠的社会保障、更高水平的医疗卫生服务、更舒适的居住条件、更美的环境，期盼着孩子们能成长得更好、工作得更好、生活得更好"，"美丽中国"的内涵得到了全面阐释。建设美丽中国，其本质是要根植生态文明理念，将生态文明建设融入经济社会发展的方方面面，达到生态文明、物质文明、政治文明和精神文明的和谐统一，实现生态良好、经济繁荣、政治和谐、人民幸福。

（三）建设美丽中国的最终目标

首先，美丽中国的建设要推动经济发展，改善人民生活环境和生活质量，提高人民的收入，通过市场经济、信息化、科技进步和对外开放，让人们享受到公平和便利，提升民生福祉；其次，美丽中国的建设注重生态保护和绿色发展，强调绿水青山和金山银山的辩证统一[1]，深入贯彻生态文明观，促进经济发展和生态保护的双赢，实现可持续发展。最后，美丽中国建设还体现在缩小城乡差距上，通过美丽乡村建设，推动农业农村现代化作为有力抓手，改善农村生活面貌，实现城乡区域协调发展。因此，美丽中国应是生态、经济、政治、文化、社会各方面均满足了人民对美好生活的需要，实现中华民族的永续发展。

因此，美丽中国的内涵应该包含以下四个方面。首先，美丽中国强调的是生态环境的自然之美，即天更蓝、地更绿、水更清、空气更加洁净的和谐状态。这是美丽中国建设的基础和前提。其次，美丽中国还强调人与自然的和谐共生，美丽中国的建设不仅使人类能够共享自然之美，还能共享生命之美和生活之美。然后，美丽中国不仅限于自然生态的改善，还强调经济、社会、政治、文化等多方面的协调发展，强调了社会公平正义和文化传承。最后，美丽中国的建设不仅是物质层面的改善，也包括精神层面的提升，它体现了中华文化的审美追求。美丽中国是物质和精神层面都符合人民群众价值追求的美好中国。

二、建设美丽中国的重要意义

美丽中国的理论摒弃了粗放式发展和掠夺式发展，取而代之的是公平的社会秩序

1　　吴文盛. 美丽中国理论研究综述：内涵解析、思想渊源与评价理论 [J]. 当代经济管理，2019，41（12）：1-6.

表 7-1 美丽中国评价指标体系

评估指标	序号	具体指标（单位）	数据来源
空气清新	1	地级及以上城市细颗粒物（PM$_{2.5}$）浓度（微克／立方米）	
	2	地级及以上城市可吸入颗粒物（PM$_{10}$）浓度（微克／立方米）	生态环境部
	3	地级及以上城市空气质量优良天数比例（%）	
水体洁净	4	地表水水质优良（达到或好于Ⅲ类）比例（%）	
	5	地表水劣Ⅴ类水体比例（%）	生态环境部
	6	地级及以上城市集中式饮用水水源地水质达标率（%）	
土壤安全	7	受污染耕地安全利用率（%）	农业农村部、生态环境部
	8	污染地块安全利用率（%）	生态环境部、自然资源部
	9	农膜回收率（%）	
	10	化肥利用率（%）	农业农村部
	11	农药利用率（%）	
生态良好	12	森林覆盖率（%）	国家林草局、自然资源部
	13	湿地保护率（%）	
	14	水土保持率（%）	水利部
	15	自然保护地面积占陆域国土面积比例（%）	国家林草局、自然资源部
	16	重点生物物种种数保护率（%）	生态环境部
人居整洁	17	城镇生活污水集中收集率（%）	住房城乡建设部
	18	城镇生活垃圾无害化处理率（%）	
	19	农村生活污水处理和综合利用率（%）	生态环境部
	20	农村生活垃圾无害化处理率（%）	住房城乡建设部
	21	城市公园绿地500米服务半径覆盖率（%）	
	22	农村卫生厕所普及率（%）	农业农村部

注：资料来源于国家发展改革委《美丽中国建设评估指标体系及实施方案》（发改环资〔2020〕296号）

和优美的生活环境下的人民群众的自由全面发展[1]。因此，建设美丽中国顺应了人们对美好生活的良好愿景，实现了生态文明理论和生态文明实践的创新，是中华民族永续发展

1　　王雨辰.美丽中国建设目标的三重逻辑及其当代意义[J].东南学术，2023（4）：60-70+248.

的客观要求，是全面建设社会主义现代化国家的重要目标，是人类文明发展的中国贡献。

（一）顺应了人们对美好生活的良好愿景

中国已经由一个物质匮乏、贫穷落后的欠发达国家崛起成为经济总量居世界第二位的东方大国，发展的需求已经演变为对"民主、文明、富强、美丽"的追求。通过绿色发展和改善生态环境，为人民提供更多优质生态产品，满足了人们期待的公平优美和谐的生活环境，它回应了人民群众日益增长的生态诉求，顺应了人们对美好生活的良好愿景。

（二）实现了生态文明理论和生态文明实践的创新

美丽中国建设反映了社会主义发展的基本规律，也是中国共产党对人类文明发展规律认识的深化，是对生态文明理论的创新。同时，美丽中国建设与美丽清洁世界建设有机结合，提出美丽中国建设目标分两步走的战略部署，强调用最严格的法律制度，坚持整体思维、系统思维和协同思维，推进生态保护和治理，促进发展方式绿色转型，是对生态文明实践的创新。

（三）是中华民族永续发展的客观要求

"美丽中国"思想继承了中国传统文化关于人与自然的思考，摒弃了"先污染后治理"的发展老路，站在实现人类可持续发展的历史高度，以生态文明建设为核心，实现经济、政治、文化、生态和社会融合发展，是破解中国发展与保护困局的重大工程，是关系中华民族永续发展的根本大计和客观要求。

（四）是全面建设社会主义现代化国家的重要目标

建设美丽中国是实现中华民族伟大复兴中国梦的重要内容。作为世界上最大的发展中国家，要实现现代化，必须"全面推进美丽中国建设，加快推进人与自然和谐共生的现代化"，这是新征程上关于美丽中国建设的新部署、新要求。

（五）是人类文明发展的中国贡献

从高速增长到高质量发展，从绿色发展到习近平生态文明思想，从生态系统治理到全面推进美丽中国新的实践，中国由被动应对到主动作为、由全球环境治理参与者到引领者，美丽中国建设是中国为人类文明发展做出的贡献。

三、筑牢共建美丽中国的广泛认同的主要措施

观念是行动的先导，习近平生态文明思想是一种新的世界观，而美丽中国作为生

态文明建设的目标，需要全体社会成员的自觉行动。因此，筑牢共建美丽中国的广泛认同需要让生态文化成为全社会共同的价值理念，推动绿色生活方式深入人心，引领生活方式向绿色化转变，为美丽中国建设目标的实现打下牢牢根基。

（一）让生态文化成为全社会共同的价值理念

人类面对世界的心态和观念不应该停留在认识世界和改造世界的层面，而应该提升为一种科学认识世界并合理改善世界的新世界观[1]。要重塑这种新世界观，需要加强生态环境保护教育，构建全民行动的现代环境治理体系，完善全民参与生态文明建设的法律法规政策体系。

首先，需要加强生态环境保护教育，如将环境教育纳入学校课程，涵盖生态系统、气候变化、可持续发展等主题，从义务教育阶段起从小培养学生的环保意识。组织学生参与实地考察，走进自然，学会与自然相处。开展环保主题竞赛，激发学生的创新思维。建立环保教育资源库，分享优秀教学案例、教材等资源。创新开展生态文明宣传教育活动，制作环保公益广告和专题节目，利用电视、广播、网络等媒体广泛宣传环保知识和政策。在社区组织环保讲座、展览等活动，普及环保知识。通过开展环保主题宣传活动，如世界地球日等环保节日，鼓励居民参与环保行动，增强大众的环保意识。

其次，构建全民行动的现代环境治理体系。构建多元主体协同的环境治理体系，发挥政府、企业、社会组织和公众的作用。地方政府在生态环境治理中具有关键的作用，强化地方政府的主体责任，推动地方政府创造性执行生态文明制度[2]，切实改善环境质量。通过市场导向机制，激励企业参与生态环境治理，引导企业承担环保责任，推动绿色转型，减少污染排放。鼓励人民团体、绿色团体和志愿者组织等社会力量参与生态环境治理。推动公众参与生态环境保护，形成全民行动体系，增强社会共识和环保意识。如建立环保志愿者服务平台，鼓励公众参与环境监督和保护行动。

最后，通过不断完善全民参与生态文明建设的法律法规政策体系，维护公众环境权益，形成具有配套性和实操性的全民行动法治保障。如修订《中华人民共和国环境保护法》，推进生态环境法典编纂，增加环境公益诉讼条款，扩大公众参与权。完善《中华人民共和国循环经济促进法》，加强资源循环利用的法律保障。加强执法力度，整合多部门执法力量，建立环境保护综合执法队伍。实施环境保护督察制度，定期对地方政

---

1 万俊人. 美丽中国的哲学智慧与行动意义 [J]. 中国社会科学，2013（5）：5-11.

2 张平淡. 构建现代环境治理体系中地方政府的创造性执行 [J]. 治理现代化研究，2020（3）：92-96.

府开展环保督察。建立环境损害赔偿制度，加大对污染企业的经济处罚力度。创新执法机制，如建立跨区域、跨部门的环保执法协调机制。提高司法保障，建立环境公益诉讼制度，赋予社会组织提起诉讼的权利，完善环境司法鉴定体系，为环境案件提供科学依据。

（二）推动绿色生活方式深入人心

筑牢共建美丽中国的广泛认同，不仅要让政府、企业、社会组织和人民群众都认同生态文化的价值理念，还需要让人们实实在在感受到美丽中国建设给人们的生产生活带来的改变。发展方式和生活方式是生态环境问题的根本原因，推进生活方式绿色化既能从源头减少资源消耗和环境污染，也能倒逼生产方式绿色转型。

首先，积极践行简约适度、绿色低碳、文明健康的生活方式和消费方式，通过将绿色生活印刻在各个"角落"，让人们深刻体会到绿色生活方式带来的"幸福"与"便利"。如通过地铁、公交系统的优化减少拥堵，鼓励人们绿色出行。通过公园、绿道、户外运动场地的建设，让人们的生活能够融入大自然。践行生态文明理念，坚持绿色消费，反对铺张浪费，通过酒店、餐馆的环保教育培训，增强环保意识，并将环境保护理念进行宣传和付诸实践。推进"光盘行动"，制止餐饮浪费，让爱惜粮食、适量点餐、剩饭打包成为文明习惯。运用信息化技术让公众全面了解垃圾分类的常识，让垃圾分类逐渐成为大众的"必修课"。其次，构建推动生活方式绿色化的全民行动体系。开展丰富多样的生活方式绿色化活动，通过实践引导公众践行环保理念。发挥榜样典型的示范引领作用，树立绿色生活标杆，激励全社会共同参与。建立绿色生活服务和信息平台，为公众提供便捷的绿色消费、绿色出行等服务和信息支持。培育生态环境文化，将绿色理念融入社会价值观，形成崇尚节约、低碳环保的社会风尚。搭建绿色生活方式的行动网络和平台，形成政府、企业、社会组织等多方资源协同推进的合力。

（三）引领生活方式向绿色化转变

1. 企业层面

企业在引领生活方式向绿色化转变方面具有关键作用。企业可以通过研发和推广绿色产品，引导消费者选择环保、低碳的生活方式。企业应当采用先进的设计理念、使用环保原材料、提高清洁生产水平，确保在生产、流通、回收等各个环节均坚持绿色发展理念。如尽可能采用环保包装材料以及可降解、无污染、可循环利用的包装材料，加强绿色包装材料的研发和生产，推动包装减量化、无害化，淘汰污染严重、健康风险大的包装材料。企业还可以通过绿色营销策略，向消费者传递环保理念，提升消费者的绿色消费意识。

2. 个人层面

增强个人环境意识，提高环境保护参与度。选择环保产品，优先购买节能、低碳、可回收或可降解的产品，使用可持续材料制成的绿色服装。减少一次性用品的使用，如选择可重复使用的购物袋、餐具、水杯等。优先选择注重环保和具有社会责任的企业生产的产品，支持绿色经济的发展。节约用水，减少不必要的能源消耗和资源浪费。选择绿色交通方式，践行低碳出行。倡导绿色居住，使用环保建材和家具。加入环保组织，积极参与环保行动，支持环保政策。

3. 政府层面

为推动美丽中国建设，政府需在多方面发力：一方面，完善激励机制，优化资源环境要素的市场化配置，将碳排放权、用能权、用水权、排污权等纳入市场化改革范畴；另一方面，加强财政金融政策支持，严格落实环境保护税法，进一步完善税收征管体系。加大对美丽中国建设的资金投入，优化财政资源配置，确保投入规模与建设任务相适应。同时，健全生态补偿机制，推动生态产品价值实现。大力发展绿色金融，支持符合条件的企业发行绿色债券，引导金融机构和社会资本积极参与，为美丽中国建设提供多元化的资金支持[1]。

第二节
厚植人与自然和谐共生的环境意识

一、环境意识的概念

环境意识是指个人对环境问题的认识、理解和关注程度。具有环境意识的人会意识到环境问题的存在，并努力采取行动来减少对环境的负面影响。这种意识可以体现在对环境保护的支持、对可持续发展的认同、对环境污染和资源浪费的担忧等方面。环境

1　　李周. 建设美丽中国，实现永续发展 [J]. 经济研究，2013（2）：17-19.

意识的提高对于保护地球和维护人类生存环境至关重要。通过提高环境意识，人们可以更加积极地参与环保行动，促进可持续发展。

正是由于环境意识包含了个体和社会对环境问题的认知、情感态度和实际行为，它在一定程度上综合反映了人们在环境保护方面的整体素养。因此导致了环境意识是一个复杂的、多层次的概念，它不仅包含了对环境知识的掌握，还包括个体的情感态度和实际行为。本节将环境意识划分为认知维度、情感维度和行为维度等三个维度，维度间相互联系、相互影响，共同构成了个体和群体对环境保护的综合性态度和行动力。

（一）认知维度

认知维度是环境意识的基础层面，涉及相关知识的获取和理解，包括对自然环境、环境问题和解决方案的科学认知。具体内容如下。

1. 环境知识认知

基础环境知识。指对自然界基本原理的理解，如生态系统、物质循环、能量流动等基础知识。了解这些原理是理解环境保护的重要前提。环境保护技术。包括水处理技术、空气污染控制技术、废弃物回收和处理技术等。掌握这些技术知识，能够帮助人们更好地解决实际环境问题。

2. 环境问题认知

污染问题。了解空气污染、水污染、土壤污染等污染问题的来源、影响及治理措施，这些问题直接关系到环境质量和人类健康。资源问题。包括能源危机、水资源短缺、土地退化等，了解这些问题有助于促进资源的可持续利用。

3. 政策法规认知

环境法律法规。了解国家和地方政府在环境保护方面的政策和法律，如《中华人民共和国环境保护法》《中华人民共和国水污染防治法》等。这些法律文件是环境治理的重要依据。国际环境条约。如《巴黎协定》《京都议定书》等全球性的环境条约，了解这些协议有助于理解全球环境治理的共同努力。

（二）情感维度

情感维度是对环境问题和保护措施的情感反应及价值观，它影响并驱动个体的环境行为。

1. 情感态度

忧患意识。对环境问题的忧虑和担忧，如对气候变化的焦虑，对污染问题的担心。这种情感可以激励个人和群体采取行动。责任感。对环境问题产生的责任和担当，认识到个人行为对环境的影响，并愿意为环境保护做出努力。

2. 价值观

环境伦理观。尊重自然，关注生态平衡，崇尚可持续发展。这种价值观倡导人们不仅考虑自身利益，还要关注生态系统的完整性。代际公平。考虑环境资源的跨代利用，注重对后代的责任和义务，避免资源过度消耗和生态破坏。

3. 美感与欣赏

自然美的欣赏。对自然景观的欣赏和热爱，激发人们保护环境的情感动机。欣赏自然之美，有助于培养人与自然和谐共处的价值观。生态文化认同。对环境文化的认同和尊重，如传统农业、生态旅游等，这些文化活动能够增强人们对环境保护的情感投入。

（三）行为维度

行为维度是环境意识的行动层面，即个体和群体在实际生活中表现出的具体环境保护行为。

1. 环境行为

节约资源。节约用水、用电，合理使用资源，减少浪费。这些行为直接降低资源消耗和环境压力。绿色出行。尽量选择步行、骑自行车或乘坐公共交通工具，以减少碳排放和能源消耗。

2. 垃圾分类

分类投放。正确进行垃圾分类，减少资源浪费和环境污染。垃圾分类是资源回收利用的重要基础。循环利用。尽可能重复使用物品，降低垃圾产生量，推动废旧物资的循环利用。

3. 绿色消费

选择环保产品。优先购买绿色产品，如环保标志产品、节能电器等，支持环保产业发展。反对过度消费。提倡适度消费，避免不必要的消费行为，减少资源浪费和环境压力。

4. 参与环保活动

志愿服务。参与环保志愿活动，如清理垃圾、植树造林等，提升自身的环保行动力。环保宣传。积极传播环保知识，影响更多人关注和参与环境保护，如通过社交媒体、社区活动等形式。

5. 倡导政策参与

反馈与监督。积极参与环境政策的制定和监督，提出建设性意见和建议，共同推动环境治理。公益倡导。通过环保组织或社团，倡导和推动社会各界关注和改善环境问题，形成广泛的社会参与。

　　认知维度、情感维度和行为维度是环境意识不可或缺的三个方面，它们相互联系、相互影响，共同构成了个体和群体对环境保护的综合性态度和行动力。认知维度提供了必要的基础信息和科学理解，情感维度则激发了个体的情感反应和价值观，行为维度将认知和情感转化为实际的行动。只有这三个维度协调发展，才能真正提升环境意识，实现可持续的环境保护目标。通过全面提升公众在这三个维度上的认知水平、情感反应和行为能力，可以共同推动社会向生态文明和可持续发展方向迈进。

二、环境意识引导生态环境保护的成就与问题

（一）环境意识引导生态环境保护的成就

　　生态环境保护不仅是自然科学的问题，更是社会发展和人类文明的重要组成部分，提升公众的环境意识是推动生态环境保护的关键。环境意识不仅是对环境问题有认知，还需要公众具备保护环境的责任感，并形成实际的行动能力。这也是为什么从生态环境意识发展入手，培养和提高公众正确的行为习惯和生态价值观，显得尤为重要。中国社会在空气污染、水体污染和土地荒漠化等生态环境保护方面取得了重要的成就。

　　1. 空气污染治理

　　中国在过去十多年里面临严峻的空气污染问题，特别是在大城市，雾霾问题尤为严重。近年来，中国政府采取了一系列措施，如推广新能源汽车、关停高污染企业、实施冬季清洁能源取暖等，取得了显著成效。例如，《大气污染防治行动计划》自 2013年实施以来，$PM_{2.5}$ 平均浓度显著下降。以北京为例，$PM_{2.5}$ 年均浓度从 2013 年的 89.5微克 / 立方米下降到 2021 年的 33 微克 / 立方米 [1]，实现了明显改善。

　　2. 水污染治理

　　水污染是另一个严重的环境问题，影响了水资源的质量和生态系统的健康。中国政府出台了《水污染防治行动计划》，从工业污染源、农业污染源、城市生活污水治理等多方面入手。在政策实施的多年间，中国加强了对重点流域的水质监控，推行了区域联防联控，使主要河流和湖泊的水质都有所改善。2021 年起，长江流域首次全面消除劣

1　　生态环境部 .2023 年 12 月和 1—12 月全国环境空气质量状况 .

Ⅴ类水质，干流首次全面达到了Ⅱ类水质[1]。

3. 土地荒漠化治理

土地荒漠化不仅减少了可用土地资源，还严重影响当地生态系统的稳定。库布齐沙漠治理是中国防治土地荒漠化的成功典范。通过政府、企业和当地居民的共同努力，库布齐实施了多种生态治理措施，如造林、草地恢复和实施沙障。同时，还引入了可持续的经济模式，促进生态恢复与经济发展相结合。30多年来，库布齐的植被覆盖率从不足5%增加到了50%以上[2]，极大地改善了当地的生态环境，土地利用率也显著提高。库布齐的成功不仅展示了防治土地荒漠化的有效方法，也为其他荒漠化治理项目提供了宝贵经验。

（二）环境意识引导生态环境保护存在的问题

虽然我国的环境治理已经取得了不少成就，但是仍然有值得进一步研究和探讨的问题。

1. 认知维度的问题

知识普及深度不足。对于农村地区和欠发达地区，环保知识普及还不够深入，公众的环保意识相对薄弱。知识与实践脱节。部分地区尽管开展了丰富的环保教育，但实际的环境保护行动效果有限，理论与实践之间仍存在差距。

2. 情感维度的问题

短期效应明显。在国务院发布蓝天保卫战的紧急号召后，虽然短期内各地公众响应积极，空气质量有所改善，但长时间后，随着媒体关注度下降，公众的热情逐渐减弱，环保行为也有所松懈。方式单一。部分地区的环保宣讲活动仅停留在传统的演讲模式，没有结合现代技术手段，如虚拟现实（VR）体验、社交媒体互动，因此无法持久激发公众的兴趣和共鸣。

3. 行为维度的问题

行为落实难度大。在一些情况下，由于缺乏配套设施和监督管理，环保行为难以持续落实。例如垃圾分类的推行在部分地区仍面临设施不足、管理不严等问题。利害冲突。环保措施可能会触及部分群体和企业的经济利益，导致他们的抵触和消极行为，从而影响整体的环保进程。

1　　干流首次全面达Ⅱ类水质[R].人民日报，2021年06月09日04版.

2　　治沙30多年，库布齐沙漠植被覆盖率达53%.澎湃新闻，2021年5月12日.

总的来说，通过认知、情感和行为三个维度引导环境意识，可以全面提升公众对生态环境保护的重要性认识，激发主动参与的热情，并推动实际环保行为的落实。在这一过程中，当前中国和国际社会尽管取得了显著的成就，但也面临信息不对称、情感触动深度不够和行为落实难度大等问题。只有不断优化这三大维度的引导措施，才能更好地实现全社会共同参与的生态环境保护目标。

三、构建人与自然和谐共生环境意识的基本原则

从当前我国环境治理发展和应用的经验来看，厚植人与自然和谐共生的环境意识，必须涵盖可持续发展、生态平衡、资源节约、环境保护和全球责任五大基本原则。可持续发展强调在满足当代需求的同时，不损害未来权益，促使经济、社会和环境之间的协同发展。生态平衡关乎生态系统的健康与稳定，确保生物多样性和自然调节功能的维持。资源节约则强调合理利用和循环利用资源，减少浪费和环境负担。环境保护旨在减少污染和生态破坏，保障人类生活质量和健康。全球责任则强调国际合作，共同应对全球性环境挑战。这些原则相互关联，共同构筑起人与自然和谐共生的基础，推动实现可持续发展的美好愿景。

（一）可持续发展是人与自然和谐共生环境意识的核心原则之一

可持续发展强调在满足当前需求的同时，不损害未来世代的生存和发展权益。这意味着我们需要在经济、社会和环境之间取得平衡，避免过度开发和消耗资源，以确保自然资源的可持续利用和生态系统的稳定。可持续发展的理念促使我们意识到环境保护和经济增长并不矛盾，反而可以相互促进，实现经济、社会和环境三方面的持续发展。

（二）生态平衡是人与自然和谐共生环境意识的重要原则之二

生态平衡是指自然界各种生物和非生物因素之间相互作用和协调的状态，维持生态系统的稳定和健康。人类的活动往往会破坏生态平衡，导致生物多样性减少、生态系统恶化等问题，因此，重视保护生态平衡成为环境意识的重要内容。保护生态平衡需要我们尊重自然规律，促进生物多样性，保护濒危物种，重视生态系统的健康和恢复。

（三）资源节约是人与自然和谐共生环境意识的基本原则之三

资源是人类生活和发展的基础，然而资源的过度消耗和浪费严重威胁着环境和生态系统的稳定。资源节约意味着合理利用和循环利用资源，减少资源的浪费和过度消耗，降低资源的开采和利用对环境的负面影响。资源节约不仅可以保护环境，还可以提

高经济效益和社会福利，符合可持续发展的要求。

（四）环境保护是人与自然和谐共生环境意识的重要原则之四

环境保护是保护自然环境免受人类活动的破坏和污染，维护生态系统的完整性和功能。环境污染、气候变化、地球资源的过度开发等问题已经严重影响人类的生活和健康，因此，环境保护变得尤为重要。环境保护需要我们采取积极的行动，减少污染排放、推动清洁能源发展、加强环境监管等，努力实现环境保护和经济发展的双赢局面。

（五）全球责任是人与自然和谐共生环境意识的关键原则之五

环境问题是全球性挑战，任何国家和个体都无法独立解决，需要国际社会共同努力，共同承担责任。全球责任意味着各国之间要加强合作，共享环保技术和经验，推动国际环境治理体系的建设，共同应对气候变化、生物多样性保护、海洋污染等全球性环境问题。只有全球责任意识得到普遍认可和贯彻，才能实现人与自然和谐共生的目标。

四、厚植人与自然和谐共生的环境意识的主要措施

基于认知维度、情感维度和行为维度等三个维度提出厚植人与自然和谐共生的环境意识的主要措施。

（一）认知维度

提升环境知识水平。加强生态平衡相关知识的普及，通过理论教育和实际案例，让公众认识到生态系统健康的重要性，减少因人类活动导致的生态失衡。例如，结合课程内容，介绍亚马孙雨林的生物多样性及其保护措施。环保知识的广泛普及和教育，使得公众对环境问题的成因、影响及解决办法有了更深入的了解。如杭州西溪湿地国家公园设立环境科普基地，通过多种形式的知识普及活动，提高了公众对湿地生态系统和保护的认识。这增强了公众对生态环境的理解，有助于培养环保意识。库布齐沙漠的治沙成果不仅让当地人受益，也为世界带来了治理荒漠化的希望。库布齐作为中国防沙治沙的成功实践被写入190多个国家代表共同起草的联合国宣言，成为全球防治荒漠化典范。通过国际合作与共享知识，提升公众的全球环保意识。介绍国际环保协议和组织，如《巴黎协定》和联合国环境规划署，了解全球共同应对环境问题的重要性。

一项调研结果显示，绿色电力消费行为受到如性别、年龄、健康水平、家庭情况、行为方式、受教育程度等涵盖认知水平的相关因素影响较深，且大多数情况下这些影响因素与绿色电力支付意愿结果显著（图 7-1）。例如调研过程中发现，当通过提前向受访者介绍了火力发电成本为每度电 0.2～0.3 元，可再生能源发电成本为每度电 0.5～0.6 元的这一关键信息后，受访者的认知意识被显著增强了。在这一前提下，受访者随后在被询问是否愿意多支付一定费用（≥0.1 元）来使用绿色电力时，愿意接受额外费用的受访者比没有增强意识的受访者对绿色电力的支付意愿比例提高了约 15%，约 80% 的受访者愿意为绿色电力支付一定的费用。

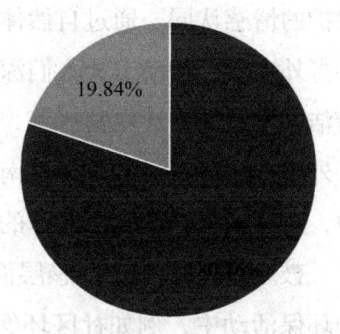

图 7-1　样本数据中绿色电力消费支付意愿

注：资料来源于 2022 年武汉市居民绿色电力消费意愿调研部分结论整理所得。

增强问题意识。通过科学知识的普及，公众对气候变化、物种多样性减少、水资源短缺等问题有了更深刻的认识，从而提高了环保的紧迫感。如昆明市推行的环保教育课程，将环保理念融入学校教育，使学生从小树立环保意识，未来能成为环保的践行者和推动者。通过教育和科学传播，让公众了解可持续发展的核心理念，在满足当前需求的同时不损害未来世代的权益。课程设置、宣传材料和实际案例分析，可以增强人们对经济、社会和环境平衡的理解。例如，介绍"三重底线"原则：经济效益、社会公平与环境保护。通过资源节约与循环利用的教学，提高公众的资源管理知识。例如，开设有关资源利用与节约的专题课程，并通过数据图表展示过度消耗的后果。普及环境保护知识，介绍全球和本地的环境问题和解决措施。通过教育和宣传，让公众了解如何减少污染和保护环境。提供详细的环保指南和培训，例如，利用宣传海报宣传"塑料袋的危害"。

（二）情感维度

情感维度通过塑造公众对自然和环境的情感共鸣这一举措，促使公众在感性层面上认同环保的重要性，进而自发地参与到环保行动中，主要涵盖了以下两个方面。

增强情感共鸣。通过文化、艺术、体验等方式，公众对环境保护产生了更深的情感连接，环保意识更为强烈，使人们情感上认同可持续发展的重要性，提高公众对环境保护的情感认同。通过自然体验活动，增强人们对保护生态平衡的情感认同。生态旅游和野外考察等活动，让人们深入自然，感悟其美丽和脆弱。组织环保主题公益活动，如清洁城市行动、环保骑行等，使保护环境成为一种社会风尚。组织自然保护区的参观和野外动植物观察活动，如海南省的热带雨林体验之旅，居民和游客在与自然的亲密接触中，对环境保护产生了深厚的情感认同，从而更愿意去参与环保事业。

鼓励主动参与。情感层面的认同感激发了公众的环保热情，使他们愿意参与到各种环保活动中，例如社区环保活动、志愿服务等。举办有关可持续发展的影视剧展映、音乐会和艺术展览，增强大众的情感共鸣。例如，观看关于环境保护的纪录片《与自然共生》和《气候变化真相》。环保公益广告和纪录片如《美丽中国》，通过情感化叙事引发了广泛的社会讨论，使环保意识深入人心，激发了全国范围内环保组织和个人的积极行动。引导公众通过实际生活体验资源节约的重要性，比如节水节电活动，举办"无废日"或"节约日"等社区活动，增强其情感认同。例如，社区内的节水比赛和资源利用讲座。通过文化交流活动，增强全球责任意识和国际友谊。例如，参加世界环境日活动和跨国环保项目，增强对国际合作的情感认同。例如，组织跨国青年环保交流营。

（三）行为维度

行为维度着重通过实际行动和政策引导，推动公众和企业实践环保理念，从而实现具体的环境保护目标。

行为实践普及。制定并严格执行政策法规，鼓励和支持可持续发展行为。限制破坏行为，推进生态修复工程。通过政策、法规、市场激励等手段，公众逐渐养成了诸如垃圾分类、节约用水、使用可再生能源等环保行为。如随着《北京市生活垃圾管理条例》的推行，北京市在垃圾分类方面取得显著成效，居民的垃圾分类意识和行为逐步普及，垃圾重复利用率显著提高。通过制定保护生态平衡的法律法规，鼓励多样化的生物栖息地恢复措施，实施环保项目和社区参与活动，例如，开展植树造林和湿地保护项目。实施国际环保合作项目，共享环保技术和经验。推动政府间合作，共同出台环保政策，共同应对全球环境挑战。例如，参与联合国气候变化大会和全球环保项目的实施。

企业责任落实。通过经济激励措施，如绿色税收、财政补贴，推动清洁能源、低碳技术的发展，促进环保行为的实施，例如对使用可再生能源的企业提供税收优惠。许多企业在政策与市场的双重压力下，积极投入绿色生产和运营，形成了环保产业链，共同推动环境保护。如阿里巴巴集团倡导绿色电商，推出"无纸化电子面单"项目，大幅减少了纸张浪费，表明企业环保理念已经渗透到实际运营中。通过实施资源节约政策，推广节能技术和节约型社会制度。对企业和个人的资源利用行为进行规范和激励，如提供节能产品的购置补贴，建立资源回收系统。例如，推广垃圾分类和资源回收利用的社区行动。推行清洁能源和环保技术，减少污染排放。政府通过环境监管和惩罚措施，确保企业和个人履行环保责任。例如，对排放超标的企业进行处罚和整改督促。

专栏 7-2　行为维度改变居民交通出行碳排放

　　一项调研显示，武汉市各区域居民在出行碳排放上存在着较大的行为差异。在工作日内，区域之间碳排放主要在武汉市中部行政区内流动。例如洪山区、江岸区、江汉区、青山区、武昌区等中心区域，区域之间与私人交通碳排放呈强相关性，碳排放较高。而涉及汉南区、新洲区、黄陂区等外层区域的私人交通碳排较低。但在休息日，居民出行交通碳排放减少，首先表现在本行政区内碳排放减少，原因可能是非工作日居民选择休息，乘坐交通工具频次减少。非工作日不同行政区交通碳排放分布较工作日来讲更加均衡，说明非工作日居民出行目的地选择更多，范围更广。

　　注：资料来源于 2021—2023 年武汉市居民绿色出行意愿调研部分结论整理所得。

第三节
建立具有约束力的环境义务规范

一、环境义务的定义和基本特征

（一）环境义务的定义

1. 环境义务的概念

　　环境义务是指个人、企业、组织以及政府在环境保护和资源利用过程中所应承担的责任和义务，以维护生态平衡、保护自然资源、提升环境质量。环境义务包括防止和减少环境污染的义务，以及资源可持续利用、生态系统修复与保护，从而确保经济社会活动对环境的负面影响最小化、促进人与自然的和谐共生。

2. 环境义务的法律性质

环境义务是通过法律法规加以规定和实施的，具有约束力。任何主体不履行其环境义务时，都可能面临法律制裁。环境义务与环境权利是环境法的重要组成部分，两者密不可分，互为依存。环境权利是指个人和组织享有的能够享受良好环境的权利，包括享有清洁空气、洁净水源和健康生态系统的权利。而环境义务则是为了保障和实现这些环境权利所必须履行的责任和义务。环境权利的实现依赖于环境义务的履行，只有当各主体认真履行其环境义务时，环境权利才能得到充分保障。环境义务的设立和执行是为了维护和保障环境权利的实现，没有环境权利的存在，环境义务便失去其意义。环境权利和环境义务都受法律保护，法律通过明确规定权利和义务的内容，确保环境保护工作有法可依，两者共同构成了环境法的基本框架[1]。

（二）环境义务的基本特征

1. 强制性

环境义务的强制性是其最显著的特征之一。环境义务并非可选择性的行为准则，而是通过法律法规明确规定、具有强制执行的效力。所有个人、企业和政府机构必须遵守这些义务，否则将面临法律制裁[2]。强制性体现在以下几个方面：首先，国家通过制定环境保护法、环境影响评价法等法律法规，对环境义务进行明确规定。这些法律具有强制性，违反者将受到相应的法律处罚。其次，环境保护部门、监察机构等执法机构对环境义务的履行情况进行监督检查，确保各主体依法履行环境义务。最后，对于违反环境义务的行为，法律规定了相应的处罚措施，包括罚款、停业整顿、刑事处罚等，以此确保环境义务的严格执行。

2. 持续性

环境义务的持续性是指环境保护和资源利用的义务是长期存在的，而不是一次性或短期行为。这一特征要求各主体在其生产、经营和生活的整个过程中，持续履行环境义务，确保环境保护工作持之以恒。首先，环境保护和资源利用是一个长期的过程，各主体需要在其活动的整个生命周期内持续履行环境义务。例如，企业在生产过程中必须

1 　　王锴. 环境法典编纂的宪法基础 [J]. 法学评论，2022, 40（5）：174-186.

2 　　程玉. 我国生态环境损害赔偿制度的理论基础和制度完善 [J]. 中国政法大学学报，2022（1）：75-90.

始终遵守环境保护规定，而不是只在某个阶段。其次，环境保护需要长期的监测和管理，执法机构和环保组织需要对环境状况进行持续的监测，确保环境义务的持续履行。最后，环境义务的持续性要求公众不断提高环保意识，加强环境教育，形成良好的环保习惯。

3. 社会性

环境义务的社会性体现在其不仅仅是个人或企业的责任，而是全社会共同的责任。首先，每一个社会成员，无论其身份、地位，都应当承担相应的环境义务，共同维护环境的健康和可持续发展。其次，环境保护需要广泛的公众参与，公众不仅要遵守环境义务，还应积极参与环境决策和监督，发挥社会监督作用。最后，环境义务的履行不仅影响个体或企业的行为，还对整个社会产生深远影响。良好的环境保护行为可以促进社会的可持续发展，反之则会带来严重的环境问题。

4. 公共性

环境义务的公共性是指其履行结果具有公共利益的性质。环境保护不仅关系到个体或企业的利益，更关系到健康和社会福祉等公共利益。空气、水、森林等环境资源都是公共资源，履行环境义务有利于维护公共资源的可持续利用。环境义务的履行可以改善环境质量，提升公共健康水平，增强社会的整体福祉。环境保护还关系到社会的公平和正义，履行环境义务可以减少环境污染对脆弱人群的影响，促进社会公平。

二、环境义务规范的内容

（一）环境保护的基本义务

1. 个人的环境保护义务

个人的环境保护义务贯穿于日常生活的方方面面[1]。节约资源方面，应当在日常生活中自觉节约水、电、煤气等资源，减少不必要的浪费。例如，随手关灯、减少用水时间等都是个人节约资源的具体表现。垃圾分类方面，应当按照规定将可回收物、厨余垃圾、有害垃圾和其他垃圾分开处理，有助于资源回收再利用并减少固体废物污染。绿色出行方面，尽量选择公共交通、骑行或步行等低碳出行方式，减少私家车使用，降低尾气排放，减少对大气的污染。环保意识方面，应参与环保宣传和教育活动，积极传播环

---

[1]　王慧. 个人环境保护义务的实现进路 [J]. 法商研究，2023，40（5）：144-158.

保知识，倡导绿色生活方式。

2. 企业的环境保护义务

企业是环境污染的主要来源之一，同时也是参与环境保护的重要主体[1]。企业的环境保护义务主要包括以下几个方面。污染控制方面，在生产经营过程中，采取有效措施控制污染物的排放，确保达到国家和地方规定的排放标准。对于产生的废水、废气和固体废物，进行无害化处理，减少对环境的污染。清洁生产方面，推行清洁生产技术，优化生产工艺，减少资源和能源的消耗，减少污染物的产生。不断进行技术改造和创新，采用先进的环保技术和设备，提升环保水平。环境管理方面，建立完善的环境管理体系，制定环境保护的规章制度和操作规范，明确各级人员的环境责任。定期进行环境风险评估，制定应急预案，防止和应对突发环境事件。社会责任方面，积极履行社会责任，参与和支持环境保护活动。企业应定期向社会公开披露 ESG 信息，接受公众监督。

3. 政府的环境保护义务

政府作为环境保护的主导力量，负有制定政策、法律法规和监督执行的重要职责。政府的环境保护义务主要体现在以下几个方面：政策制定方面，统筹兼顾经济发展和环境保护，确保政策的可持续性。各级政府应积极推动绿色发展和生态文明建设，促进资源的高效利用和环境质量的提升。行政法规方面，制定和完善环境保护的规章制度，为环境保护提供法治保障。应严格执法，确保法律法规的有效实施，对违法行为进行严厉处罚，维护环境法治权威。环境监督方面，应建立健全环境监督体系，对企业和个人的环境行为进行有效监督。定期进行环境监测和评估，及时发布环境信息。公共服务方面，应提供包括环境基础设施建设、环境教育和宣传等在内的高质量公共环境服务，鼓励和支持公众参与、增强公众环保意识。

（二）环境资源利用的基本义务

1. 可持续的资源利用

实现可持续资源利用是环境义务的重要内容，即在保证资源满足当代人需求的同时，又不损害后代人满足其需求的能力。首先，资源利用应进行科学合理的规划，避免盲目开发和过度利用。应制定长期的资源利用规划，统筹资源的开发和保护。其次，采用先进的技术手段提高资源的利用效率，减少资源浪费和环境破坏。不断进行技术创新，推

1　　白昌科. 企业环境义务研究 [D]. 温州：温州大学，2019 年.

广使用高效、节能、环保的生产技术和设备。最后，在资源开发过程中，重视生态系统的保护和恢复，避免对生态环境的破坏。在开发资源时，进行环境影响评价，采取有效的保护措施，减少对生态系统的影响。

2. 资源回收和再利用

通过资源的回收和再利用，可以减少资源消耗，降低环境污染。首先，建立完善的资源回收体系，包括分类回收、运输、处理等环节，确保资源的有效回收和再利用。制定相关政策，鼓励和支持资源回收产业的发展。其次，采用先进的回收和再利用技术，提高资源回收率和利用率。加强技术研发，推广使用高效的资源回收和再利用技术，提升资源利用水平。最后，加强公众的资源回收意识，鼓励和引导公众参与资源回收活动。通过宣传教育，提高公众对资源回收和再利用重要性的认识，形成良好的社会风尚。

（三）环境污染防治的基本义务

1. 污染源防治

污染源防治可从源头上控制污染的产生。首先，制定严格的环境准入标准，对新建、改建、扩建项目进行环境影响评价，符合环境保护要求的项目才能获得批准。其次，应采用清洁生产技术，减少污染物的产生。通过优化生产工艺、使用低污染原材料、改进设备等措施，实现源头减排。再次，在产品设计阶段，考虑其全生命周期的环境影响，选择环保材料和工艺，减少产品在生产、使用和废弃过程中的污染。最后，推动资源的循环利用，减少一次性资源的消耗，降低废弃物的产生。通过资源回收、再利用和再制造等方式，实现资源的闭环利用。

2. 污染物排放控制

控制污染物排放是环境污染防治的核心环节。首先，制定和完善污染物排放标准，对大气、水、土壤等不同环境介质的污染物排放限值作出明确规定。其次，安装和运行有效的污染治理设施，对排放的废水、废气和固体废物进行处理。废水处理厂、废气净化设备、固体废物处理设施等，均能有效降低污染物的排放量。最后，建立完善的环境监测体系，定期监测污染物排放情况，并向相关部门报告。同时，加强对企业排放情况的监督检查，确保其遵守排放标准。

3. 污染物处理

对已经产生的污染物进行有效处理和清理是环境污染防治的重要环节。首先，对产生的废弃物进行分类管理，根据其性质和危害程度，分别采取不同的处理方法。有害废物应进行专门处理，防止对环境造成二次污染。其次，对污染物进行无害化处理，减少其对环境和人体健康的危害。通过物理、化学和生物处理技术，对废水、废气和固体废物进行无害化处理。再次，对受污染的环境进行生态修复，恢复其自然功能。通过植树造林、湿地修复、土壤修复等措施，改善被污染的生态系统。最后，建立环境污染事故应急响应机制，及时处置突发污染事件，减少其对环境的影响。制定应急预案，配备应急设备，定期进行应急演练，提高应急处置能力。

（四）环境信息公开和公众参与的义务

1. 环境信息公开的义务

环境信息公开是确保公众知情权和监督权的重要途径。首先，政府和企业应主动公开环境信息，包括环境质量状况、污染物排放情况、环境治理措施等。通过发布环境公报、建立环境信息公开平台等方式，确保公众能够及时获取环境信息。其次，完善法律法规和规章制度要求，确保信息的真实性、准确性和完整性，对环境信息公开的内容、方式和时限作出明确规定。最后，政府和企业应定期发布环境报告，向社会公众通报环境保护工作进展和成效。通过企业年度环境报告、政府环境质量公报等形式公开环境信息。

2. 公众参与环境决策的义务

公众的广泛参与可以提高环境决策的科学性和民主性。在重大环境决策过程中，通过听证会、座谈会、公众咨询等形式，广泛听取公众意见。建立和完善公众参与机制，保障公众在环境保护中的参与权利。通过立法保障公众参与的权利和义务，确保公众在环境保护中的合法权益，明确公众与环境决策的权利、程序和途径。

3. 环境教育和宣传的义务

环境教育和宣传是提高公众环保意识和参与能力的重要途径。在各级教育体系中加强环境教育，提高学生的环保意识和知识水平。在课程中增加环境保护内容，开设环境相关专业课程，培养专业人才。通过媒体宣传、公益广告、环保活动等方式，广泛开展环境保护宣传、倡导绿色生活方式，提高公众的环保意识。在社区中开展环保宣传和教育活动，动员社区居民积极参与环境保护。通过社区讲座、环保宣传日、垃圾分类活动等，增强居民的环保意识和参与度。

三、建立具有约束力的环境义务规范存在的问题

（一）法律框架和制度建设不完善

1. 法律体系的缺失

我国环境保护法律体系虽然在不断完善，但仍存在一些明显的缺失。首先，现有法律体系中涉及环境保护特别是环境义务的法律法规数量有限，覆盖面不足，导致许多环境问题无法得到有效的法律保障。例如，对于新兴的环境污染问题，如碳排放、电子废物、微塑料等，现有法律法规缺乏具体规定，难以应对这些新型环境挑战。其次，各类环境法律法规之间缺乏协调和统一，法律效力层次不清晰，导致在具体实施过程中存在冲突和矛盾。

2. 法律条款的模糊性

现有环境保护法律条款在具体规定上存在一定的模糊性，导致在实际执行中难以操作。首先，某些法律条款表述过于原则和笼统，缺乏具体的操作细则和标准。其次，法律条款中对责任主体的界定不明确，容易引发法律适用上的争议和矛盾，影响法律的权威性和执行效果。

（二）执法和监督力度不足

1. 执法机构的权力和能力

执法机构目前的权力和能力存在明显不足。首先，许多执法机构的权力受限，难以有效履行职责。例如，在一些地区，执法机构的资源配置不足，尤其是在基层，环保执法人员数量有限，设备简陋，难以开展全面、深入的环境监测和执法行动。其次，执法机构的专业能力也有待提升。环境问题日益复杂化、多样化，需要执法人员具备较高的专业知识和技能。然而，现有的执法人员在专业背景和技术水平上存在不足，难以应对复杂的环境违法行为。例如，对于一些新型污染物的识别和处理，执法人员可能缺乏足够的知识和技术支持，影响执法效果。此外，执法力度不够也是一个问题。许多环境违法行为由于处罚力度不足，难以对违法者形成有效震慑，导致违法行为屡禁不止。

2. 监督机制的有效性

有效的监督机制是执行环境保护法律法规的重要保障。然而，当前的监督机制在实践中仍存在一些问题。首先，监督机制不健全，存在监管盲区。许多环境违法行为发生在偏远地区和小型企业，难以被现有的监督体系覆盖。部分监督程序不严谨，难以发

现和处理实际问题。监督的透明度和公开性不足，也会影响公众的监督作用。部分环境监测数据和执法信息未能及时公开，公众难以获得相关信息，无法有效参与监督。此外，部分地区和行业间存在利益相关，导致监督过程受到干扰，难以客观、公正地执行监督职能。

3. 执法人员的素质

执法人员自身的素质直接关系到执法工作的质量和效率。执法人员的整体素质不高、专业知识和技能匮乏时，就难以胜任复杂的环境执法工作。执法人员的培训机制也需要完善，特别是在新技术、新方法的应用方面需要进一步加强，以更新和提升专业知识技能。

（三）社会公众的环保意识薄弱

1. 环保意识的现状

当前，社会公众对环境问题的关注和理解仍有待加深。首先，许多人对环境问题的严重性认识不足，缺乏主动参与环境保护的意识。一些人对全球气候变化、空气污染、水污染等环境问题持无所谓的态度，认为这些问题与自身关系不大。其次，公众对环保行为的理解和实践存在偏差，环保行为难以持续。一些人虽然知道垃圾分类的重要性，但在实际生活中难以坚持，导致垃圾分类效果不理想。此外，部分公众对环境保护的法律法规还缺乏了解，不能自觉遵守环保规定。

2. 环境教育的缺失

环境教育是提高公众环保意识的重要途径，但目前环境教育存在明显的缺失。首先，环境教育覆盖面的广度和深度不足，许多学校和社区缺乏系统的环境教育内容。一些学校的环境课程设置不完善，学生难以系统学习环境知识。其次，环境教育的形式单一、内容枯燥，难以激发公众的兴趣和参与热情，缺乏吸引力和实效性。一些环保宣传只是单纯的讲座或宣传册，缺乏互动性和体验性，难以引起公众的共鸣和行动。此外，部分环境教育缺乏长效机制，缺乏持续的教育和宣传。一些环保教育活动只是临时性的宣传活动，活动结束后公众的环保意识难以持续提升。

3. 公众参与的积极性不高

公众参与的积极性影响环境保护工作的整体开展。首先，部分环境决策过程缺乏公众参与的环节，公众参与的渠道和途径不畅，难以有效参与环境保护。其次，公众参与的机制不健全，参与效果不明显。部分公众参与活动流于形式，公众的意见和建议未能得到充分重视和反馈，也难以真正被采纳和落实。此外，部分公众对参与环境保护的信心不足，认为自己的参与难以产生实际效果。一些公众认为环境问题需要政府和企业解决，自己的参与作用有限，导致参与积极性不高。

（四）经济利益与环境保护的矛盾

1. 经济发展与环境保护的冲突

经济发展和环境保护在许多情况下存在冲突。快速的经济发展往往伴随着资源的过度消耗和环境的严重破坏。工业化进程中的大规模矿产开采、森林砍伐和土地开发，虽然推动了经济增长，但也带来了水土流失、空气污染和生物多样性下降等严重环境问题。经济发展对环境的压力在短期内可能表现为经济效益的增加，但从长远来看，这种发展模式不可持续。环境的退化不仅会损害生态系统，还会对人类健康和社会福祉产生影响，最终反过来阻碍经济的发展。

2. 企业利益与环境义务的对立

企业在追求利润最大化的过程中，往往忽视或弱化了环境义务。许多企业为了降低成本，选择排放未经处理的废水废气、非法倾倒固体废物等行为，直接导致环境污染问题加剧。虽然环境保护法律法规日益完善，但一些企业仍会通过各种手段规避环境义务，以谋取短期经济利益。这种对立关系的产生，在于履行环境义务通常意味着增加企业成本。例如，安装和维护环保设备、进行污染治理和达标排放等措施，都需要企业投入大量的资金和资源。这在一定程度上削弱了企业的市场竞争力，尤其是在竞争激烈、利润空间有限的情况下，企业更倾向于忽视环保要求。

3. 地方政府经济政策的导向

地方政府经济政策的导向在很大程度上影响经济发展与环境保护的关系。传统的经济政策往往更侧重于追求经济增长速度，而忽视了环境保护的需求。为了吸引投资和促进地方经济发展，一些地方政府可能会放松环保标准。随着美丽中国建设深入人心，越来越多的地方开始认识到环境义务的重要性，逐步调整经济政策导向。例如，推动绿色经济、循环经济和低碳经济，通过税收优惠、财政补贴等政策手段，鼓励企业进行环保技术改造和清洁生产。同时，加大对环境违法行为的打击力度，提高环境违法成本，迫使企业重视环保责任。此外，地方政府还通过制定和实施严格的地方环境保护法规，建立完善的环境监测和执法体系，保障环境保护工作的有效开展。

四、建立具有约束力的环境义务规范的实现路径

（一）完善法律法规和政策体系

1. 制定和修订相关法律法规

首先，需要对现有的环境法律法规进行全面评估。对于已经落后的法规，及时进行修订，使其符合当前的环境保护需求[1]。例如，面对气候变化和新型污染物，明确对温室气体排放和电子废物处理的具体要求。其次，加强地方性环境法规的制定。在国家法律框架下，各地根据自身的环境特点和发展状况，制定符合地方实际的环境保护法规，确保法律的适用性和可操作性。

2014 年 4 月 24 日，第十二届全国人民代表大会常务委员会第八次会议审议通过新修订的《中华人民共和国环境保护法》，该法贯彻落实党中央关于推进生态文明体制改革的战略部署，在总结中国 30 多年环境保护法治建设实践基础上，对 1989 年正式颁布的《环境保护法》进行了全面修改，确立其在生态环境保护领域立法中的综合法地位，宣示立法目的和基本原则，构建统一监管体制和多元共治机制，强化环境执法司法手段，在总结三十多年环境保护法治建设实践基础上体现了"美丽中国"建设新要求[2]。《环境保护法》贯彻用最严格制度最严密法治保护生态环境的理念，明确了政府环境保护责任制、明确企业主体责任，规定了环境影响评价、排污许可证、环境标准等基本制度，规定了行政处罚及相应的行政强制措施。

2. 明确环境义务规范的具体内容

环境义务规范的具体内容应明确、详细，以确保各主体能够清晰理解和履行其环境义务。首先，应明确个人、企业和政府在环境保护中的具体义务。例如，个人应遵守垃圾分类规定，减少塑料制品使用；企业应采取措施减少污染物排放，进行环境风险评估和管理；政府应负责制定政策、监督执行和提供环境公共服务。其次，环境义务规范应涵盖环境保护的各个方面，包括污染防治、资源利用、生态修复等。对于每一项义务，应制定具体的操作标准和技术规范，确保其可操作性。例如，在生态修复方面，规定恢复目标、技术路线和评估标准。我国部署实施了一大批山水林田湖草沙一体化的系

1　郑少华，王慧. 中国环境法治四十年：法律文本、法律实施与未来走向 [J]. 法学，2018（11）：17-29.

2　吕忠梅，田时雨，王玲玲.《环境保护法》实施现状及其法典化"升级" [J]. 中国人口·资源与环境，2023，33（1）：1-14.

统保护修复工程，开展矿山生态保护修复、海岸带保护修复、红树林保护修复等专项行动，取得了显著成效。

2003年，习近平总书记在浙江省工作时就对开展"千村示范、万村整治"工程作出部署。2014年和2016年先后出台的《中共浙江省委关于建设美丽浙江创造美好生活的决定》和《浙江省深化美丽乡村建设行动计划（2016—2020年）》对推进生活垃圾分类提出了要求。通过制定详细的垃圾分类标准和操作指南，明确了居民在垃圾分类中的具体义务，也显著改善了村庄的环境卫生状况。

3. 增强法律法规的可操作性

首先，法律条款应明确具体，避免模糊不清。其次，应制定配套的实施细则和操作指南，帮助各主体理解和执行法律法规。例如，编制操作规程，详细说明各条款的执行步骤和注意事项。同时，建立健全的法律咨询和服务体系，提供法律解读和技术支持，帮助企业和个人更好地履行环境义务。

党的十八大以来，环境规划、生态红线、环境影响评价、环境监测等预防类制度实践稳步推进，以国土空间规划为基础的经济社会发展规划、生态环境保护专项规划等规划体系逐渐形成，环境影响评价"未评先批""未批先建"的违法现象得到有效遏制；生态环境在线监测和监测网络建设取得重大进展，有力保障监测数据"真、准、全"，生态环境风险监测、预警和防范能力明显提升[1]。

（二）加强执法和监督机制

1. 提高执法机构的权威性和独立性

首先，要赋予环保部门能够独立开展环境执法工作的权力，避免受其他部门和企业的干预。其次，要加强环保部门的资源配置，增加执法人员和设备投入，提升其执法能力和效率。2018年，中共中央发布《深化党和国家机构改革方案》，要求整合分散在环境保护部、国家发展和改革委员会、国土资源部、水利部、农业部、国家海洋局、国务院南水北调工程建设委员会办公室的相关环境保护职责，组建了生态环境部，作为国务院组成部门，打通地上和地下、岸上和水里、陆地和海洋、城市和农村、一氧化碳和二氧化碳，贯通污染防治和生态保护，统一政策规划标准制定、统一监测评估、统一监督执法、统一督察问责。

1　　吕忠梅，田时雨，王玲玲.《环境保护法》实施现状及其法典化"升级"[J]. 中国人口·资源与环境，2023，33（1）：1-14.

2. 建立多层次的监督机制

首先，建立政府主导的监督机制，通过环保部门和相关机构对各主体的环境行为进行监测和检查。例如，构建地理国情和环境监测网络，对空气、水质、土壤等进行实时监测，及时发现和处理环境问题。2016年，组建中央生态环境保护督察组，代表党中央、国务院对各省份党委和政府及其有关部门贯彻落实国家环境保护决策部署、解决突出环境问题、落实环境保护主体责任等情况进行督察。其次，应加强社会监督，鼓励公众参与环境监督。例如，可以设立环保热线，方便公众举报环境违法行为；通过媒体曝光和舆论监督，提高环境执法的透明度和公信力。最后，建立企业内部的自我监督机制，鼓励企业加强环境管理和内部审计。例如，推行环境管理体系认证，要求企业建立环境管理制度，定期进行环境风险评估和审计，确保环境义务的履行。

3. 提升执法人员的专业素质

首先，通过培训和教育，提升执法人员的专业知识和技能。定期举办专业培训班，邀请专家讲解最新的环保法律法规和技术知识；组织执法人员参加实际操作和案例分析，提高实战能力。其次，建立执法人员的职业资格认证制度，确保执法人员具备必要的专业素质和执法能力。最后，加强执法人员的职业道德建设，提高其职业素养和责任感。制定执法人员行为规范，明确执法人员的职业道德要求；通过开展职业道德教育，增强执法人员的责任意识和廉洁意识，确保执法工作的公平、公正。

（三）提高公众环保意识和参与度

1. 开展广泛的环保宣传和教育

在各级教育体系中纳入环境教育内容，系统地教授环境保护知识。可以设置环保课程，通过生动有趣的教学方式，让学生了解环保的重要性和基本知识。利用各种媒体渠道广泛宣传环保知识和理念。通过电视、广播、报纸、网络等大众媒体传播环保信息，增强公众对环境问题的关注和认识。组织社区宣传活动，向社区居民普及环保知识。可以在社区中开展垃圾分类宣传活动，指导居民如何正确进行垃圾分类和处理。

2. 鼓励公众参与环境保护活动

公众的实际参与是环保意识转化为行动的关键。首先组织各类环保活动，吸引公众参与。例如，开展植树造林、环保志愿服务等活动，让公众在实践中感受环保的重要性。其次，建立公众参与的渠道和平台，方便公众获取信息、提出意见和建议，参与环境保护事务。最后，鼓励公众参与环境决策和监督。政府和企业在制定环境政策和项目规划时，应广泛听取公众意见，确保决策的科学性和民主性。2015年，原环境保护部发布

《环境保护公众参与办法》，2021年，生态环境部发布《企业环境信息依法披露管理办法》，保障公民、法人和其他组织获取环境信息、参与和监督环境保护的权利，畅通参与渠道，促进环境保护公众参与健康有序发展。地方政府环境信息公开取得积极进展，生态环境部和各地方生态环境厅定期发布环境质量公报，通过媒体及时发布环境状况信息，重点企业在线信息和上市公司环境信息披露制度得到落实。越来越多的国有企业、外资企业主动发布企业环境保护社会责任报告，向社会公开履行环境保护义务情况以及配合政府相关部门开展生态环境执法与普法工作情况，公众环境信息知情权得到保障。

3. 建立公众参与的激励机制

通过物质奖励和精神奖励相结合的方式，激励公众积极参与环保活动。例如，对于积极参与环保志愿服务的公众，可以给予一定的物质奖励，如纪念品、奖品等，同时授予环保荣誉称号，增强成就感和荣誉感。其次，设立环保奖励基金，对在环境保护方面做出突出贡献的个人和组织进行表彰和奖励。此外，建立环保积分制度，公众通过参与环保活动、提出合理化建议等方式积累积分，积分可以兑换相应的奖励或优惠，提高公众参与环保的积极性和持续性。

（四）促进经济与环境的协调发展

1. 推动绿色经济和循环经济

绿色经济和循环经济是实现经济与环境协调发展的重要途径。推动绿色产业发展，通过政策引导和财政支持，促进绿色技术和产品的研发和推广。支持新能源、节能环保、新材料等绿色产业的发展，鼓励企业进行绿色技术创新和产业升级。推进循环经济，通过资源的高效利用和再循环，减少资源消耗和环境污染。例如，建立资源回收和再利用体系，推广废旧物资的回收利用，减少废物排放，促进资源的循环利用。倡导绿色消费，引导公众选择低碳、环保的消费方式。通过宣传和引导，使公众在日常生活中选择节能产品、绿色食品、环保包装等，减少对环境的负面影响。

2. 制定环境友好的经济政策

制定环保税收政策，通过税收优惠和减免，鼓励企业进行环保投资和技术改造。例如，对于采用清洁生产技术、开展环保项目的企业，给予税收减免和补贴。实施生态补偿政策，对于在环境保护方面做出贡献的地区和企业，给予相应的经济补偿和奖励。例如，对于保护水源地、森林和湿地的地区，提供财政补贴和生态补偿金，促进生态保护和修复。建立环境绩效评价体系，将环境保护纳入经济发展的考核指标。例如，对地方政府和企业的环境绩效进行评估和考核，奖优罚劣，推动环境保护与经济发展相协调。

3. 鼓励企业履行社会责任

企业作为经济发展的重要主体，应自觉履行环境保护的社会责任，建立和完善环境管理体系，加强环境管理和监督。其次，进行绿色技术创新，采用清洁生产技术和工艺，减少污染物排放和资源消耗。推广使用可再生能源、节能设备和环保材料，减少对环境的影响。此外，积极参与社会环保公益活动，履行企业社会责任。

思考题

1. 什么是美丽中国，理解美丽中国的内涵应注意把握哪几方面？
2. 筑牢共建美丽中国的广泛认同的主要措施有哪些？
3. 请从认知角度解释基础环境知识的重要性，并举例说明环境保护技术的应用。
4. 请列举至少两项具体的环境保护行动，并解释其重要性。
5. 为什么全球责任是人与自然和谐共生环境意识的关键原则之一？请举例说明环境共识在环境保护国际合作中的作用。
6. 如何通过完善法律法规和政策体系来有效推动环境保护？请结合《环境保护法》修订的实际案例进行分析。
7. 执法和监督力度不足对环境保护有何影响？应采取哪些措施来提升执法和监督的有效性？
8. 公众环保意识和参与度对环境保护的重要性是什么？如何通过具体措施提高公众的环保意识和参与度？

参考文献

[1] 王宇.习近平建设美丽中国重要论述的内涵阐析 [J].中国人口·资源与环境，2022，32（3）：151-158.

[2] 胡锦涛：《中国共产党第十八次全国代表大会报告》(2012年11月8日）.

[3] 习近平：《在十八届中央政治局常委同中外记者见面时的讲话》(2012年11月15日）.

[4] 吴文盛.美丽中国理论研究综述：内涵解析、思想渊源与评价理论 [J].当代经济管理，2019，41（12）：1-6.

[5] 王雨辰.美丽中国建设目标的三重逻辑及其当代意义 [J].东南学术，2023（4）：60-70+248.

[6] 万俊人.美丽中国的哲学智慧与行动意义 [J].中国社会科学，2013（5）：5-11.

[7] 张平淡.构建现代环境治理体系中地方政府的创造性执行 [J].治理现代化研究，2020，36（3）：92-96.

[8] 李周.建设美丽中国，实现永续发展 [J].经济研究，2013(2)：17-19.

[9] 干流首次全面达Ⅱ类水质 [R].人民日报，2021年6月9日4版.

[10] 白昌科.企业环境义务研究 [D].温州：温州大学，2019.

[11] 曹炜.环境法律义务探析 [J].法学，2016（2）：92-103.

[12] 程玉.我国生态环境损害赔偿制度的理论基础和制度完善[J].中国政法大学学报,2022(1):75-90.

[13] 王锴.环境法典编纂的宪法基础[J].法学评论,2022,40(5):174-186.

[14] 杜辉.环境治理的制度逻辑与模式转变[D].重庆:重庆大学,2012.

[15] 刘长兴.生态环境修复责任的体系化构造[J].中国法学,2022(6):92-112.

[16] 徐祥民.论维护环境利益的法律机制[J].法制与社会发展,2020,26(2):72-85.

[17] 王慧.个人环境保护义务的实现进路[J].法商研究,2023,40(5):144-158.

[18] 郑少华,王慧.中国环境法治四十年:法律文本、法律实施与未来走向[J].法学,2018(11):17-29.

[19] 吕忠梅,田时雨,王玲玲.《环境保护法》实施现状及其法典化"升级"[J].中国人口.资源与环境,2023,33(1):1-14.

[20] 李建华,蔡尚伟."美丽中国"的科学内涵及其战略意义[J].四川大学学报(哲学社会科学版),2013(5):135-140.

[21] 李明娜.新时代中国特色社会主义生态法治建设研究[D].广州:华南理工大学,2023.

第八章

构建人类命运共同体

人类只有一个地球，一个世界。习近平总书记在党的十九大报告中将"坚持人与自然和谐共生"和"坚持推动构建人类命运共同体"列入新时代坚持和发展中国特色社会主义的基本方略。生态文明建设与构建人类命运共同体之间具有密切联系。本章首先介绍人类命运共同体的概念内涵、重要意义及与生态文明建设的联系。其次，阐述中国在国际层面引导气候变化合作，维护全球生态安全的实践。再次，总结国内层面中国应对气候变化的责任担当。最后，介绍中国引领全球治理新秩序，深化全球可持续发展的理念和实践。

教学 PPT

第一节
人类是相互依存的命运共同体

一、人类命运共同体的概念内涵

人类命运共同体理念经历了从酝酿、提出到不断充实、发展的历史过程。从党的十八大提出"倡导人类命运共同体意识"，习近平主席 2013 年在莫斯科国际关系学院首次提出，到 2015 年在第七十届联大一般性辩论上提出"五位一体"总体框架，再到 2017 年在联合国日内瓦总部提出建设"五个世界"的总目标，人类命运共同体理念的思想内涵不断深化拓展。

（一）人类命运共同体的开篇立论

人类只有一个地球，一个世界，2012 年 11 月中共十八大明确提出要倡导"人类命运共同体"意识。2013 年 3 月，习近平主席在莫斯科国际关系学院的演讲中，第一次在外交场合提到"命运共同体"概念，指出："这个世界越来越成为你中有我、我中有你的命运共同体，和平、发展、合作、共赢成为时代潮流。"目的就是回答"人类向何处去"的世界之问、历史之问、时代之问，为彷徨求索的世界点亮前行之路，为各国人民走向携手同心共护家园、共享繁荣的美好未来贡献中国方案。此后至 2015 年 9 月期间，习近平主席在国际国内不同场合至少 62 次提到"命运共同体"概念，并先后创造性提出了"中非命运共同体""中国—东盟命运共同体""亚太命运共同体""中拉命运共同体"等具体理念 [1]。

（二）人类命运共同体的深入阐释

2015 年 9 月，习近平主席在联合国总部出席第 70 届纽约联合国大会一般性辩论并发表题为《携手构建合作共赢新伙伴同心打造人类命运共同体》的重要讲话，明确指出要"构建以合作共赢为核心的新型国际关系，打造人类命运共同体"。这是中国最高领

1　　　周宗敏．人类命运共同体理念的形成、实践与时代价值 [R]．学习时报，2019 年 3 月 29 日．

导人首次在重大国际组织场合中提出"人类命运共同体"的概念并详细阐释核心思想。

习近平主席提出五点主张：建立平等相待、互商互谅的伙伴关系；营造公道正义、共建共享的安全格局；谋求开放创新、包容互惠的发展前景；促进和而不同、兼收并蓄的文明交流；构筑尊崇自然、绿色发展的生态体系。即构建人类命运共同体"五位一体"总体框架，可概括为伙伴关系、安全格局、发展前景、文明交流、生态体系等五个方面，开创了国际交往的新格局，这被看作中国为世界各国迈向人类命运共同体提出的路线图（图8-1）。"人类命运共同体"内容日臻丰富成熟，掀起国际社会讨论热潮。

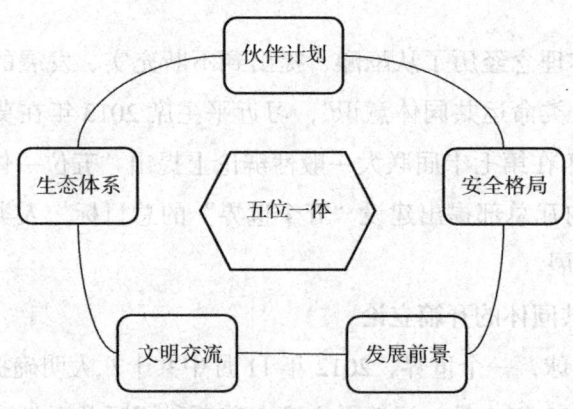

图8-1 构建人类命运共同体"五位一体"总体框架

（三）人类命运共同体的系统陈述

2017年1月，习近平主席在联合国日内瓦总部发表《共同构建人类命运共同体》演讲，阐述了中国为何要推动构建人类命运共同体、要构建一个什么样的人类命运共同体，以及怎样构建人类命运共同体这三大基本问题。此次演讲对"人类命运共同体"思想做了全面的阐释，人类命运共同体包含以下含义：第一，坚持对话协商，建设一个持久和平的世界；第二，坚持共建共享，建设一个普遍安全的世界；第三，坚持合作共赢，建设一个共同繁荣的世界；第四，坚持交流互鉴，建设一个开放包容的世界；第五，坚持绿色低碳，建设一个清洁美丽的世界。这构成了人类命运共同体基本框架，简称"五个世界"总目标。此次演讲全面明确了"人类命运共同体"理念的动因、愿景与实施路径，显著提升了这一理念的影响力和感召力。

在党的十九大报告和党的二十大报告中，习近平总书记再次对构建人类命运共同体的"五位一体"总体布局作了系统概括，立意明确地阐释了构建人类命运共同体的目标愿景和实践路径，同时提出全球发展倡议、全球安全倡议、全球文明倡议，进一步丰富和拓展了构建人类命运共同体的实践路径。

二、构建人类命运共同体的重要意义

（一）契合人类历史十字路口的现实

相互依存是历史大势。全球化在世界范围内优化了资本、信息、技术、劳动、管理等生产要素的配置，把一个个孤立的小湖泊、小河流连成了汪洋大海，各民族自给自足的原始封闭状态被打破，市场成为了世界市场。在信息化日新月异的今天，互联网、大数据、量子计算、人工智能迅猛发展。全球化不是选择，而是现实，甚至成为一种生活方式。地球村正变得越来越"小"，世界也正变得越来越"平"，点一点手机屏幕，就可以瞬时链接到世界的另一端。生活在同一片蓝天下，无论近邻还是远交，无论大国还是小国，无论发达国家还是发展中国家，正日益形成利益交融、安危与共的利益共同体、责任共同体、命运共同体。携手合作、互利共赢是唯一正确选择。

全球性挑战需要全球性应对。当今世界正处于百年未有之大变局，各种新旧问题与复杂矛盾叠加碰撞、交织发酵。第一，和平赤字不断加深。欧亚大陆战火重燃，局势持续紧张，热点问题此起彼伏，军备竞赛阴霾不散，核战争的"达摩克利斯之剑"高悬，世界面临重新陷入对抗甚至战争的风险。第二，发展赤字持续扩大。全球经济复苏乏力，单边主义、保护主义肆虐，经济全球化遭遇逆流。新冠疫情吞噬全球发展成果，南北差距、发展断层、技术鸿沟等问题更加突出。人类发展指数30年来首次下降，世界新增1亿多贫困人口，近8亿人生活在饥饿之中。第三，安全赤字日益凸显。国际战略竞争日趋激烈，大国之间信任缺失，冷战思维卷土重来，恃强凌弱、巧取豪夺、零和博弈等霸权霸道霸凌行径危害深重，恐怖主义、网络攻击、跨国犯罪、生物安全等非传统安全挑战上升。第四，治理赤字更加严峻。世界正面临多重治理危机，能源危机、粮食危机、债务危机等不断加剧；全球气候治理紧迫性凸显，绿色低碳转型任重道远；数字鸿沟日益扩大，人工智能治理缺位[1]。

面对全球性危机，站在历史的十字路口，是团结还是分裂，是开放还是封闭，是

1　中华人民共和国国务院新闻办公室.携手构建人类命运共同体：中国的倡议与行动[M].北京：人民出版社，2023.

合作还是对抗？如何抉择，关乎人类整体利益，也考验着各国的智慧。共同构建人类命运共同体，才能共渡难关、共创未来。

（二）彰显中国智慧的理念方案

根源于中华民族的优秀传统文化。中华民族始终具有"天下为公"的情怀、"天下大同"的理想，主张"和而不同""和衷共济""立己达人"[1]。人类命运共同体理念基于深厚的中国文化底蕴，源于中国式现代化的道路实践，继承弘扬新中国外交的优良传统，吸收借鉴人类社会优秀文明成果，彰显了悠久的历史传承、鲜明的时代印记和丰富的人文内涵。构建人类命运共同体思想，正是在继承和发扬中国传统文化与智慧的基础之上，将中华优秀传统文化的精髓推向世界，加深世界对中国的了解，坚定对中国的认识，促进各个国家和中国的交流与合作。

体现中国共产党的世界情怀。坚持胸怀天下，是中国共产党百年奋斗积累的宝贵历史经验之一。100多年来，中国共产党既为中国人民谋幸福、为中华民族谋复兴，也为人类谋进步、为世界谋大同，带领中国人民走出了中国式现代化道路，创造了人类文明新形态，为构建人类命运共同体奠定了坚实基础、探索了历史规律、开辟了广阔道路。中国共产党始终坚持发展自己、兼济天下、造福世界，不仅要让中国人民都过得好，也帮助其他国家人民过上好日子，努力为人类作出新的更大贡献。无论是人口规模巨大、共同富裕，还是物质文明和精神文明相协调、人与自然和谐共生，或者是走和平发展道路，都为发展中国家贡献了具体可借鉴的历史经验，为携手迈向人类命运共同体的美好未来，提供了更为健康、更可持续的选择[2]。

（三）明了世界发展前进方向

为国际交往开创新格局。世界各国从未像今天这样互通互联、彼此依存、休戚与共。构建人类命运共同体倡导建立平等相待、互商互谅的伙伴关系格局，建立公道正义、共建共享的安全格局，建立开放创新、包容互惠的发展格局，建立和而不同、兼收并蓄的文明交流格局，建立尊崇自然、绿色发展的生态格局，在伙伴关系、安全格局、发展前景、文明交流、生态体系方面形成"五位一体"总体框架，明确了国与国之间平等相待、相互尊重的相处之道，指明各国团结协作是实现文明永续发展、世界可持续发

1　　刘结一.深刻把握构建人类命运共同体的重大价值和意义 [R].人民日报，2024 年 4 月 30 日 9 版.

2　　中华人民共和国国务院新闻办公室.携手构建人类命运共同体：中国的倡议与行动 [M].北京：人民出版社，2023.

展的必由之路，推动构建国际交往新格局。

为全球治理确立新思路。构建人类命运共同体主张世界各国同呼吸、共命运，坚持真正的多边主义，坚持共商共建共享的全球治理观，各国共同商量国际事务、共同掌握世界前途命运，推动全球治理体系朝着更加公正合理的方向发展。世界多极化和经济全球化是人类社会发展的客观现实和必然趋势。但随着世界进入新的动荡变革期，单边主义、保护主义、冷战思维甚嚣尘上，世界多极化和经济全球化进程面临一系列困难和挑战。构建人类命运共同体理念倡导多极化进程应总体稳定并具有建设性，坚持大小国家一律平等，反对霸权主义和强权政治，切实推进国际关系民主化；倡导经济全球化应顺应各国尤其是发展中国家的普遍要求，解决好资源全球配置造成的国家间和各国内部发展失衡问题，朝着更加开放、包容、普惠、均衡的方向发展，从而为全球治理提供了新思路、新方案[1]。

助推经济全球化包容普惠。发展的目的在于造福人民。21世纪以来，全球发展不平等不平衡不充分的矛盾难以满足人们对美好生活的期许。提升全球发展的均衡性、公平性、普惠性，是改善人类生存现状的根本之道。人类命运共同体所蕴含的"合作""共赢""普惠"思想，正是国际普遍认同的理念。构建人类命运共同体充分反映出一个开放进取的中国，将自身命运和前途同世界命运和前途紧密联系在一起的一种自我定位。中国还提出"共商共建共享"的全球治理观，谋求构建人类命运共同体，不仅有助于中国在未来更好地参与世界经济，而且还符合经济全球化的发展趋势[2]。

三、构建人类命运共同体与生态文明建设的内在联系

（一）人与自然的生命共同体是构建人类命运共同体的坚实基础

2013年，习近平总书记在党的十八届三中全会上提出"山水林田湖是一个生命共同体"，强调了自然界各要素之间的相互作用关系。2017年，党的十九大报告中指出，"人与自然是生命共同体"凸显了人类与自然界之间的内在共生性，延续了生命共同体理念的发展。2021年，习近平总书记在《生物多样性公约》第十五次缔约方大会领导人峰会上提出"共建地球生命共同体"。习近平总书记指出，"人与自然是生命共同体，人

---

1   刘结一.深刻把握构建人类命运共同体的重大价值和意义[R].人民日报，2024年4月30日9版.
2   乔兆红.构建人类命运共同体的世界意义[R].光明日报，2017年12月17日.

类必须敬畏自然、尊重自然、顺应自然、保护自然",提出了"人与自然和谐共生"与"山水林田湖草是生命共同体"等理念,要求像保护眼睛一样保护生态环境,像对待生命一样对待生态环境,统筹兼顾、整体施策、多措并举,全方位、全地域、全过程开展生态文明建设。人与自然的生命共同体关系中华民族永续发展和全球生态安全,是构建人类命运共同体的坚实基础。

(二)形成绿色发展方式与构建人类命运共同体具有一致性

党的二十大提出到 2035 年"广泛形成绿色生产生活方式,碳排放达峰后稳中有降,生态环境根本好转,美丽中国目标基本实现"的目标任务,围绕"推动绿色发展,促进人与自然和谐共生"作出重大部署。习近平总书记在联合国日内瓦总部发表演讲时,把"坚持绿色低碳,建设一个清洁美丽的世界"作为构建人类命运共同体的一个重要方面,并指出:"我们要倡导绿色、低碳、循环、可持续的生产生活方式,平衡推进2030 年可持续发展议程,不断开拓生产发展、生活富裕、生态良好的文明发展道路。"从本质上看,推动绿色发展方式和生活方式转型,与人类命运共同体理念所倡导的生态文明建设在价值取向上高度契合。

(三)共谋全球生态文明建设是构建人类命运共同体应有之义

习近平总书记在纪念马克思诞辰 200 周年大会上提出的"自然是生命之母""人类善待自然,自然也会馈赠人类""让人民群众在绿水青山中共享自然之美、生命之美、生活之美"等重要论断,深刻表明了良好的生态环境是人类文明发展的持久力量,关系着民生福祉。经济全球化对全球生态环境的影响呈现出显著的二元特征:在加剧生态资源过度开发、跨境污染转移等环境问题的同时,也为国际环境合作和清洁技术传播创造了有利条件。随着我国国际影响力的进一步增强,中国作为最大发展中国家日益成为全球生态文明建设的重要参与者和贡献者,将有效连通起中国人民与世界人民的梦想,在人类命运共同体建设过程中为世界各国实现人与自然和谐共生、创造人类美好未来贡献中国智慧和中国方案[1]。

---

1   黎庶乐.生态文明建设与构建人类命运共同体 [R].光明日报,2018 年 6 月 4 日。

第二节
共同维护全球生态安全

一、全球气候变化国际合作历史

（一）气候变化是全球性环境问题

气候变化已经成为影响全球可持续发展的全球性问题，是当今人类社会面临的最严峻和最急迫的挑战之一。2023 年 11 月 30 日，世界气象组织在第 28 届联合国气候变化大会上发布了《全球气候状况临时报告》，根据报告显示，至 2023 年 10 月全球平均近地表温度比 1850 年至 1900 期间年的平均值高 1.40 ± 0.12℃，全球气温升幅正不断逼近 2℃气候安全"临界值"。全球气候变暖导致地球气候系统不稳定性增强，给全球粮食安全、水安全、能源安全、生态安全、基础设施安全以及人类的生命财产安全均构成了长期威胁和严重影响。

（二）气候变化问题的实质是发展问题

气候变化问题的实质是发展问题，事关生态环境利益、经济利益和政治利益，其背后蕴含着公平正义的价值观，且有着深刻的学理依据。

首先，应对气候变化涉及全球道义。"气候变化"指除在类似时期内所观测到的气候自然变异外，由于直接或间接的人类活动改变了地球大气的组成而造成的气候变化。气候变化问题核心是全球变暖问题，将引起自然环境或生物区系变化，由此对生态系统的组成、复原力或生产力、社会经济系统的运作、人类的健康和福利产生重大的有害影响，由于其带来的不利影响具有复杂性、不可逆的特征，需要各国共同承担治理责任，为当代人和后代人维护良好的生存空间。

其次，气候变化谈判是争夺发展空间的国际政治博弈。当前在以化石燃料为主的能源消费结构和有限的技术条件下，经济活动难免会涉及碳排放，而且减排要求资金和技术等支持，在短期内提高了发展成本，尤其对于尚未实现工业化的发展中国家，同时实现经济发展和减排任务艰巨，因此各国对碳排放空间的争夺意味着对发展空间的争夺，应当充分考虑公平和责任问题，量力而行。

再次，应对气候变化为各国提供了发展机遇。全球气候治理的紧迫性要求决不能重蹈先污染后治理的覆辙，碳税、碳排放交易权等碳排放控制手段增加了生产成本从而影响一国企业的竞争力：在国际竞争中，谁能掌握减碳清洁技术、采用绿色循环低碳的经济形式，意味着谁将占据经济制高点。执行减排的过程有利于倒逼粗放型发展模式向可持续发展模式转型，依靠技术创新开发新经济增长点、开辟新市场，实现经济和环境的双赢。

最后，应对气候变化需要各国共同承担减排责任。习近平主席强调，气候变化是全球性挑战，任何国家都无法置身事外，指明了气候治理的全球性和必要性。据联合国政府间气候变化专门委员会（IPCC）评估，人类活动引起的大气温室气体浓度增加是导致全球变暖的主要因素，所以应对气候变化的核心措施是减少二氧化碳排放。然而，减排是世界上最大的公共产品，具有非排他性和非竞争性的属性，制度约束的缺乏必然导致各国"搭便车"，不愿主动承担减排责任，温室气体的无度排放引起气候变化的不利影响也必然应由世界各国一起买单。气候变化严重威胁着各国的发展空间，气候变化问题的复杂性、全球性以及减排的公共产品属性，决定了国际社会理应建立全球治理机制来保证减排任务的执行，共同应对气候变化风险。根据全球治理委员会的定义，"治理"为个人或团体处理其共同事务的诸多方式的总和，是一种调和不同个体和单位间相互冲突或不同利益，并推动不同个体和单位采取联合行动的持续过程。因此全球气候治理体现为集合各国力量，协调各国利益，以减少温室气体排放为核心任务，就减排时间、标准、资金技术和监管等问题达成共识，形成有约束力的协议并付诸动，逐渐减缓和适应气候变化。

（三）中国应对气候变化国际合作的国际贡献

中国一以贯之地将应对气候变化和维护全球气候安全作为应尽的国际义务，在历次国际气候变化谈判和各种气候治理行动中展现出诚意、决心和中国智慧，还以推动国内生态文明建设和实现低碳绿色转型之路为全球气候治理提供了中国经验，实现了国家发展利益与全人类可持续发展利益的统一，在国际舞台作出了巨大的贡献并提供了宝贵经验。具体表现在以下五个方面。

贡献中国智慧，促进包容发展。始终坚持正确的义利观，寻求全球气候治理参与国各方利益的"最大公约数"，有效地促成气候治理国际合作。习近平总书记提出树立正确的合作共赢全球气候治理观，倡导各国应"奉行法治、公平正义""各尽所能、合作共赢""包容互鉴、共同发展"的全球治理理念，允许不同国家基于本国国情寻找最适合本国国情的应对之策，这与中华优秀传统文化中"和而不同""大河有水小河满，小河有水大河满"的思想一脉相承。习近平总书记强调国际气候治理并不是"零和博弈"，应对气候变化是人类共同的正义事业，发达国家应主动承担减排义务，发展中国家也要避免重走发达国家高碳发展的工业文明老路。巴黎气候大会召开前夕，中国与多国举行谈判并发布联合声明，气候谈判中的法律约束力、资金、力度等焦点分歧在联合声明都有描述，为巴黎气候大会的成功召开提供了基础。会上习近平总书记阐述了国际协议成功与否的重要标准在于既解决当下矛盾更要引领未来发展。基于这一论断习近平总书记提出《巴黎协定》应着眼于强化 2020 年后全球应对气候化行动，也要为推动全球更好地实现可持续发展注入动力。具体来说，《巴黎协定》应该有利于实现联合国气候变化框架公约目标引领绿色发展；有利于凝聚当下全球力量，鼓励各方面广泛参与；有利于加大有效的资源投入，强化有力行动保障；有利于照顾不同国家国情，讲求行动效果务实有效。四项建议从遵循公约原则的基本条件、制度安排、资金技术支持和坚持共同但有区别的责任等方面为解决《巴黎协定》涉及的现实难题提供了指导。

表明中国态度，履行减排承诺。习近平主席指出"法国作家雨果说：'最大的决心会产生最高的智慧'"，气候变化谈判中各方应当展现诚意、坚定信心、齐心协力。中国一直本着负责任的态度积极应对气候变化，愿意继续承担与自身国情、发展阶段、实际能力相符的国际责任。中国主动承担减排责任，在《强化应对气候变化行动——中国国家自主贡献》报告中提出将于 2030 年前后使二氧化碳排放达到峰值并争取尽早实现，单位国内生产总值二氧化碳排放比 2005 年下降 60%～65%，非化石能源占一次能源消费比重达到 20% 左右，并在《巴黎协定》高级别签署仪式上表示在 2016—2030 年间将投入 30 万亿元人民币以保障实现应对气候变化的《强化应对气候变化行动——中国国家自主贡献》方案目标。习近平主席强调："未来，中国将进一步加大控制温室气体排放力度，争取到 2020 年实现碳强度降低 40%～45% 的目标。"G20 杭州峰会前夕，中国率先履行承诺批准《巴黎协定》，有力地推动了该协定的生效。

落实中国举措，帮助发展中国家减排。习近平主席指出："发达国家和发展中国家对造成气候变化的历史责任不同，发展需求和能力也存在差异。就像一场赛车一样，有的车已经跑了很远，有的车刚刚出发，这个时候用统一尺度来限制车速是不适当的，也是不公平的。发达国家在应对气候变化方面多作表率，符合《联合国气候变化框架公约》所确立的共同但有区别的责任、公平、各自能力等重要原则，也是广大发展中国家的共同心愿。"坚持共同但有区别的责任，这始终是中国推动全球气候治理的基本立足点，同时，"中国责无旁贷，将继续作出自己的贡献。同时，我们敦促发达国家承担历史性责任，兑现减排承诺帮助发展中国家减缓和适应气候变化"。中国不仅在历届国际气候变化大会中坚定捍卫发展中国家的基本发展权，还从绿色技术转移、资金扶持、教育和重大项目等方面为发展中国家提供切实帮助。在联合国可持续发展峰会上，习近平主席倡议各国要加强合作，以推动共同落实联合国《2030年可持续发展议程》，努力实现合作共赢，并宣布对发展中国家提供切实帮助，包括设立"南南合作援助基金"，承诺继续增加对最不发达国家投资，免除对有关最不发达国家、内陆发展中国家、小岛屿发展中国家截至2015年年底到期未还的政府间无息贷款债务，设立国际发展知识中心推动相关工作，探讨构建全球能源互联网来推动以清洁和绿色方式满足全球电力需求和实现全球气候变化目标。

展现中国担当，搭建国际合作平台。中国在国际气候大会上积极展开斡旋，最终促进协议达成，在此期间反映不同发展中国家的利益诉求，帮助发展中国家平衡减排和发展之间的压力。同时还积极参与谈判场外活动，将余力发挥在国际气候大会之外，充分把握国际交流合作机会，展示中国参与全球气候变化治理的决心，依靠政府间组织、民间组织等非国家实体的力量，多层次搭建新的交流平台、多维度形成新的交流机制。如以天津APEC绿色发展高层圆桌会为平台发起实施了以气候变化转型为目标的全球绿色供应链、价值链合作倡议，有力带动了相关产业的转型升级、推动了发展方式向绿色化低碳化转型，为全球绿色低碳产业体系的构建提供了思路和方案。再比如在第二届中美气候智慧型/低碳城市峰会上，中美省州、城市及研究机构和相关企业的代表们紧密围绕碳市场、城市碳排放达峰、绿色产业升级等17个主题展开了广泛而深入的交流和探讨，就中美间低碳城市政策研究和绿色发展能力建设、低碳技术创新和应用等领域签署大量的合作协议；同时习近平主席在第三届中美省长论坛上提出"环保方面中国有需要、有方场，美国有技术、有经验，两国地方环保领域交流合作理应成为中美合力应对气候变化、推进持续发展的一个重要方面"，鼓励发挥地方政府的力量和企业的能量，进而推动两国间开展深度交流合作，共同落实减排行动。

提供中国经验，推动生态文明建设。习近平主席在多个国际场合中表明中国将应对气候变化纳入生态文明建设的重要内容来推动，并将绿色低碳发展的先进理念和经验向国际推广："将应对气候变化作为实现发展方式转变的重大机遇，积极探索符合中国国情的低碳发展道路。中国政府已经将应对气候变化全面融入国家经济社会发展的总战略"，中国将更加注重绿色低碳发展，不断推动生态文明建设，并把生态文明建设融入经济社会发展各方面和全过程，致力于实现可持续发展，全面提高适应和减缓气候变化的能力。党的十八大报告首次将生态文明建设上升到国家战略高度，并在报告中明确提出单位国内生产总值能源消耗和二氧化碳排放大幅下降、多项主要污染物排放总量显著减少的目标，十九大报告进一步提出倡导"同国际社会一道积极应对全球气候变化"，并在报告中指出"积极参与全球环境治理，减排承诺"，明确"合作应对气候变化，保护好人类赖以生存的地球家园"。

专栏 8-1　巴黎协定

《巴黎协定》（The Paris Agreement），是由联合国气候变化框架公约 178 个缔约方共同签署的一项气候变化协定，是继《京都议定书》后对 2020 年后全球应对气候变化的行动目标作出的统一安排。《巴黎协定》的长期目标是到本世纪中叶全球平均气温较前工业化时期上升幅度控制在 2 摄氏度以内，并鼓励采取行动努力将全球平均温度上升幅度控制在 1.5 摄氏度以内。

《巴黎协定》于 2015 年 12 月 12 日在巴黎举行的第 21 届联合国气候变化大会上通过并生效，于 2016 年 4 月 22 日在美国纽约联合国大厦开展签署，于 2016 年 11 月 4 日起正式生效实施。基于全球气候变化谈判议程，《巴黎协定》是 2020 年到期的《京都议定书》的后续，有力地延续了全球共同应对气候变化的行动。

2016 年 4 月 22 日，时任中国国务院副总理张高丽作为习近平主席特使在《巴黎协定》上代表中国正式签字。同年 9 月 3 日，全国人大常委会批准中国加入《巴黎气候变化协定》，正式表明中国成为批准协定的缔约方之一，开启了中国应对气候变化新方向。

2021 年 11 月 13 日，联合国气候变化大会（COP26）在英国格拉斯哥闭幕。经过两周的谈判，各缔约方最终完成了《巴黎协定》实施细则。

资料来源：根据资料进行整理。

二、全球生态安全形势与现状

气候变化危及人类的生存和发展。气候变化导致的温升效应，全球极端天气频发，冰川融化和海平面上升，由此带来的灾害不断增加。根据联合国难民署统计，以 2022 年为例，全球大约有 3 200 万人因洪水、风暴和干旱等极端天气事件而流离失所。

极端天气事件也严重影响经济发展。世界气象组织数据显示，1970 年至 2021 年间，极端天气、气候和降水事件造成的经济损失共计约 4.3 万亿美元。联合国减少灾害风险办公室发布《2000—2019年灾害造成的人类损失》报告，根据该报告，2000年至2019年间，全球共计发生7 348起重大灾害，全球42亿人受到了严重影响，相关的经济损失约2.97万亿美元，远超1980—1999年间的4 212起重大自然灾害所致的经济损失，由此可见气候变化的影响越来越大。当前全球世界经济形势不稳定，这与气候变化也直接相关，全球数百万人正面临着气温升高、海平面上升、频发风暴和极端降雨所带来的影响。北美、欧洲雪灾严重、飓风频发，南美则经历干旱，巴拿马运河不得不限制通航。

专栏 8-2　全球气候变暖趋势

2023年全球气温创下了有气象记录以来的最暖年份，打破历史最暖纪录，较上一个历史高温纪录年（2016年）偏高约0.14℃，且当年6月至12月全球平均温度已连续突破同期有记录的历史极值。据统计，2023年全球表面平均温度已经相较工业化前水平（1850年至1900年平均值）高出1.42℃，相较气候基准年的1991至2020年平均值偏高了0.53℃。全球大部分地区年平均温度均突破了历史高温纪录，包含东亚北部和西南部、东非大部、欧洲西部和南部、中亚、印度洋南部和北大西洋中东部、美洲中南部和西部及北太平洋西北部。国家气候中心最新数据预测显示，当前正在经历的中等强度的厄尔尼诺事件将持续到2024年春季，这种极端天气现象预计将对全球表面温度产生重要影响，高温纪录仍有可能再次被打破。

资料来源：《中国气候变化蓝皮书（2024）》，科学出版社，2024年7月。

三、中国引导应对气候变化国际合作实践

（一）深化气候领域双多边合作机制

制定中国气候变化健康适应行动倡议。推动实施中欧环境与绿色经济合作项目，实施中国欧盟绿色行动、共同建设中欧碳中和联合研究中心，联合举办一系列中国—北欧碳中和交流活动。牵头制定了二十国集团（G20）转型金融政策框架，有力地推动了气候金融发展。协调推动全球环境基金（GEF）和绿色气候基金（GCF）加大对发展中国家绿色发展和应对气候变化能力建设的支持力度。推动亚洲基础设施投资银行、亚洲开发银行、世界银行、欧洲复兴银行等多边开发机构加大应对气候变化相关资金动员力度，多方面支持发展中国家应对气候变化和推动新兴国家经济体实现可持续发展。履行

承诺，治理交通减排，举办了全球可持续交通高峰论坛（2023）。深化多层次全方面合作，与全球适应中心、德国国际合作机构等非国家实体开展适应气候变化国际合作，持续推进中新天津生态城、中法生态城、中瑞零碳建筑项目合作。联合应对气候灾难，积极参与灾害治理的国际合作行动。

（二）南南合作取得积极进展

大力推动南南合作，积极应对气候变化和推动发展中国家绿色低碳可持续发展。据统计，截至2023年6月底，中国已与39个发展中国家签署了46份气候变化相关的南南合作文件，加大南南合作投入，承诺提出就南南合作相关国家共同建设3个低碳示范区及围绕合作精神开展70余个减缓和适应气候变化项目。强化气候变化相关的开发援助，2022年以来，承担应对气候灾害、改善土地利用、洁净应用水源和绿色能源利用等气候领域援助项目54个。加强南南合作国家能力建设和组织培训，合计举办52期应对气候变化南南合作培训班，为120多个发展中国家培训约2 300名应对气候变化领域的政府工作人员和相关领域技术人员；开展实施全球发展倡议下发展中国家气候信息服务、应对气候变化技术转移等12期研修班，累计培养应对气候变化领域人才300余名；持续推动实施中非应对气候变化3年行动计划方案，落实中非"绿色发展"工程项目；举办中国—拉美和加勒比国家共同体灾害管理合作部长级论坛，启动中拉灾害管理合作机制和联合行动，宣布向加方提供防灾减灾和应对气候变化资金支持；与东盟国家共同开展中国—东盟红树林研究、低碳学校、低碳社区建设；启动建设中国—太平洋岛国应对气候变化南南合作中心、中国—太平洋岛国防灾减灾合作中心，并联合举办中国—太平洋岛国应对气候变化对话交流会、中国—太平洋岛国海洋防灾减灾合作研讨会，深化了与相关地区国家的合作程度；举办中国—岛屿国家海洋合作高级别论坛；主办中国—印度洋地区发展合作论坛，推动与相关国家在应对气候变化领域的合作。

（三）携手打造绿色"一带一路"

"一带一路"倡议是打造"人类命运共同体"的重大举措，是展现中国转变发展方式成果、彰显发展优势、深化国际合作、拓宽优化发展空间、顺应区域经济合作趋势和世界科技革命发展前沿的发展背景而提出的，反映了和平共处、互利共赢的本质要求，开启了中国与欧亚非国家互通互利、联合发展的新篇章，不仅在贸易、文化、政策、资金等方面实行互联互通，且更多融入生态文明建设，赋予"一带一路"新的内涵，使中国与共建"一带一路"国家分享"绿色低碳发展"理念，让广大发展中国家搭上中国生态文明建设和绿色转型发展的便车。

将"绿色发展"融入"一带一路"共建国家经济、文化和社会建设，是"一带一路"倡议的一大亮点。2015年3月28日，国家发展改革委、外交部、商务部联合发布了《推动共建丝绸之路经济带和21世纪海上丝绸之路的愿景与行动》明晰了"一带一路"的总体框架和具体任务，在行动中明确提出要将绿色发展融入沿线各个国家相关的建设领域：在共建国家投资贸易中要突出生态文明理念，加强生态环境、生物多样性、绿色低碳发展和应对气候变化合作，共建绿色丝绸之路，实现绿色发展的均等；明确提出建设绿色基础设施，在基础设施建设中要强化绿色低碳化建设和运营管理，在建设中充分考虑气候变化影响，加强适应和减缓气候变化的影响；突出能源清洁化合作，在能源开发领域要推动水电、核电、风电、太阳能等清洁、可再生能源合作；提出产业低碳化发展，在产业合作领域要加强技术、生物、新能源、新材料等新兴产业领域的深入合作；加强环境保护，在促进共建国家当地建设中要严格保护生物多样性和生态环境；促进环保公众参与度，在民间交流中要加强共建国家民间组织的交流合作，广泛开展生物多样性和生态环保等各类公益慈善活动。

在推进"一带一路"建设工作座谈会上，习近平总书记强调要携手打造绿色丝绸之路、健康丝绸之路、智力丝绸之路、和平丝绸之路，让"一带一路"建设造福沿线各国人民。其中绿色"一带一路"放在首位，绿色"一带一路"本质上以政策沟通、贸易畅通、交通基础设施联通、资金融通和民心相通为主要内容，充分体现包容性发展，以可持续发展为根本目标，旨在发挥国际联通渠道的合作交流作用，加强生态保护对"一带一路"建设的服务和支撑，促进共建国家转变发展方式，共同创造新发展机遇。

加强"一带一路"绿色发展国际合作行动。2022年以来，推动"一带一路"绿色发展国际联盟建设和运行，开展实施绿色丝路使者计划。以绿色"一带一路"为主题，作为主办方承办第三届"一带一路"能源合作伙伴关系论坛，践行了绿色"一带一路"精神；与俄罗斯、巴西、印度尼西亚、新加坡、坦桑尼亚等14个国家签署绿色发展投资合作谅解备忘录，开展绿色领域的合作；为了应对气候变化和加强绿色合作，发起"一带一路"绿色投资原则，截至2022年年末，已有多家金融机构和企业签署了该原则，并推动该机构在多个国家和区域设立办公室，有力推动"一带一路"共建国家绿色金融机制的合作。

第三节
中国应对气候变化的责任担当

一、加强应对气候变化能力建设

（一）高位推动，提供保障

长期以来，我国采取了一系列有力措施，积极应对气候变化，特别是党的十八大以来，以习近平生态文明思想为根本遵循和行动指南，立足新发展理念，始终坚持走符合国情的绿色低碳发展道路，从经济社会发展的全局入手，积极推动形成绿色发展方式和生活方式。

2007年，中共十七大报告第一次列入了气候变化议题，指出要"加强应对气候变化能力建设，为保护全球气候作出新贡献"。2012年，中共十八大报告进一步指出要"坚持共同但有区别的责任原则、公平原则、各自能力原则，同国际社会一道积极应对全球气候变化"，更加明确了中国应对气候变化的基本路径。2013年，中国发布第一部专门针对适应全球气候变化的战略规划《国家适应气候变化战略》，提高国家适应气候变化综合能力。2020年9月22日，国家主席习近平在第七十五届联合国大会一般性辩论上发表重要讲话，提出了应对气候变化新的国家自主贡献目标和长期愿景。

2024年1月31日，习近平总书记在二十届中央政治局第十一次集体学习时发表讲话强调："绿色发展是高质量发展的底色，新质生产力本身就是绿色生产力。"这一重要的新论断，突破了对生产力的既有认知和传统理解，提出对新时代生产力发展特征和规律的新见解，深刻阐释了绿色生产力与新质生产力相辅相成的内在联系，明确了生产力发展的新方向。党的二十届三中全会将"聚焦建设美丽中国，加快经济社会发展全面绿色转型，健全生态环境治理体系，推进生态优先、节约集约、绿色低碳发展，促进人与自然和谐共生"纳入进一步全面深化改革总目标的"七个聚焦"，明确了新时代中国式现代化建设的"绿色"特征和标识。2024年8月11日，中共中央、国务院印发《关于加快经济社会发展全面绿色转型的意见》，就加快经济社会发展全面绿色转型作出系统部署。

这些充分体现了我国不断加强生态环境保护、推动实现绿色发展、建设生态文明、和国际社会一道共建人类命运共同体的坚定决心，展现了中国作为一个发展中国家的负责任大国的担当。

（二）强化职能，实现统筹

应对气候变化工作涉及经济社会发展的方方面面，关系到国家的全局和长远，需要各部门之间协调配合，需要地方积极落实，需要行业和企业积极参与，也需要全社会共同努力。

为加强协调、形成合力，2007年我国成立了由国务院总理任组长、30个相关部委为成员的国家应对气候变化及节能减排工作领导小组，各省（区、市）均成立了省级应对气候变化及节能减排工作领导小组。作为国家应对气候变化和节能减排工作的议事协调机构，高规格的领导小组统筹协调国务院各组成部门，强化配合，形成政策合力，进一步推动落实应对气候变化各项工作。

2018年，我国将应对气候变化和温室气体减排职能划入新组建的生态环境部，强化了应对气候变化与生态环境保护工作的统筹协调，同时不断完善工作机制，加强各部门和各地方的协调配合，强化人员队伍和能力建设。深化生态文明体制改革，是以美丽中国建设全面推进人与自然和谐共生现代化的根本动力。此次机构调整为我们实现应对气候变化与环境污染治理的协同增效提供了体制机制保障，这是在新形势下进一步加强应对气候变化工作的举措。

2021年，为指导和统筹做好碳达峰碳中和工作，我国成立了碳达峰碳中和工作领导小组。各省（区、市）也陆续成立碳达峰碳中和工作领导小组，进一步加强地方碳达峰碳中和工作统筹。

（三）加强立法和区域协作机制，强化支撑

全国人大常委会在抓紧制定和完善中国特色社会主义法律体系过程中，重视应对气候变化相关立法，先后制定并颁布实施了以保护生态系统为目标，涉及能源、资源、生态环境等方面的30余部资源环境类相关法律。《可再生能源法》《节约能源法》等能源单行法律，《清洁生产促进法》《循环经济促进法》等从决策的源头上采取防治措施，《森林法》《草原法》等法律致力于通过保护生态、增加碳汇能力，吸收温室气体，减轻温室气体对气候环境的破坏。国务院也先后颁布了涉及气候变化领域的行政法规和部门行政规章，地方性法规和地方政府规章中也加入了控制温室气体排放的法律规范。

同时，针对大气污染的空间扩散性，大气污染防治打破行政区划限制，我国建立了以区域为单元的一体化控制模式。2013年，国务院发布《大气污染防治行动计划》，将细颗粒物（$PM_{2.5}$）浓度作为主要评估指标，考察三大目标区域作为整体或独立个体时的雾霾治理效果。提出建立区域协作机制，如建立环渤海、长三角、珠三角等区域联防联控机制，兼顾各地区差异，统筹区域环境治理。2018 年，国务院发布《打赢蓝天保卫战三年行动计划》，进一步强化区域联防联控，明确要求"继续发挥长三角区域大气污染防治协作小组作用"，而其他重点区域则需进一步建立或完善大气污染防治协作机制。

2024 年 2 月，国务院公布了《碳排放权交易管理暂行条例》。作为我国应对气候变化领域的第一部专门法规，该条例重点就明确体制机制、规范交易活动、保障数据质量、惩处违法行为等方面作出规定，首次以行政法规的形式明确了碳排放权市场交易制度，对我国实现"双碳"目标和推动全社会绿色低碳转型具有重要意义。

二、扎实推进产业能源转型

（一）产业转型发展成效显著

产业结构调整取得了明显成效。传统制造业在加快调整优化，"十三五"期间累计退出钢铁落后产能达 1.5 亿吨以上，完成钢铁全流程超低排放改造 1.34 亿吨，压减粗钢产量超 4 000 万吨，培育近 5 100 家绿色工厂，地条钢实现了全面出清。先进制造业不断发展壮大，2021 年，我国高技术制造业、装备制造业增加值占规模以上工业增加值比重分别达到了 15.1% 和 32.4%，较 2012 年分别提高了 5.7 和 4.2 个百分点。建成全球最大、最完整的新能源产业链，光伏组件产量连续 16 年位居世界首位，为全球提供了 70% 的光伏组件和 60% 的风电装备。

能源资源的利用效率持续提升。各有关方面大力推进工业节能降耗，2021 年，钢铁、电解铝、水泥熟料、平板玻璃等单位产品综合能耗较 2012 年降低了 9% 以上，全国火电机组每千瓦时煤耗降到了 302.5 克标准煤，均处于世界领先。同时，积极开展资源综合利用，据初步测算，2021 年，大宗工业固废综合利用量在 21 亿吨左右，综合利用率较 2012 年提高了近 10 个百分点。

绿色供给能力显著增强。推进绿色低碳产业链强链补链和产业基础再造，积极开展关键技术攻关，百万千瓦水轮发电机组顺利投产发电，多晶硅、硅片、电池、组件产量全球占比均超过了 70%。积极推进交通运输工具绿色转型，新能源汽车产销量连续 8 年居全球第一，2022 年新能源汽车产量超过了 700 万辆，液化天然气、甲醇等绿色动力船舶的国际市场份额接近 50%，绿色建材在城乡领域也得到了较好的推广和使用。

截至 2021 年年底，中国节能环保产业有效发明专利 4.9 万件，新能源产业有效发明专利 6 万件，分别是 2017 年年底的 1.6 倍和 1.7 倍。

数字化、绿色化融合水平不断提高。数字技术与制造业快速融合发展，重点领域关键工序数控化率由 2012 年的 24.6% 提升到了 2021 年的 55.3%。持续优化新型基础设施能效，目前 5G 基站的单站能耗比商用初期降低了 20% 以上，培育了 153 个国家绿色数据中心，全国规划在建的大型以上数据中心平均设计电源使用效率值已经降到了 1.3。

我国的绿色低碳转型也正为全球企业提供新的市场机遇。统计数据显示，2022 年新能源成为我国电力行业对外投资项目数量最多的领域，占比约 58%。其中，太阳能发电 8 个项目，投资金额为 13.31 亿美元；风电 6 个项目，投资金额为 5.19 亿美元。中国以光伏和风电为主的海外项目开发与投资已初具规模，涉及东南亚、欧洲、大洋洲和拉丁美洲等。"综合智慧零碳电厂"在全国多地建成。"综合智慧零碳电厂"无厂房、不烧煤，优先消纳"风、光、水"等产生的"绿电"，把来自工厂、商场甚至居民家的零散电力负荷聚合起来，通过智慧调控，对外等效形成一个与电网友好互动的"智慧电厂"，力争实现真正的零碳。

（二）能源结构调整积极有效

大力发展非化石能源，能源绿色转型步伐加快。为实现我国所提出的应对气候变化目标和愿景，在经济增长和能源需求增加的同时，大力发展和运用风电、太阳能发电、水电、核电等非化石能源。以西南地区主要河流为重点，有序推进流域大型水电基地建设。因地制宜发展太阳能热利用、生物质能、地热能和海洋能，积极安全有序发展核电，大力发展城镇生活垃圾焚烧发电。坚持创新引领，积极发展氢能源。加快构建适应新能源占比逐渐提高的新型电力系统，开展可再生能源电力消纳责任权重考核，推动可再生能源高效消纳。可再生能源发电装机规模全球最大、发展速度全球最快，截至 2024 年 6 月底，装机规模达到 16.53 亿千瓦，超过我国发电总装机的一半。新能源汽车产销量连续 9 年位居全球第一，保有量占全球一半以上。我国煤炭消费比重由 2012 年的 68.5% 下降到 2023 年的 55.3%，非化石能源消费比重由 9.7% 提高至 17.9%。

提高化石能源清洁高效利用水平，资源利用率大幅提升。以促进煤电清洁低碳发展为目标，开展煤电节能降碳改造、灵活性改造、供热改造"三改联动"，新增煤电机组执行更严格节能标准，发电效率、污染物排放控制达到世界领先水平。推动终端用能清洁化，推行天然气、电力和可再生能源等替代煤炭，积极推进北方地区冬季清洁取暖。在城镇燃气、工业燃料、燃气发电、交通运输等领域有序推进天然气高效利用，发展天然气热电冷联供。实施成品油质量升级专项行动，用不到 10 年时间走完发达国家 30 多年成品油质量升级之路，成品油质量达到国际先进水平，有效减少了汽车尾气污染物排放。与 2012 年相比，我国 2023 年单位 GDP 能耗、水耗、碳排放强度分别下降超过 26%、46%、35%，主要资源产出率提高约 60%。

（三）碳交易市场成交量不断提升

建设全国统一碳排放权交易市场，是我国推动经济发展方式绿色低碳转型的一项重要制度创新，是加强生态文明建设、早日实现"碳达峰""碳中和"的重要政策工具。作为世界上最大的发展中国家，中国能源需求仍将刚性增长，利用市场手段推动企业以更加灵活的方式和较低的成本实现减排，是实现我国"双碳"目标的重要方式，也是各国普遍采用的降碳政策工具。

2011 年 10 月，北京、天津、上海、重庆、广东、湖北、深圳 7 省市启动碳排放权交易地方试点工作。2013 年起，7 个地方试点碳市场陆续上线交易，为全国碳市场建设奠定了基础。中国自 2013 年试点碳市场交易以来，已成长为配额成交量规模全球第二大碳市场。2021 年全国碳交易市场启动仪式于北京、上海、武汉三地同时举办，全国碳交易市场正式开始上线交易。截至 2024 年 6 月 21 日，全国碳市场已稳健运行了 112 个交易日，累计成交的碳排放权配额 1 968 万吨，与去年同期的 751 万吨相比，实现了 162% 的增长，累计交易金额 17 亿元，较 2023 年同期的 4 亿元增长了 320%。

目前，中国碳交易市场主要以配额交易和 CCER 自愿减排两种机制构成，将碳排放权作为一种商品，当污染型企业的碳排放超过其排放配额，主体企业可以在碳市场中从政府或者其他企业处购买其抛售的碳排放量，通过市场导向机制控制企业碳排放水平。我国的碳排放主要集中在发电、钢铁、建材、有色、石化、化工、造纸、航空等重点行业，这八个行业占到中国二氧化碳排放的 75% 左右，未来亟待将更多符合条件的行业纳入全国碳排放权交易市场，降低全社会减排成本。

三、落地实践创新低碳生活

（一）植树造林居世界首位

我国一直高度重视森林恢复，先后启动实施了三北防护林、天然林保护等生态工程，平均每年造林 660 万公顷。经多年努力，中国森林覆盖率由新中国成立初期的 8.6% 提高到 24%。2024 年上半年，全国地级及以上城市细颗粒物（$PM_{2.5}$）平均浓度为 33 微克 / 立方米，优良天数比例为 82.8%，全国地表水 Ⅰ—Ⅲ 类水质断面比例为 88.8%。土壤环境风险得到有效管控，坚决实施固体废物"零进口"。如今，中国第七大沙漠库布齐已经变成一片绿洲。这其中的沧桑巨变，正是我国大规模推进国土绿化，加大荒漠化防治力度，推进生态文明建设的典型案例和生动实践。

党的十八大以来，全国上下共同努力，累计完成国土绿化任务 16.8 亿亩，全国森林面积、森林蓄积量连续多年保持"双增长"，人工林面积 13.14 亿亩，位居世界第一。卫星监测数据显示，2000 年到 2017 年，中国为全球贡献了约四分之一的新增绿化面积。这份绿色贡献，让中国成为全球森林资源增长最快、最多的国家。"地球卫士奖""全球沙漠生态经济示范区""全球 500 佳环境奖"等，以及东西绵延 4 400 多公里的北疆绿色长城为代表的中国荒漠化治理成就，在不断获得国际认可、赢得世界赞誉的同时，也引来更多的同行者并肩与荒漠化斗争，为饱受风沙、荒漠化影响的地区带来了新的希望。

作为绿色奇迹的重要缔造者，近年来中国走出了一条符合自然规律、适应国情地情的中国特色防沙治沙道路，相继实施"三北"防护林体系工程建设、退耕还林还草、京津风沙源治理等一批重点生态工程，实现了从"沙进人退"到"绿进沙退"的历史性转变，在世界上率先实现了荒漠化和沙化土地面积"双减少"，为全球实现联合国 2030 年土地退化零增长目标作出了巨大贡献。

此外，在严格保护、系统治理的基础上，中国在荒漠化治理中利用沙区光、热、土等资源优势，因地制宜适度发展木材、饲料、中药材、经济林果、沙漠旅游等沙产业，形成了一批特色产业基地，推动了农村产业结构调整，带动了加工、贮藏、包装、运输等相关产业发展，把防沙治沙同发展农村经济、促进农民增收致富相结合，增加了就业机会，拓展了增收渠道。国家林业和草原局的数据显示，近年来沙区年产干鲜果品 4 800 万吨，约占全国总产量的四分之一，年总产值达 1 200 亿元，约 1 500 万人实现稳定脱贫，重点地区林果收入占农民纯收入的 50% 以上。遵循"绿水青山就是金山银山"的理念，中国治沙用沙，使沙漠"披绿"又"添金"，带来了"兴林"与"富民"共赢，为世界抗击荒漠化注入了更强劲信心。

（二）积极开展多类型低碳试点

自 2010 年以来，中国陆续开展了 6 个低碳省（区）和 81 个低碳城市、52 个低碳工业园区、400 余个低碳社区和 8 个低碳城（镇）试点，初步形成了全方位、多层次的低碳试点体系。除低碳省市外，低碳工业园区试点的产业发展、能源利用、基础设施及管理低碳化水平有所提升，低碳城（镇）试点因地制宜探索城（镇）低碳发展模式和产业体系，低碳社区试点积极探索绿色低碳的社区运行模式。

在绿色低碳转型发展、改革攻坚逐步步入"深水区"之际，通过开展试点示范，着力激发绿色低碳发展新动能，激励改革实践新作为新活力，是贯彻落实国家碳达峰碳中和工作总体部署的重要举措，有助于锻造产业竞争新优势、培育新质生产力，推动高标准实现碳达峰碳中和目标。2023年，国家发展改革委对外发布《国家碳达峰试点建设方案》（发改环资〔2023〕1409号，以下简称《方案》），提出将在全国范围内选择100个具有典型代表性的城市和园区开展碳达峰试点建设，聚焦破解绿色低碳发展面临的瓶颈制约，探索不同资源禀赋和发展基础的城市和园区碳达峰路径，为全国提供可操作、可复制、可推广的经验做法。

根据《方案》，首批国家碳达峰试点名额共有35个，在河北、山西、内蒙古、辽宁、黑龙江、江苏、浙江、安徽、山东、河南、湖北、湖南、广东、陕西、新疆15个省区开展碳达峰试点建设。《方案》提出"坚持积极稳妥、坚持因地制宜、坚持改革创新、坚持安全降碳"4条工作原则，试点城市和园区要结合试点目标，在能源基础设施、节能降碳改造、先进技术示范、环境基础设施、资源循环利用、生态保护修复等领域规划实施一批重点工程，形成对试点城市和园区碳达峰碳中和工作的有力支撑。要加强对配套工程建设的各类要素保障，推动重点工程项目有序实施。碳达峰试点不是简单根据达峰早晚或峰值高低来进行评价，而是着眼于加快经济社会发展全面绿色转型，鼓励地方立足于本地区资源禀赋、产业结构、区位优势、发展定位等因素，探索自身绿色低碳发展的最优路径。

（三）低碳生活逐步深入人心

党和国家近年来从上到下，不断完善生活方式绿色化顶层设计，持续加大生态环保宣传教育力度，广泛开展绿色生活创建行动，构筑环境治理全民行动体系，推动绿色低碳环保理念在各行各业生根发芽，全社会生态文明素养切实提升。

顶层设计不断完善。2020年3月，国家发展改革委、司法部印发《关于加快建立绿色生产和消费法规政策体系的意见》；2021年2月，国务院发布《关于加快建立健全绿色低碳循环发展经济体系的指导意见》；2021年10月，中办、国办发布《关于推动城乡建设绿色发展的意见》，这一系列顶层设计不断构建全方位全过程的绿色低碳环保行为规范，推行绿色规划、绿色设计、绿色投资、绿色建设、绿色生产、绿色流通、绿色生活、绿色消费。

部门协作持续加强。生活方式绿色和宣传联动机制建立。一系列新规由多部门联合编制印发，如《绿色出行行动计划（2019—2022年）》由交通运输部、中央宣传部、国家发展改革委等12部门共同出台；《公民生态环境行为规范（试行）》，由生态环境部、中央文明办、教育部等5部门联合编制。一系列重大活动也由多部门协作完成，如"美丽中国，我是行动者"主题实践活动，由生态环境部、中央文明办、教育部、共青团中央、全国妇联共同推动开展。

保障措施不断出台。各行业、各领域纷纷制定符合生态环保要求的标准，对绿色产品的生产企业给予政策扶持和技术支持；开展绿色信贷，对积极采用先进节能技术、有利于绿色消费的项目，给予专项资金补助、税收减免。进一步完善政策支持新能源汽车发展、支持城市发展公共交通和自行车租赁系统等。

绿色低碳相关法规完善出台，规范标准体系逐步建立。《生活垃圾分类制度实施方案》发布实施、《固体废物污染环境防治法》修订出台，让实现垃圾分类有法可依，让改善城乡生态环境工作有目标、有章法；《反食品浪费法》用法律之剑惩治"舌尖上的浪费"，通过立规矩、明责任、兴风尚，为根治社会顽疾提供充足法律依据。《水效标识管理办法》应运而生，让推广高效节水产品、提高用水效率有依据、有方向；《绿色建筑评价标准》修订实施，重新构建安全耐久、健康舒适、生活便利、资源节约、环境宜居五大评价指标体系，推动绿色建筑转型提升，更加注重品质，注重提升人民群众获得感、幸福感和安全感。

生态环保理念深入各行各业。绿色生活创建活动进机关、进家庭、进社区、进学校、进商场，工作深度、广度拓展至每个社会细胞；"美丽中国，我是行动者"主题实践活动进学校、进社区、进企业、进农村，在生产生活中落实、落细、落小，生态文明理念内化于心，外化于行。当前，借助"互联网+"、人工智能、大数据分析等新技术，绿色低碳更是产生了许多新形式：旧衣回收有了新途径。人们可以通过手机APP提交申请，邮递出去或者回收机构上门收取，绿色行动变得愈发方便高效。碳普惠平台陆续上线。平台让用户可以将日常工作和生活中的低碳行为转换成碳积分，兑换一些商品或折扣券，减碳行动对于市民不再抽象、遥远。

专栏 8-3　绿进沙退：中国方案成全球样板

中国在全球植树造林和地球绿化方面取得显著成就，有效治理了53%的可治理沙化土地，实现了"绿进沙退"的转变，森林面积和覆盖率大幅提升，成为全球森林资源增长最快、最多的国家，为地球环境保护贡献了"中国方案"。

（1）这组数字超"治愈"

中国是世界上人工林面积最大的国家。

近十年，全球增加的森林面积，四分之一来自中国。

全世界范围内，大规模使森林覆盖面积增加、治愈地球的，只有中国。

中国是全球森林资源增长最多的国家，森林覆盖率和森林蓄积量连续30多年保持"双增长"。

在世界范围内，中国率先实现了土地退化"零增长"，荒漠化土地和沙化土地面积"双减少"。

2023年我国科学绿化持续推进完成造林、种草改良1.25亿亩，治理沙化石漠化土地2 857万亩。

（2）中国人种树有多牛？

中国森林面积超过2亿公顷，自2000年以来，始终是全球"增绿"的主力军。

全球新增绿化面积中，约四分之一来自中国，中国的八大沙漠，有一半以上，都在慢慢变绿。

全国绿化委员会办公室公布的《中国国土绿化状况公报》显示，2023年，我国统筹推进山水林田湖草沙一体化保护和系统治理，全力推动国土绿化取得新成果。2023年，我国完成造林5 997万亩，种草改良6 568.5万亩，治理沙化石漠化土地2 857.5万亩。

2023年，我国国土绿化行动扎实开展，组织实施96个全国重要生态系统保护和修复重大工程项目、25个国土绿化试点示范项目。在辽宁、山东、河南、重庆、四川、宁夏，开展科学绿化试点示范省建设。持续推进山水林田湖草沙一体化保护和修复工程，新增水土流失治理面积6.3万平方公里，建设生态清洁小流域505条。

自党的十八大以来，全国上下共同努力，累计完成国土绿化任务16.8亿亩，全国森林面积、森林蓄积量连续多年保持"双增长"，人工林面积13.14亿亩，位居世界第一。中国工程院院士刘世荣：整个世界近20年来增绿的四分之一都是由中国贡献，这四分之一主要是来自植树造林，也就是我们实施的大规模国土绿化，无论是在沙区，西北干旱地区，还有一些东部地区，所有的我们能够进行国土绿化的情况下都在增绿，贡献非常显著。

资料来源：绿进沙退，《瞭望》，2024年第26期。

第四节
深化全球可持续发展

一、全球环境治理现状与困境

环境问题本质上是发展问题。实践层面上，人与自然关系表现为发展与保护关系。生态环境是人类生存之本、发展之基，联合国开发计划署发布的《人类发展报告》指出，人类在 21 世纪面临的最前沿课题就是"与自然共生"。面对日益严重的全球生态环境危机，人类文明的可持续发展面临重大抉择，必须重新审视人与自然之间的关系，寻求人与自然和谐共生的永续之道。

（一）全球生态环境危机不断加剧

2021 年 2 月联合国环境规划署发布的报告《与自然和谐相处》中指出，地球正面临着气候变化、生物多样性丧失、污染废物三重危机。

气候变化是全球面临的最大风险之一，也是当前人类面临的最大生态危机。2021 年联合国政府间气候变化专门委员会（IPCC）正式发布了 IPCC 第六次评估报告第一工作组报告《气候变化 2021：自然科学基础》。报告指出：自 19 世纪以来，人类通过燃烧化石燃料获取能源，导致全球温度比工业化前的水平高出 1.1 摄氏度，而在未来 20 年则继续升温，届时将比工业化前的水平高出 1.5 摄氏度。科学证据充分表明，人类活动已成为驱动全球变暖的主导因素，导致大气层、海洋环境和陆地系统温度持续上升。观测数据显示，地球系统的各个圈层——包括大气、水圈、冰冻圈和生物圈——正经历着前所未有的快速变迁。从气候系统整体来看，当前的气候变化呈现出全域性特征，其变化幅度和速率已远超过去数百年乃至数千年的自然波动范围。

全球生物多样性丧失呈加速态势。20 世纪 70 年代以来，全球生物多样性丧失和生态系统退化呈加速态势。据《生物多样性和生态系统服务全球评估报告》显示，自工业化以来，人类已经成为整个地球系统中最活跃的因素，人类活动已经显著改变了地球 75% 的土地和 66% 的海洋生态环境，如今全球 1/3 以上的土地和 3/4 的淡水被用于农作物种植和牲畜饲养，人类活动"比以往任何时候都更威胁到其他物种"。根据世界自然基金会和伦敦动物学会 2020 年发布的最新评估，1970 年以来，野生动物种群数量平均减少了 2/3。科学界普遍认为，目前是继 650 万年前恐龙灭绝后，最大的一场生物多样性危机。

环境污染威胁人类健康和发展。联合国环境规划署发布的报告指出，目前世界上 1/4 的疾病负担源于与环境相关的风险，包括暴露在人类自己产生的有毒废物中而导致的疾病。世界卫生组织数据表明，约 99% 的全球城市人口呼吸着污染的空气。作为造成全球疾病负担最重要的环境因素，空气污染每年导致 600 万至 700 万人过早死亡。

（二）全球环境治理面临挑战

全球环境治理处于失序风险中。参与主体的"泛化"、碎片化，加剧了全球治理的复杂性。联合国框架下的全球环境治理体系是多边体系，以主权国家为主要参与主体，也包括许多政府间国际组织和非政府组织。除联合国之外，近年来涌现出许多地区性平台合作网络，非政府组织、社会团体、市场部门和以城市为代表的次国家行为体进入气候治理领域，为该领域的全球治理带来了更多的变数和不确定性[1]。除发达国家与发展中国家存在权益之争外，发达国家间在全球环境治理机制、模式上也存在明显分歧，发展中国家间在一些环境议题上也呈现出不同阵营，给凝聚全球环境治理合力带来障碍。

国际规则加快重塑，各国在资源、贸易、资金、技术等方面的竞争与博弈加剧。在地缘政治思维主导下，以欧美为代表的发达国家将全球治理模式拉向"具有法律约束力、无差别、市场化"的方向，发展中国家遭到进一步分化，"共同但有区别的责任"原则正遭到忽视，欧盟单边性碳关税已开始实施[1]。随着环境领导力的内涵不断指向产业主导权、能源安全和技术引领等维度，各国在全球环境治理中的矛盾焦点，也逐渐从"共同但有区别的责任"原则分歧，转变到能源、贸易、资金、市场、技术等多方面的利益竞争。

二、人类命运共同体引领全球环境治理新秩序

人类社会归根结底是休戚相关的命运共同体，地球是人类社会繁衍生息的共同家园。全球治理既需要开放性包容性合作，更需要负责任的大国率先垂范。2021 年 4 月，习近平总书记在领导人气候峰会上发表重要讲话，从推动全球生态文明建设的高度，系统阐述了应对气候变化的中国方案，创新性提出构建人与自然生命共同体的重要理念。这一讲话深刻回应了国际社会对加强气候治理的普遍期待，彰显了中国积极参与全球环

1　　曹慧. 人与自然和谐共生的全球治理方案 [R]. 中国社会科学报，2023 年 12 月 7 日第 2789 期。

境治理的责任担当，为推进全球可持续发展进程提供了重要指引，对推动构建人与自然和谐共生的现代化格局具有重大意义。

（一）中国引领全球环境治理新秩序的核心理念

1. 价值引领：人与自然和谐共生

中国坚持人与自然和谐共生。"万物各得其和以生，各得其养以成。"大自然遭到系统性破坏，人类生存发展就成了无源之水、无本之木。我们要像保护眼睛一样保护自然和生态环境，推动形成人与自然和谐共生新格局。

2. 治理原则：共同但有区别的责任

中国坚持"共同但有区别的责任"原则，构建合作共赢、公平合理的环境气候治理机制。习近平总书记强调，"发达国家和发展中国家处于不同发展阶段，在环境问题上的历史责任和现实能力存在差异"。"共同但有区别的责任"原则作为全球气候治理体系的核心准则，始终是发展中国家参与国际气候谈判的基本立场，也是以中国为代表的新兴经济体维护自身发展权益的重要保障。我们必须坚定不移地贯彻这一原则，在推进全球气候治理进程中确保责任分担的公平性和利益分配的公正性，切实回应发展中国家在资金支持、技术转移和能力建设等关键领域的合理诉求。

3. 行动路径：共商共建共享

中国提出坚持共商共建共享的全球治理路径，推动构建人类命运共同体，这是在大发展大变革大调整的时代背景下，中国顺应时代呼唤和国际社会的殷切期盼贡献的中国智慧和中国方案。共商，是指通过对话、协商和谈判来解决一系列国家争端和事务，充分尊重各国的国家主权和利益，以平等为导向寻求共识解决问题；共建，是指国际社会之间应该加强合作，面对全球性问题各国要抛弃成见和隔阂，切实照顾关切彼此利益，以合作为动力实现所有国家的共赢；共享，既指共享资源、知识、技术等要素以促进全球可持续发展，更重要的是指各国共享全球治理结果，以人民福祉为中心追求世界人民幸福的最大公约数。坚定维护多边主义，坚定维护以联合国为核心的国际体系以合作为基点建立全球气候治理平台，凝聚全球力量共同参与气候治理。

（二）中国引领全球环境治理新秩序的实践

实践引领全球环境治理多边合作。我国务实开展多双边环境合作，为发展中国家提供力所能及的资金、技术支持，帮助其提高环境治理能力。建立中欧环境与气候高层对话机制。积极开展上海合作组织成员国环境部长会、中国—东盟环境合作论坛等交流对话机制，通过援助气象卫星、光伏发电系统、新能源汽车等应对气候变化相关物资，帮助有关国家提高应对气候变化能力。开展"南南合作"以及同周边国家的合作，在"南南合作"框架下积极为发展中国家保护生物多样性提供支持。在非洲、东南亚及南亚等地区建立澜沧江—湄公河环境合作中心、中国—东盟环境保护合作中心、中国科学院东南亚生物多样性研究中心、中非环境合作中心等平台，支持生态系统管理、生物多样性保护、绿色经济、化学品管理、国际环境公约履约等领域的项目和行动，与发展中国家共享绿色发展机遇。

深度参与全球气候治理，主动承担全球气候治理责任。一是，积极参与全球气候谈判议程和国际规则制定。中国坚定不移地支持多边主义和"共同但有区别的责任"原则，维护以联合国为核心的国际体系，遵循《联合国气候变化框架公约》和《巴黎协定》制定的目标和原则，积极参与气候谈判和全球治理体系建设。在世界各国的减排行动由于政治博弈陷入集体行动的困境时，中国率先签署《巴黎协定》并发布《中国落实2030年可持续发展议程国别方案》，积极承担气候责任并主动强化自主贡献目标，这一带头行为为推进全球气候治理注入了强大的活力。二是，主动承担全球气候治理的国际责任。"双碳"目标是我国作为全球最大的发展中国家对国际社会的庄严承诺和大国贡献。我国一方面构建起碳达峰碳中和"1+N"政策体系，推动国内经济社会绿色发展；另一方面大力支持发展中国家能源绿色低碳发展，不再新建境外煤电项目，推动构建全球气候治理体系，开启全球合作应对气候变化新征程。

高质量共建绿色"一带一路"。推动共建国家绿色基建、绿色能源、绿色金融等，为其提供资金、技术、能力建设等支持，助其加速绿色低碳转型。建立"一带一路"多边合作平台。通过"一带一路"绿色发展国际联盟等平台，加强政策对话、联合研究和能力建设。建设"一带一路"生态环保大数据服务平台。加强生态环保技术创新与交流，为"一带一路"绿色发展提供数据支持。同时，实施绿色丝路使者计划，加强发展中国家环保能力建设。绿色"一带一路"各项建设扎实推进，造福共建各国人民，生动诠释了习近平生态文明思想的人类情怀，为实现世界的可持续发展和人的全面发展，共谋全球生态文明建设之路。

三、共建人类命运共同体实现全球可持续发展

（一）全球可持续发展目标

实现可持续发展是人类社会的共同目标。1987 年世界环境与发展委员会第一次提

出"可持续发展概念"。2000年，联合国千年首脑会议发布《千年宣言》，次年提出千年发展目标（MDGs），集中力量解决贫困等关键问题，规定2015年为截止时间。2015年9月25日，联合国193个会员国在纽约总部举行的可持续发展峰会上达成历史性共识，一致通过了《2030年可持续发展议程》，该议程确立了17项可持续发展目标（SDGs）。这一全球性行动框架致力于在2015—2030年间，通过统筹协调社会进步、经济增长和环境保护三大支柱领域，系统性解决发展不平衡问题，推动全球走上包容、可持续的发展轨道。它呼吁消除贫困、保护地球、改善世界各地每个人的生活和未来。

2024年6月，联合国颁布了《2024年可持续发展目标进度报告》。该报告指出，距离全面达成可持续发展目标仅剩六年，但当前的进展远未达到既定要求。报告揭示，在所有的可持续发展目标中，仅有17%的目标进展良好，而接近一半的目标进展缓慢或表现平平，更有超过三分之一的目标出现了停滞甚至倒退的现象。与2019年的情况相比，2022年有额外2300万人陷入了极端贫困的境地，同时饥饿人口增加了超过1亿。2023年，死于武装冲突的平民人数激增。这一年也是有史以来最热的一年，全球气温升幅接近1.5℃的临界点。如果不进行大规模投资并加大行动力度，那么实现可持续发展目标仍将遥遥无期。

（二）中国助力全球可持续发展的实践

政府高度重视落实2030年议程。2015年9月，中国率先公布《落实2030年可持续发展议程中方立场文件》，确立了"协调推进经济、社会、环境三大领域发展，实现人与社会、人与自然和谐共处"的原则。2016年，中国发布《中国落实2030年可持续发展议程国别方案》，成为指导中国开展落实工作的行动指南，并为其他国家尤其是发展中国家推进落实工作提供借鉴和参考。中国将落实2030年议程同执行"十三五"规划、"十四五"规划和2035年远景目标纲要等中长期发展战略有机结合，成立由45家政府机构组成的跨部门协调机制，推动多个可持续发展目标取得积极进展。

坚定践行人类命运共同体理念，推动国际合作、实现互利共赢。第一，推动共建"一带一路"高质量发展，培育可持续发展新动力。"一带一路"倡议提出十年来，拉动近万亿美元投资规模，形成3000多个合作项目，为共建国家创造42万个工作岗位，使将近4000万人摆脱贫困。"一带一路"倡议已成为当今世界深受欢迎的全球公共产品和国际合作平台。第二，积极落实全球发展倡议，加强国际发展合作。2021年9月21日，国家主席习近平在北京以视频方式出席第七十六届联合国大会一般性辩论并发表重要讲话，提出全球发展倡议：一是坚持发展优先；二是坚持以人民为中心；三是坚持普惠包容；四是坚持创新驱动；五是坚持人与自然和谐共生；六是坚持行动导向。中国在联合国发起成立"全球发展倡议之友小组"，70多个国家加入。中国同各方一道，深化倡议重点领域务实合作，在减贫、教育、清洁能源、数字经济、青年发展等领域搭建合作平台，设立开放式项目库，成立全球发展促进中心，有效凝聚国际发展共识，动员国际发展资源，为落实2030年议程注入强劲动力。第三，加强技术合作和知识分享，为全球落实2030年议程提供智力支撑。成立中国国际发展知识中心、南南合作与发展学院等机构，发起设立全球发展知识网络，加强知识分享和能力建设。

专栏8-4　中国深度参与全球环境治理

近年来，中国积极推进绿色"一带一路"建设，取得积极进展。中国倡导建立了"一带一路"绿色发展国际联盟，与共建国家加强政策对话、联合研究和能力建设，把支持联合国2030年可持续发展议程融入共建"一带一路"。发布"一带一路"生态环保大数据服务平台，加强生态环保技术创新与交流。实施了绿色丝路使者计划，培训了120多个国家3 000人次环境管理人员和专家学者，凝聚绿色发展共识和合力。

积极推进《生物多样性公约》及其相关公约进程，领导推动发布"昆明宣言"、达成"昆蒙框架"，开启全球生物多样性治理的新篇章。领导和推动《联合国防治荒漠化公约》第十三次缔约方大会、《湿地公约》第十四次缔约方大会进程，达成《联合国防治荒漠化公约2018—2030年战略框架》《2025—2030年全球湿地保护战略框架》等丰硕成果。推动《巴黎协定》签署、生效和实施，宣布碳达峰碳中和目标愿景，帮助发展中国家提高生态环境治理能力和水平，展示了中国坚持真正的多边主义、坚持公平公正的大国形象。

中国还务实开展了多双边环境合作。建立中欧环境与气候高层对话机制，积极开展上海合作组织成员国环境部长会、中国—东盟环境合作论坛等交流对话机制。加强南南合作以及同周边国家的合作，在非洲、东南亚及南亚等地区支持生物多样性保护、绿色经济、化学品管理、国际环境公约履约等领域的项目和行动，这些项目和活动成效良好。

资料来源：中国为全球可持续发展贡献智慧与方案，法治日报，2023-06-05.

思考题
1. 人类命运共同体的概念内涵是什么？
2. 为什么说构建人类命运共同体是彰显中国智慧的理念方案？
3. 为什么气候变化问题的实质是发展问题？
4. 改革开放以来，我国生态文明体制改革历程的主要特征是什么，为什么？
5. 结合十八大以来，我国环境治理取得的主要成绩有哪些，思考保护环境和发展经济之间是怎样的关系？
6. 请简述中国引领全球环境治理的核心理念。

参考文献

[1] 陈诗一，陈登科. 雾霾污染、政府治理与经济高质量发展 [J]. 经济研究，2018，53（2）：20-34.

[2] 陈俊，张泽阳. 习近平关于气候治理重要论述的价值引领与实践路径 [J]. 阅江学刊，2024，16（2）：147-156+175.

[3] 曹雅丽. 深入推行绿色制造实施工业碳达峰行动 [N]. 中国工业报，2023-02-03（001）.

[4] 高世楫，王海芹，李维明. 改革开放 40 年生态文明体制改革历程与取向观察 [J]. 改革，2018（8）：49-63.

[5] 韩超，孙晓琳，李静. 环境规制垂直管理改革的减排效应——来自地级市环保系统改革的证据 [J]. 经济学（季刊），2021，21（1）：335-360.

[6] 黎庶乐. 生态文明建设与构建人类命运共同体 [N]. 光明日报，2018-06-04.

[7] 李滨，陈子烨. 历史唯物主义语境下的"人类命运共同体"思想 [J]. 欧洲研究，2021，39（4）：1-19+165.

[8] 李辉，徐美宵，张泉. 改革开放 40 年中国能源政策回顾：从结构到逻辑 [J]. 中国人口.资源与环境，2019，29（10）：167-176.

[9] 李青原，肖泽华. 异质性环境规制工具与企业绿色创新激励——来自上市企业绿色专利的证据 [J]. 经济研究，2020，55（9）：192-208.

[10] 刘结一. 深刻把握构建人类命运共同体的重大价值和意义 [N]. 人民日报，2024-04-30.

[11] 曹慧. 人与自然和谐共生的全球治理方案 [N]. 中国社会科学报，2023-12-7.

[12] 钱勇. 习近平生态文明思想：共建清洁美丽世界的科学指引 [J]. 当代中国与世界，2023，（1）：73-82+128.

[13] 乔兆红. 构建人类命运共同体的世界意义 [N]. 光明日报，2017-12-17.

[14] 沈坤荣，金刚. 中国地方政府环境治理的政策效应——基于"河长制"演进的研究 [J]. 中国社会科学，2018（5）：92-115.

[15] 毛丽红. 习近平生态文明思想对马克思主义生态理论的继承与发展研

究 [D]. 重庆：重庆邮电大学，2020.

[16] 习近平 . 携手构建合作共赢新伙伴，同心打造人类命运共同体 [M]. 载《习近平谈治国理政》(第二卷)，北京：外文出版社，2017：525.

[17] 习近平 . 携手构建合作共赢、公平合理的气候变化治理机制 [M]. 北京：人民出版社，2015：4-5.

[18] 习近平出席联合国气候变化问题领导人工作午餐会 [N]. 人民日报，2015-09-29，第 1 版 .

[19] 习近平在联合国成立 70 周年系列峰会上的讲话 [M]. 北京：人民出版社，2015：18.

[20] 新时代的中国绿色发展 [N]. 人民日报，2023-01-20（007）.

[21] 杨永强 . 深刻理解构建人类命运共同体理念的内涵 [N]. 中国社会科学报，2023-07-27.

[22] 余泳泽，尹立平 . 中国式环境规制政策演进及其经济效应：综述与展望 [J]. 改革，2022（3）：114-130.

[23] 于祥明 . 我国拟选择 100 个城市和园区开展碳达峰试点 [N]. 上海证券报，2023-11-07（004）.

[24] 张琦，邹梦琪 . 环境治理垂直改革的效果、基层机制与影响因素 [J]. 经济研究，2022（8）：172-190.

[25] 张小筠，刘戒骄 . 新中国 70 年环境规制政策变迁与取向观察 [J]. 改革，2019（10）：16-25.

[26] 赵阳，沈洪涛，刘乾 . 中国的边界污染治理——基于环保督查中心试点和微观企业排放的经验证据 [J]. 经济研究，2021（7）：113-126.

[27] 中华人民共和国国务院新闻办公室 . 携手构建人类命运共同体：中国的倡议与行动 [N]. 人民日报，2023-09-27（006）.

[28] 中国应对气候变化的政策与行动 2023 年度报告（摘编）[J]. 环境保护，2023，51（21）：50-58.

[29] 周宗敏 . 人类命运共同体理念的形成、实践与时代价值 [N]. 学习时报，2019-03-29.

[30] 张轩硕 . 习近平关于生态文明建设重要论述研究 [D]. 喀什：喀什大学，2020.

[31] 张维 . 中国为全球可持续发展贡献智慧与方案 [N]. 法治日报，2023-06-05（005）.

[32] 朱唐 . "红色警报"：气候临界点正加速迫近 [N]. 社会科学报，2021-09-02（001）.